Teacher Education Series

本书系教育部普通高校人文社会科学重点研究基地重大课题"中国教师教育质量的基本理论研究(课题编号19JJD880002)"阶段性成果

京师教师教育论丛　第五辑
丛书主编　朱旭东

中国教师教育体系研究

朱旭东　袁　丽　宋　萑　等著

China's Teacher
Education System

北京师范大学出版集团
BEIJING NORMAL UNIVERSITY PUBLISHING GROUP
北京师范大学出版社

丛书编委会

顾问 顾明远　许美德（加）

主任 钟秉林

主编 朱旭东

编委会成员（中文以姓氏拼音为序）

　　陈向明　管培俊　李子建　卢乃桂　庞丽娟

　　石中英　王嘉毅　叶　澜　袁振国　钟秉林

　　周作宇　朱小蔓　朱旭东　朱永新

　　Christopher Day　Ken Zeichner　Lin Goodwin

　　John Loughran　Lynn Paine　Qing Gu

目 录
CONTENTS

导　言　　　　　　　　　　　　　　　　　　1

第一部分　中国教师教育体系的现状　　11
　一、概述　　　　　　　　　　　　　　　11
　二、中学教师培养　　　　　　　　　　　21
　三、小学教师培养　　　　　　　　　　　55
　四、中职教师培养　　　　　　　　　　　75
　五、特殊教师培养　　　　　　　　　　　147
　六、幼儿园教师培养　　　　　　　　　　177

第二部分　中国教师教育体系的问题与发展建议　　215
　一、省级教师教育外部管理的现状、问题与发展建议　　215
　二、各类院校教师教育体系存在的问题与发展建议　　222

附　录　　　　　　　　　　　　　　　　　233

参考文献　　　　　　　　　　　　　　　258

后　记　　　　　　　　　　　　　　　　260

导 言

习近平总书记在 2014 年 9 月 9 日同北京师范大学师生代表座谈时所做的《做党和人民满意的好老师》讲话中谈及加强教师队伍建设时，着重指出要加强教师教育体系建设，加大对师范院校的支持力度，找准教师教育中存在的主要问题，寻求深化教师教育改革的突破口和着力点，不断提高教师培养培训的质量。为此，开展教师教育体系研究特别紧迫和必要。

本研究正是在这一背景下开展的。本研究基于教育部教师工作司的委托课题《教师教育体系的现状、问题与政策建议》，由教育部普通高校人文社会科学重点研究基地、北京师范大学教师教育研究中心主持，联合 17 个省份的相关教师教育机构协同完成数据采集。本研究的现实意义在于：一是从教师教育体系涵盖的需求、机构、招生、培养、准入等方面入手，分幼儿园教师、小学教师、中学教师、中职教师和特殊教育教师五大类师资队伍建设维度，对现存的主要问题进行梳理，并对数据进行整理，为未来政策改革提供研究基础；二是从国家宏观层面进一步梳理教师教育体系转型的问题和趋势，以服务基础教育为出发点，明晰当前我国教师的供求态势，从而为构建现代教师教育体系指引方向；三是为相关部门提供加强教师教育体系建设的咨询建议。

一、研究目标

本研究将为当前我国高等院校教师教育（师院）学院二级

学院体系的改革提供经验依据和实践建议,通过提炼本土做法和引介国际经验,为其在内部组织结构与机制体制改革、实践教学与基地建设改革、师资发展方面提供借鉴。

本研究将为我国高等院校的教育(科学)学(研究)院二级学院向教师教育类二级学院转型提供策略,通过国际比较和理论借力,为其在建设教师教育学科、教师教育课程、教育实践课程与基地等方面提供有效借鉴。

本研究将为我国幼儿园教师教育体系和中小学教师教育体系的改革发展提供路径和实践工具,为其在培养目标、培养模式、课程开发、课程实施、评价改进、规模调整等方面提供更多元的实践建议,特别是提供教师教育课程改革落实的具体做法。

本研究将为我国特殊教育的教师教育机构的改革发展提供路径和实践工具,为其在培养目标、培养模式、课程开发、课程实施、评价改进、规模调整等方面提供更多元的实践建议,特别是提供从特殊教育培养向全纳教育培养转型的具体做法。

本研究将对我国中职教育的教师教育机构的改革发展提供路径和实践工具,为其在培养目标、培养模式、课程开发、课程实施、评价改进、规模调整等方面提供更多元的实践建议,特别是提供中职教育的双师型教师培养模式。

本研究涵盖标准为本的管理取向、全面质量管理、教师资格制度改革等方面,将为目前我国的教师教育管理改革提供实践建议。

二、研究内容

本研究的内容主要包括七个方面:我国教师教育宏观体系的现状调查研究、我国高等院校的教师教育(师院)学院二级学院体系的现状调查研究、我国高等院校的教育(科学)学(研究)院二级学院体系的现状调查研究、我国独立设置的幼儿园教师教育体系和中小学教师教育体系的现状调查研究、我国特殊教育的教师教育体系的现状调查研究、我国中职教师教育体系的现状调查研究、我国教师教育体系建设的政策研究。

(一)我国教师教育宏观体系的现状调查研究

收集各省份的教师教育机构的统计数据,对数据进行二次分析,对幼儿园、小学、中学、中职、特殊教育的教师教育体系进行分类分层的调查研究,了解我国教师教育在不同类型、不同层次上的宏观体系现状,为加强教师教育体系建设提供现实依据。

(二)我国高等院校的教师教育(师院)学院二级学院体系的现状调查研究

运用网络资源和相关文献对我国高等院校的教师教育学院和师范学院等二级学院进行质性研究,并运用问卷工具对这些二级学院的相关负责人进行性质、内部组织结构、体制和机制、实践教学及其基地、师资等内容的量化调查研究,全面了解我国教师教育(师范)学院的现状,为构建我国以二级学院为主的教师教育体系提供依据。

(三)我国高等院校的教育(科学)学(研究)院二级学院体系的现状调查研究

运用网络资源和相关文献对我国高等院校的教育(科学)学(研究)院等二级学院进行质性研究,并运用问卷工具对这些二级学院的相关负责人进行性质、内部组织结构、体制和机制、实践教学及其基地、师资等内容的量化调查研究,全面了解我国教育(科学)学(研究)院在教师培养和培训方面的工作状况,为制定教育(科学)学(研究)院向教师教育类二级学院转型的政策提供依据。

(四)我国独立设置的幼儿园教师教育体系和中小学教师教育体系的现状调查研究

运用网络资源和相关文献对我国独立设置的幼儿园教师教育体系和中小学教师教育体系进行质性研究,并运用问卷工具对这些机构的相关负责人进行性质、内部组织结构、体制和机制、实践教学及其基地、师资等内容的量化调查研究,全面了解我国独立设置的幼儿园教师教育体系和中小学教师教育体系的状况,为幼儿园教师教育体系和中小学教师教育体系进一步的改革提供现实依据。

(五)我国特殊教育的教师教育体系的现状调查研究

对我国特殊教育师资培养的机构进行个案研究,了解这些机构师资培养的状况，为特殊教师教育体系进一步的改革提供现实依据。

(六)我国中职教师教育体系的现状调查研究

分地区选取一定样本量的典型的中职学校，对中职教师的培养机构等因素进行人口统计学意义上的量化研究，了解我国中职教师的培养现状，为构建中职教师教育体系提供依据。

(七)我国教师教育体系建设的政策研究

运用以上研究的结果和结论，通过访谈等量化研究工具，对我国的教师教育体系建设提出建议。

三、研究方法

本研究作为基于实证的政策研究，在研究方法上采用了文献分析法、二次分析法、内容分析法、访谈法、问卷调查法。

(一)文献分析法

通过此方法实现以下目标：第一，通过对研究文献的梳理，对当前我国教师队伍在数量和质量两方面的现状及存在的问题进行概括性总结；第二，通过回顾我国教师教育体系的历史，归纳其发展的内在逻辑与规律，并与国外教师教育体系的发展进行比较，总结出对我国当前教师教育体系建构的启示。

(二)二次分析法

通过教育部统计的相关数据，掌握我国教师教育体系在院校布局结构方面的现状，并通过分析数据对其未来趋势进行预测，为教师教育体系在院校布局结构方面的调整提供定量数据的支撑。

(三)内容分析法

通过对国家、省份、院校等层面的教师教育院校的相关文本内容进行分析，对我国教师教育体系中的招生、培养、就业、培训状况及教师教育保障制度进行现状还原，为建构满足要求的教师教育新体系提供支撑。

(四)访谈法

首先，通过对教师教育方面的著名学者进行访谈，从理论层面厘清研究问题，准确定位我国教师教育体系中存在的问题，分析问题产生的原因，提出构建现代教师教育体系的初步意见等；其次，通过对省一级政府的教师教育监管机构负责人、院校一级的教师教育管理者与实践者进行访谈，从实践层面对我国教师教育体系中存在的问题、产生问题的原因及改进策略提供扎实的实证依据；最后，通过对幼儿园和中小学负责人进行访谈，了解我国幼儿园和中小学师资队伍在数量和质量两方面的基本情况。

(五)问卷调查法

首先，运用问卷工具对我国高等教育院校的教育(科学)学(研究)院二级学院及独立设置的幼儿园教师教育体系和中小学教师教育体系的相关负责人进行性质、内部组织结构、体制和机制、实践教学及其基地、师资等内容的量化调查研究，全面了解我国教育(科学)学(研究)院在教师培养和培训方面的工作状况与独立设置的幼儿园教师教育体系和中小学教师教育体系的状况，为制定教育(科学)学(研究)院向教师教育类二级学院转型的政策提供依据；其次，通过问卷调查工具调查研究部属及省属师范大学、师范学院、高师院校、中师学校、综合性大学、综合性学院、高职高专院校、中职学校及职业师范院校等不同类型院校的在校生及在职教师对当前教师教育的理解与认识，了解我国教育(科学)学(研究)院在教师培养和培训方面的工作状况，为制定教育(科学)学(研究)院向教师教育类二级学院转型的政策提供依据。

四、数据的收集与分析

为保证调查的顺利进行，研究团队编制了《调研手册》，并协助接受教育部委托调研的省份的课题成员实施抽样信息采集和调查工作。同时，研究团队安排核心成员调查省份的负责人，对各合作单位的数据采集进行全程指导和质量监督。为确保数据质量，此次调查要求现场收集并回收，调研人员将调查表、访谈录音、问卷等以电子邮件、实物寄送等方式提交给课题组。

本研究实施时间为2015年，故所收集的资料主要为2014年所得。由于本研究结果主要基于调研成果，因此保留部分相关数据，以保障行文的一致性、结论的可靠性和研究所依托数据的可回溯性，并为后续研究提供该时期的相关资料。由于机构调整等因素导致的变动，因此相应的数据进行了一定的更新，对部分例证进行了删改，以避免混淆。

五、研究工具

本研究主要采用调查表、文件收集、访谈、问卷开展调查。

(一)调查表

调查表主要包括教育厅调查表和教师教育院校调查表。其中，教育厅调查表主要包括教师培养院校基本概况(院校性质、学段、开设专业、招生人数等)和各省新入职教师基本情况(新入职教师人数、入职学校城乡分布等)；教师教育院校调查表包括师范生培养状况(教师培养类型、师范生招生机制、经费、教育类课程开设情况等)和教师教育师资状况(专职教师人数、年龄结构、学历层次等)。

(二)文件收集

文件收集主要包括教育厅相关文件(招生制度文件、教师资格文件、教师聘用文件、教师补充政策文件等)收集，教师教育院校相关文件(大学和二级学院的培养方案、教学手册、教学实习相关规定、资格考试相关规定、岗前培训等)收集。

(三)访谈

访谈包括对教育厅相关负责人的访谈和对教师教育院校相关负责人的访谈。其中，对教育厅相关负责人的访谈主要围绕各省份教师教育体系现状、存在的问题及其原因、相关策略和经验等，对院校相关负责人的访谈围绕教师教育院校的教师培养现状、存在的问题、教师培养的成功经验与面临的挑战等。

(四)问卷

问卷主要包括在校师范生问卷和在职教师问卷。在校师范生问卷主要包括四个部分，即基本信息、从教意愿、教师教育效能、对教师教育的态度。在职教师问卷包括基本信息、对教育工作的热爱程度、对教师教育的态度、教师教育对专业理念的作用、教师教育对知识与能力的作用、专业素养。

六、抽样结果

本研究抽取了全国东部、中部及西部共19个省份，实际调研了17个省份。调研区域及院校分布如图0.1所示。调查对象涉及抽样的教育厅的相关负责人，中小学在职教师，教师教育机构负责人，教师培养工作的校级领导，教务处、招生就业处、研究生院等部门负责人，教育（科学）学（研究）院负责人，教师教育学院（师范学院）负责人，其他参与教师培养的院系负责人，教师教育机构在校生。调查对象如表0.1所示。本研究通过教育厅调查表、教师教育院校调查表，文件收集，访谈及自编问卷"在校师范生调查问卷""在职教师调查问卷"对广东、山东、浙江等17个省份的教育厅、中小学及教师教育相关机构进行调查（对16个省份进行问卷调查）。

图0.1 调研区域及院校分布图

表0.1 调查对象一览表

调查机构	部门/类型	数量
教育厅	教育厅师资处/师范教育处/教师工作处（科）、高等教育处、人事处、发展规划处	17
中小学	小学、初中、高中	182
教师教育机构	部属师范大学、省属师范大学、师范学院、高师院校、中师学校、综合性大学、综合性学院、高职高专院校（非师范）、中职学校及职业师范院校	90

其中，教师教育机构包括3所部属师范大学、16所省属师范大学、16所师范学院、9所高师院校、7所中师学校、13所综合性大学、11所综合性学

院、4所高职高专院校（非师范）、7所中职学校及4所职业师范院校。抽取院校及问卷发放数量如表0.2所示，数据回收如表0.3所示。

表0.2 抽取院校及问卷发放数量①

省份	学校名称	数量（此处仅列出问卷回收数量）
广东	华南师范大学、广东第二师范学院、广州大学、肇庆学院、肇庆市工程技术学校、肇庆封开中等职业学校、广东技术师范大学	1243
山东	山东师范大学、齐鲁师范学院、淄博师范高等专科学校、济南大学、鲁东大学、滨州学院、青岛职业中专	3246
浙江	浙江师范大学、湖州师范学院、浙江工业大学、台州学院、杭州市人民职业学校	1913
江苏	南京师范大学、晓庄师范学院、南通师范高等专科学校、南京特殊教育师范学院、江苏大学	590
河北	河北师范大学、唐山师范学院、河北民族师范学院、石家庄幼儿师范高等专科学校、邯郸学院、河北科技师范学院	2443
湖北	华中师范大学、湖北第二师范学院、湖北幼儿师范高等专科学校、湖北文理学院、湖北科技学院	2071
吉林	东北师范大学、吉林师范大学、通化师范学院、长春幼儿师范学校、北华大学、吉林工程技术师范学院	1578
黑龙江	哈尔滨师范大学、牡丹江师范学院、黑龙江幼儿师范高等专科学校、哈尔滨学院、黑龙江民族职业学院	5741
安徽	安徽师范大学、合肥师范学院、徽州师范学校、黄山学院、阜阳职业技术学院	
河南	河南师范大学、郑州师范学院、焦作师范高等专科学校、河南幼儿师范学校、河南大学、河南科技学院、河南省商务中等职业学校	5376
四川	四川师范大学、绵阳师范学院、四川幼儿师范高等专科学校、西华大学	1031
云南	云南师范大学	
新疆	新疆师范大学、伊犁师范学院、新疆师范高等专科学校、哈密师范学校、新疆大学、石河子大学、昌吉学院、乌鲁木齐职业大学、新疆艺术学院	2099

① 调研为17个省份，由于其中2个省份问卷回收数量不足，故实际只有15个省份的数据。

续表

省份	学校名称	数量（此处仅列出问卷回收数量）
青海	青海师范大学、青海民族大学	888
广西	广西师范大学、广西民族师范学院、桂林师范高等专科学校、广西艺术学院、广西体育高等专科学校、广西壮文学校	3208

表0.3 数据回收基本情况

		调查机构		
		教育厅	教师教育院校	中小学
调查表	内容	教师培养院校基本概况、各省份新入职教师基本情况	师范生培养状况、教师教育师资状况	
	回收数量	224	51	
文件收集	内容	招生制度文件、教师资格文件、教师聘用文件、教师补充政策文件	大学和二级学院的培养方案、教学手册、教学实习相关规定、资格考试相关规定、岗前培训等	
	回收数量	66	124	
访谈	对象	教育厅师资处/师范处/教师工作处（科）、高等教育处、人事处、发展规划处相关负责人	负责教学/教师培养工作的校级领导 教务处、招生就业处、研究生院等部门负责人 教育（科学）学（研究）院负责人 教师教育学院（师范学院）负责人 其他参与教师培养的院系负责人	在校生	中小学校长、教师
	人数	25	375	58	130

续表

问卷	内容	调查机构		
		教育厅	教师教育机构	中小学
	内容		在校师范生调查问卷	在职教师调查问卷
	回收数量		31883	21564

七、数据整理与分析

数据收集完以后,项目组对数据进行了整理。整理工作主要包括两个部分:第一部分是补充样本的基本信息和分析所需的信息,第二部分是检查数据的逻辑错误并予以纠正。

在撰写研究报告之前,我们对近几年教师教育体系的相关政策进行了梳理和概括,以保证基于数据统计和访谈的研究分析具有政策发展的历史感和针对性。研究报告的撰写以教育统计为基本方法,遵循了国际上通行的教育研究的统计分析原则与标准,体现了现代应用统计学概念和方法的内涵,对中国教师教育体系中的随机现象进行整理分析,以反映教育总体信息,并以此为依据对具有中国特色的教师教育研究及其本质的总体特征进行推断。

第一部分 中国教师教育体系的现状

一、概述

(一) 教师教育体系总体现状

20世纪90年代末，我国教师教育体系开启了由封闭向开放的转型进程，至今已形成由师范院校与非师范院校共同参与的教师教育体系，并进一步表现出高质量性、公平性、开放性、灵活性等现代教师教育体系的发展特征和趋向。为了让读者较为清晰地把握我国教师教育院校的构成特征，这里主要从院校类型、培养层次两个方面对我国教师教育体系的总体构成现状进行梳理。

1. 不同类型教师教育院校构成现状

教师教育院校从大类上可划分为师范院校和非师范院校两类。非师范院校的培养规模要大于师范院校的培养规模，在毕业生人数、招生人数和在校生人数等各项指标上均高出师范院校10个左右的百分点。但是，单就本专科层次师范生的培养规模而言，师范院校的培养规模要大于非师范院校的培养规模。总体而言，师范院校依旧是本专科层次师范生培养的主要承载者，非中等师范学校的中职学校培养的中职层次师范生的规模过大。以2013年为例，这一年不同类型教师教育院校在校生规模如图1.1所示。

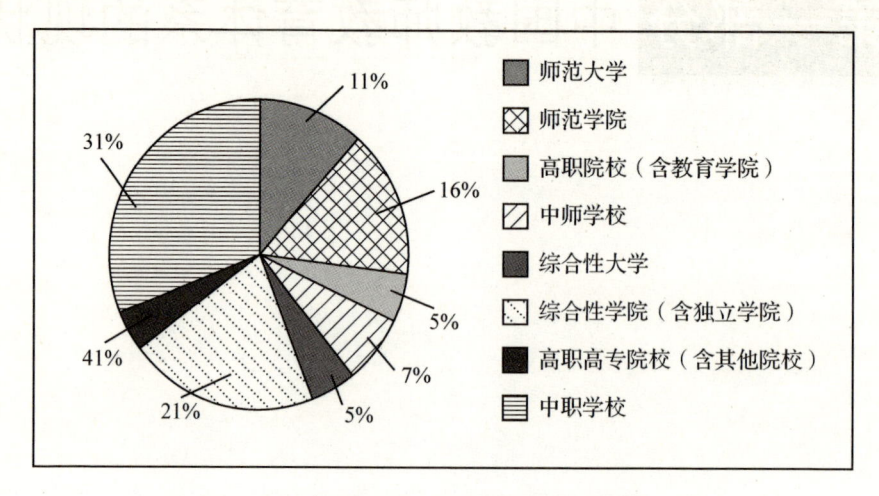

图1.1 2013年不同类型教师教育院校在校师范生规模

2013年,师范大学(含大专、本科和研究生层次)在校生规模约36.98万人;师范学院(含大专、本科层次)约49.80万人;高职院校(含教育学院,大专层次)约16.15万人;中师学校(中专层次)约23.07万人;综合性大学(大专、本科层次)约15.68万人;综合性学院(含独立学院,大专、本科层次)约66.14万人;高职高专院校(含其他院校,大专层次)约12.33万人;中职学校(中专层次)约100.29万人。从在校规模看,传统师范类院校约占39%;综合性院校约占26%(其中综合性大学约占5%,综合性学院约占21%);职业类院校约占35%(其中高职高专院校约占4%,中职学校约占31%)。

2. 不同层次教师教育院校构成现状

2013年我国教师教育院校师范生培养情况如表1.1所示,不同层次教师教育的院校类型构成如图1.2所示。

表1.1 2013年我国教师教育院校师范生培养情况

	学校类型	学校数量	毕业生数(万)	招生数(万)	在校生数(万)
研究生	师范大学	48	0.47	0.98	2.13
	其他大学	39	0.11	0.23	0.46
	合计	87	0.58	1.21	2.59

第一部分 中国教师教育体系的现状

续表

	学校类型	学校数量	毕业生数(万)	招生数(万)	在校生数(万)
本科	师范大学及师范学院	112	17.94	17.86	74.21
	综合性大学	54	3.42	3.26	13.63
	其他院校	186	12.85	13.99	55.81
	合计	352	34.21	35.11	143.65
专科	师范大学、师范学院及高职院校	119	7.83	7.93	25.03
	综合性大学	16	0.77	0.20	1.59
	其他院校	198	9.04	6.99	25.53
	合计	333	17.64	15.12	52.15
中专	中师学校	110	5.94	8.42	23.07
	其他中职学校	2673	24.80	35.89	100.29
	合计	2783	30.74	44.31	123.36
	总计	——	83.17	95.75	321.75

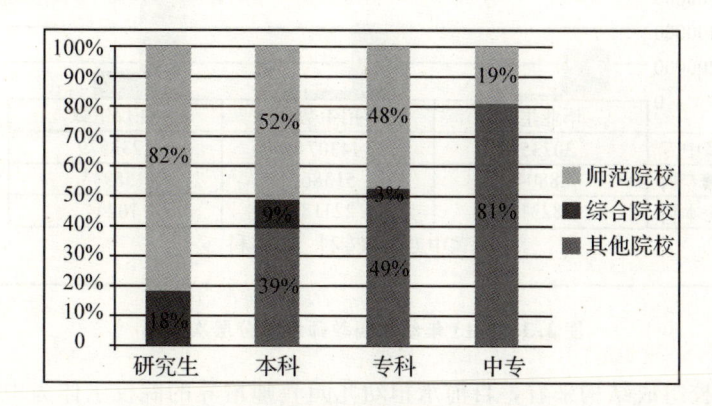

图 1.2 不同层次教师教育的院校类型构成

由图 1.2 可知,从中专、专科、本科、研究生四个层次来看,师范院校所占的比重逐步上升,换句话说,在研究生和本科层次,师范院校的主体地位是明显的;在专科和中专层次,师范院校则不再是主体,其他非师范院校无论在院校数量上还是在在校生规模上都占优势。

综合院校在参与方面,主要是研究生、本科和专科层次上的参与,且参

· 13 ·

与的比重逐步降低。其中参与研究生培养的综合性大学39所，在校生规模约0.46万人；参与本科培养的综合性大学54所，在校生规模约13.63万人；参与专科培养的综合性大学16所，在校生规模约1.59万人。

(二)幼儿园教师培养现状

幼儿园教师培养目前呈现出本专科层次培养规模小、中专层次培养规模大的态势。2013年幼儿园教师培养分层次规模如图1.3所示。数据显示，中专层次学校在校师范生人数约123.36万人，占比约84.5%；本专科层次院校在校师范生人数合计约22.62万人，占比约15.5%。2006年、2009年、2012年、2013年幼儿园教师培养分层次在校生人数占比变化如图1.4所示。数据显示，从2006年到2012年本专科层次占比逐步上升，从2012年到2013年其占比又呈现下滑趋势，中专层次学校在校生人数增加了近10万人。

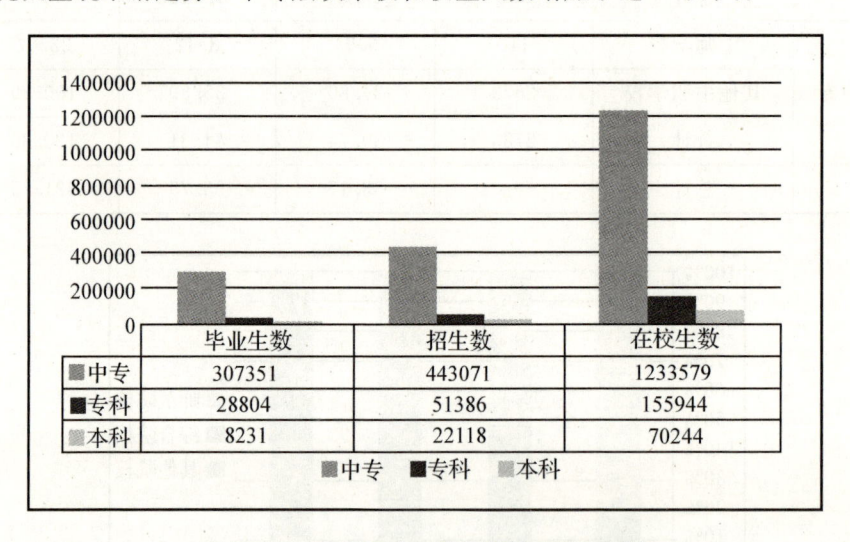

	毕业生数	招生数	在校生数
中专	307351	443071	1233579
专科	28804	51386	155944
本科	8231	22118	70244

图1.3　2013年幼儿园教师培养分层次规模

从院校组成结构来看，目前承担幼儿园教师培养的院校主体为中职学校，其在校师范生人数约100.29万人，占比约70.5%；师范学院的在校师范生人数约35.35万人，占比约24.9%；综合性学院的在校师范生人数约5.62万人，占比约3.9%；规模最小的为综合性大学，在校师范生人数约0.95万人，占比约0.7%。

从幼儿园教师培养的地区差异来看，东、中、西部在培养层次上差异不明显，但在师范学院占比上有明显差异，其中中部地区师范学院占比最高，

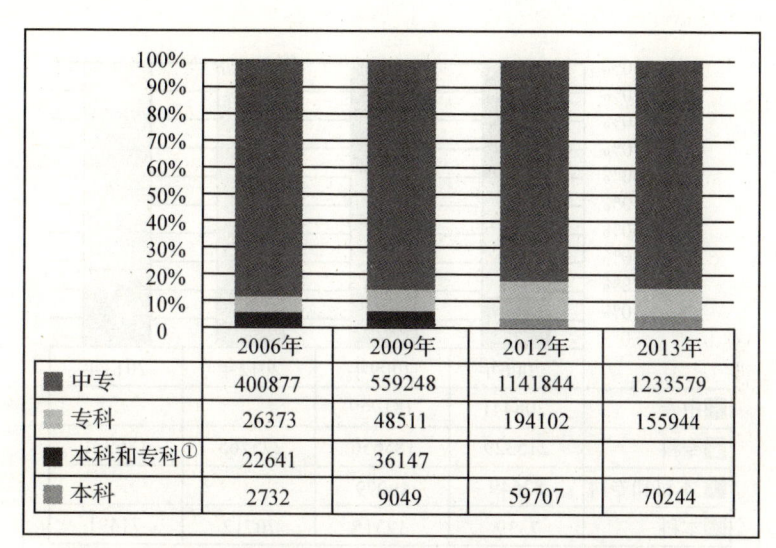

	2006年	2009年	2012年	2013年
中专	400877	559248	1141844	1233579
专科	26373	48511	194102	155944
本科和专科①			22641	36147
本科	2732	9049	59707	70244

图1.4 2006年、2009年、2012年、2013年幼儿园教师培养分层次在校师范生人数占比变化(单位：人)

约41.8%；西部地区次之，占比约24.1%；东部地区最低，占比约17.7%。在省际对比上，西藏、海南、黑龙江、上海、江苏等地本专科层次幼儿园教师培养占比均超过30%，北京、广东、湖南中专层次培养占比超过90%。

(三)小学教师培养现状

小学教师培养目前呈现出本科层次培养规模小，大专层次培养占主体的结构。2006年、2009年、2012年、2013年小学教师培养分层次在校生人数占比变化如图1.5所示。数据显示，2013年专科层次学校在校师范生人数约18.69万人，占比约72.3%；本科层次院校在校师范生人数约7.15万人，占比约27.7%；中专层次在2006年约占4成，到2012年基本上不再承担小学教师培养任务；专科层次和本科层次的占比都有大幅提高，在绝对数量上，专科与本科层次合计在校生规模反较2006年下降了约4.69万人。②

---

① 有的学校既培养本科生，也培养专科生，统计时这些学校培养的师范生数量只有本科和专科合算的数据，没有单独的数据。

② 说明：在2012年和2013年的统计数据中，部分院校的部分教师培养专业未有注明是小学学段还是中学学段，因此未将其归入这两个学段内，而独立以"中小学"为一类。但其中有部分会指向小学教师培养，因此本部分中的数据应较实际情况有一定比例的低估。

	2006年	2009年	2012年	2013年
中专	208441	181969		
专科	215329	185656	275765	186921
本科和专科	82649	89079		
本科	7339	12315	70712	71491

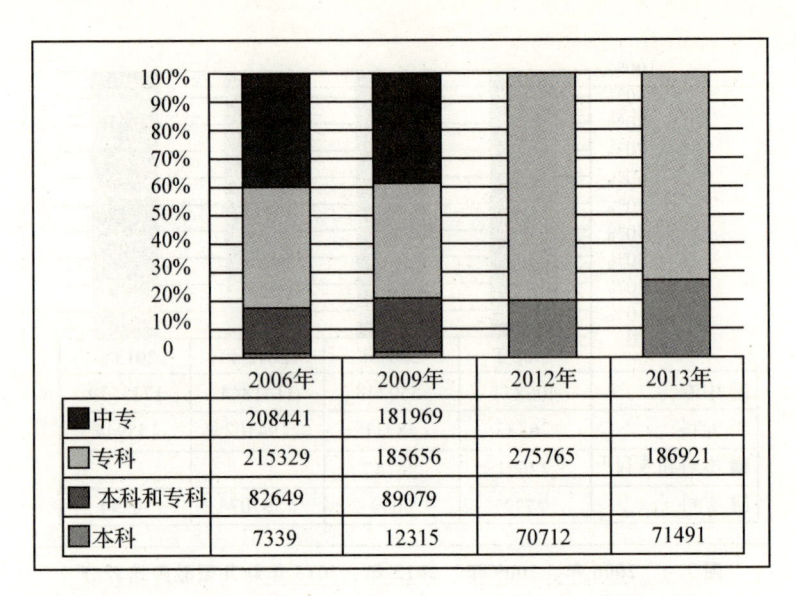

图1.5 2006年、2009年、2012年、2013年小学教师培养分层次
在校师范生人数占比变化(单位：人)

从院校组成结构来看，目前承担小学教师培养任务的院校主体为师范学院，其在校师范生人数约12.85万人，占比约53.1%；高职高专院校的在校师范生人数约6.27万人，占比约25.9%；综合性学院的在校师范生人数约3.52万人，占比约14.6%；人数最少的为综合性大学，约1.55万人，占比约6.4%。

从小学教师培养的地区差异来看，东、中、西部在培养层次上有所差异，东部地区本科占比最高，约32.7%；西部地区次之，占比约28.3%；中部地区最低，占比约22.5%。东、中、西部在师范学院占比上有显著差异，其中西部地区师范学院占比最高，约58.1%；中部地区次之，占比约48.6%；东部地区最低，占比约44.2%。在省际对比上，北京、上海、天津、青海小学教师的培养全部达到本科层次，安徽、江西、甘肃小学教师培养的专科层次占比接近或超过90%。

(四)中学教师培养现状

中学教师培养目前呈现出本科层次培养规模大、大专层次培养规模小的结构。2006年、2009年、2013年中学教师培养分层次在校生人数占比变化如图1.6所示。数据显示，2013年专科层次学校在校师范生人数约8.91万人，占比约10.5%；本科层次院校在校师范生人数约76.15万人，占比89.5%。

本科层次教师培养规模大幅上升。①

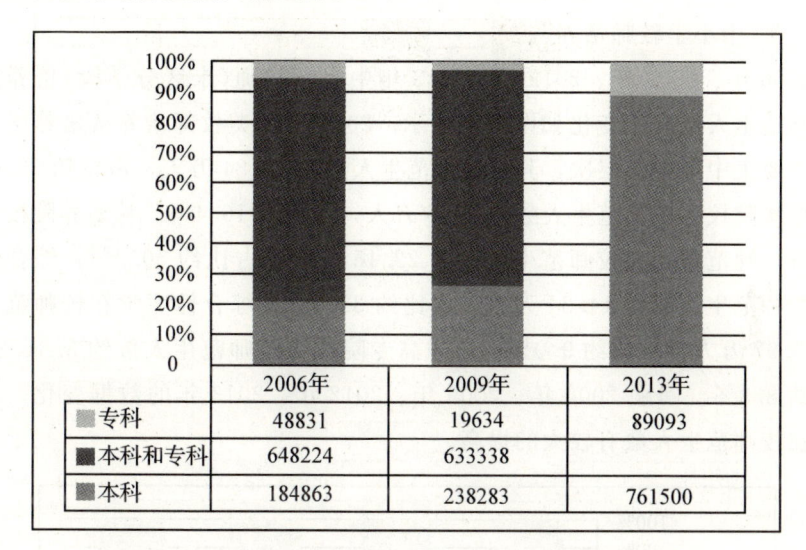

	2006年	2009年	2013年
专科	48831	19634	89093
本科和专科	648224	633338	
本科	184863	238283	761500

图1.6 2006年、2009年、2013年中学教师培养分层次在校师范生人数占比变化（单位：人）

从院校组成结构来看，目前承担中学教师培养的院校主体为师范学院，其在校师范生人数约47.35万，占比约60.9%；综合性学院的在校师范生人数约22.48万，占比约28.9%；规模最小的为综合性大学，在校师范生人数约7.95万，占比约10.2%。

从中学教师培养的地区差异来看，东、中、西部在培养层次上差异不大，东部地区本科占比约89.5%，中部地区本科占比约88.8%，西部地区本科占比约90%。东、中、西部在师范学院占比上差异不大。中部和西部地区师范学院占比皆约56.6%。东部地区略低，占比约53.6%。在省际对比上，新疆、广东、江西、山西专科层次占比超过20%，甘肃超过30%。

(五)中小学教师(未区分学段)培养现状

由于部分教师教育院校在专业设置上没有说明其面向的学段，且部分如

---

① 说明：在2012年和2013年的统计数据中，部分院校的部分教师培养专业未有注明是小学学段还是中学学段，因此未将其归入这两个学段内，而独立以"中小学"为一类。但其中有部分会指向中学教师培养，因此本部分中的数据应较实际情况有一定比例的低估。

音乐、美术、体育等专业更是在学段上较少做区分,因此现有数据中出现了新的一类"中小学教师培养"。

2006年、2009年、2012年、2013年中小学教师(未区分学段)培养层次在校师范生人数占比变化如图1.7所示。2013年这类教师培养从培养层次来看,主要集中在本科层次,其在校师范生人数约36.84万人,占比约83.6%;专科层次院校在校师范生人数约7.26万人,占比约16.4%。从培养院校的类型来看,师范学院在校师范生人数约22.15万人,占比约50.2%;综合性学院在校师范生人数约14.34万人,占比约32.5%;综合性大学在校师范生人数约3.97万人,占比约9.0%;高职高专院校在校师范生人数约3.64万人,占比约8.3%。回顾2006年、2009年、2012年、2013年的数据变化,本科层次在校师范生人数有较大的提高。

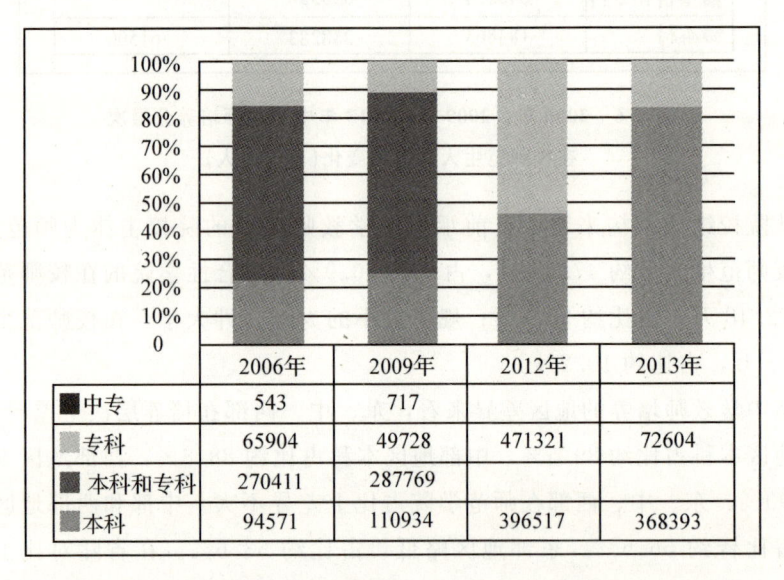

	2006年	2009年	2012年	2013年
中专	543	717		
专科	65904	49728	471321	72604
本科和专科	270411	287769		
本科	94571	110934	396517	368393

图1.7 2006年、2009年、2012年、2013年中小学教师(未区分学段)
培养分层次在校师范生人数占比变化(单位:人)

(六)特殊教育教师培养现状

2006年、2009年、2012年、2013年特殊教育教师培养分层次在校师范生人数占比变化如图1.8所示,2013年特殊教育教师培养呈现出专科层次在校师范生人数(约0.46万人)和占比(约56.0%)略大于本科层次在校师范生人数(约0.37万)和占比(约44.0%)的态势。回顾2006—2013年的数据,本科

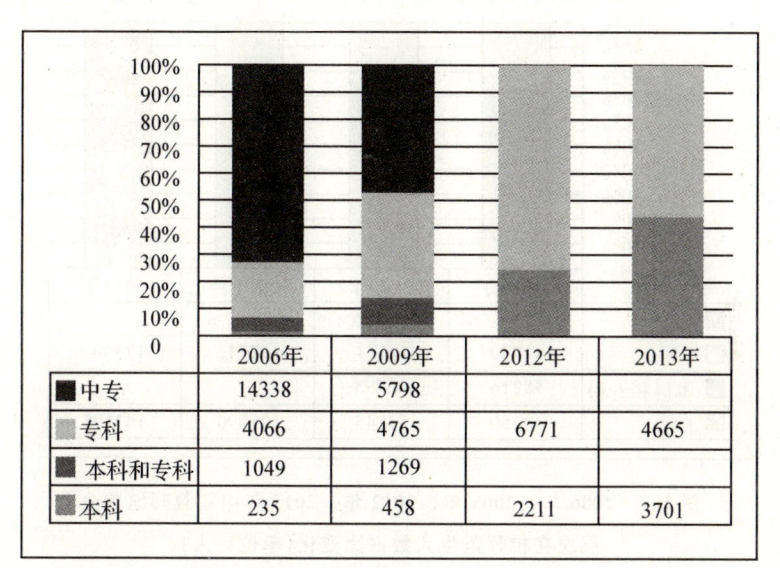

层次教师培养规模大幅上升,专科层次教师培养规模相对稳定。

	2006年	2009年	2012年	2013年
中专	14338	5798		
专科	4066	4765	6771	4665
本科和专科	1049	1269		
本科	235	458	2211	3701

图1.8　2006年、2009年、2012年、2013年特殊教育教师培养分层次在校师范生人数占比变化(单位:人)

从院校组成结构来看,目前承担特殊教育教师培养任务的院校为师范院校、综合性学院和高职高专院校,师范学院占比略高,约39.8%(约0.33万人);综合性学院占比次之,约31.3%(约0.26万人);高职高专院校最低,约28.9%(约0.24万人)。

从地区差异来看,东、中、西部在培养层次上差异较为明显,东部地区本科占比约45.4%,中部地区本科占比约24.3%,西部地区本科占比约67.0%。东、中、西部地区在师范学院占比上差异较为明显。中部地区师范学院占比最高,约79.8%;西部地区次之,约39.7%;东部地区最低,约19.7%。东部地区占比最高的院校类型为高职高专院校,约48.8%。

(七)中职教师培养现状

中职教师培养目前呈现出本科层次占主体、专科层次较少的状态。2006—2013年中职教师培养分层次在校师范生人数占比变化如图1.9所示。2013年本科层次在校师范生人数约16.12万人,占比约92.9%;专科层次在校师范生人数约1.23万人,占比约7.1%。对比2006年、2009年、2012年、2013年的数据,本科层次培养规模大幅增加,专科层次迅速缩小。

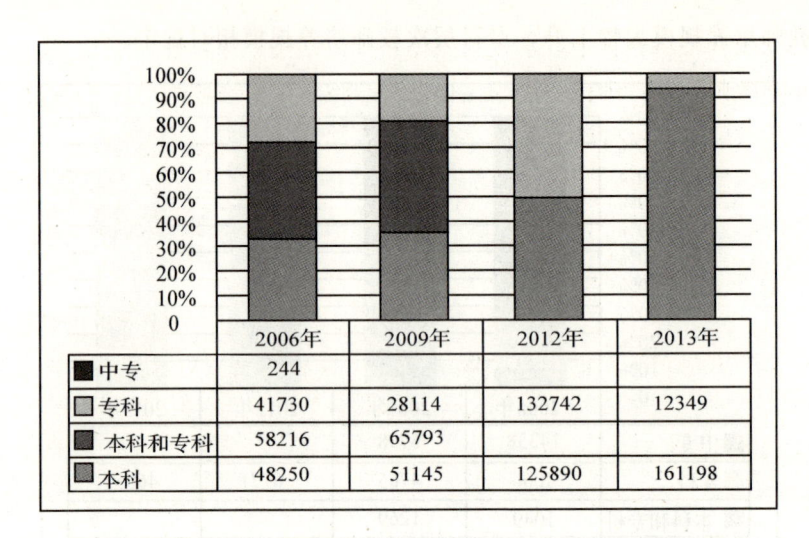

	2006年	2009年	2012年	2013年
中专	244			
专科	41730	28114	132742	12349
本科和专科	58216	65793		
本科	48250	51145	125890	161198

图1.9 2006年、2009年、2012年、2013年中职教师培养分层次在校师范生人数占比变化(单位：人)

从院校组成结构来看，目前承担中职教师培养的院校主体为综合院校(含综合性大学和综合性学院)和师范学校。其中综合性学院占比约43.8%(约7.02万人)，综合性大学占比约8.4%(约1.35万人)，师范学院占比约47.8%(约7.64万人)。

从地区差异来看，东、中、西部在培养层次上差异较为明显，东部地区本科占比约45.4%，中部地区本科占比约24.3%，西部地区本科占比约67.0%。东、中、西部地区在师范院校占比上差异较为明显，中部地区师范院校占比最高，约65.0%；西部地区次之，约47.9%；东部地区最低，约29.0%。

(八)小结

整体而言，目前我国教师教育体系呈现四级共存的局面，且不同学段的教师培养上也呈现出不同的结构。从培养层次来看，不同层次教师教育在院校类型上呈现出不同的结构特征。

本科层次：师范学院为主体，综合性大学与综合性学院参与。

专科层次：师范学院为主体，高职高专院校与综合性学院参与。

中专层次：中职学校为主体，中师学校参与。

从学段分布来看，不同层次教师教育在院校类型上呈现出不同的结构特征。

幼儿园教师培养：中职学校为主体，师范学院、综合性学院参与。

小学教师培养：师范学院为主体，综合性学院、高职高专院校参与。

中学教师培养：师范学院为主体，综合性学院参与。

中小学教师培养：师范学院为主体，综合性学院、高职高专院校参与。

特殊教育教师培养：师范学院、综合性学院、高职高专院校参与。

中职教师培养：综合性学院为主体，师范学院参与。

按照《国家中长期教育改革和发展规划纲要（2010—2020年）》的要求，未来教师教育体系要建成以师范学院为主体，综合性学院参与的新体系。但从现有体系的整体特征来看，我国教师教育体系依然存在一些问题：

①师范学院主体地位受中职学校冲击大，综合性大学参与率低；

②中部地区师范学院主体地位明显，东、西部地区中职学校参与率过高；

③中学教师培养严重供大于求；

④幼儿园教师培养中专层次占比过大；

⑤中部地区小学、特殊教育、中职教师教育培养层次低于东、西部。

二、中学教师培养

(一)师范大学

1. 师范大学教师培养整体现状

截至2018年，我国有41所师范大学，其中包括6所教育部直属师范大学(含西南大学)，以及35所省属师范大学。这些师范大学构成了我国教师教育体系的主体，承担着培养基础教育师资的重任。

6所部属师范大学硕士、博士点覆盖了除军事学以外的12个学科门类，如表1.2所示。

表1.2 部属师范大学硕士、博士学位授权点、授权一级学科等分布情况

	北京师范大学	华东师范大学	东北师范大学	华中师范大学	西南大学	陕西师范大学
硕士学位授权点	166	124	151	184	204	185
博士学位授权点	111	81	111	94	106	103
硕士学位授权一级学科	39	36	38	33	51	36

续表

	北京师范大学	华东师范大学	东北师范大学	华中师范大学	西南大学	陕西师范大学
博士学位授权一级学科	28	29	23	25	28	18
教育博士专业学位点	1	1	1	1	1	1
硕士专业学位点	10	17	17	10	19	19
博士后科研流动站	25	26	20	15	25	12

（注：以上数据来源于6所部属师范大学官网，获取时间为2019年5月）

省属师范大学硕士、博士点覆盖了除军事学以外的12个学科门类，如表1.3所示。

表1.3　省属师范大学博士后流动站及硕士、博士学位授权点分布情况

学校名称	博士后流动站	博士学位授权点 一级	博士学位授权点 二级	硕士学位授权点 一级	硕士学位授权点 二级
首都师范大学	15	17	100	26	142
天津师范大学	5	8	——	33	——
天津职业技术师范大学	——			7	
河北师范大学	6	11	49	29	131
山西师范大学	2	2	11	20	120
内蒙古师范大学	1	5		26	112
辽宁师范大学	6	9	56	25	102
沈阳师范大学				24	108
吉林师范大学				19	80
哈尔滨师范大学	6	9	31	22	114
上海师范大学	9	9	42	32	154
南京师范大学	21	25	130	40	199
江苏师范大学	1			35	
浙江师范大学	7	8		28	
杭州师范大学	——			24	6(不含一级学科覆盖点)
安徽师范大学	6	8	——	30	

续表

学校名称	博士后流动站	博士学位授权点 一级	博士学位授权点 二级	硕士学位授权点 一级	硕士学位授权点 二级
淮北师范大学	——	——		15	66
福建师范大学	19	21	——	34	——
江西师范大学	5	9	20	31	15(不含一级学科覆盖点)
山东师范大学	13	14	76	33	165
曲阜师范大学	11	11	72	25	168
河南师范大学	7	10	15	27	135
湖南师范大学	20	21	110	34	184
华南师范大学	18	20	90	33	174
广西师范大学	3	6	12	30	149
海南师范大学	——		4	16	3
重庆师范大学			1	25	
四川师范大学	2	3	19	25	100多
西华师范大学				18	102
贵州师范大学			6	22	85
云南师范大学	2		4	28	——
西北师范大学	9	10	50	30	157
青海师范大学	2	3	12	17	102
新疆师范大学	——		5	18	96
江西科技师范大学				13	

(注：以上数据均来自各学校官网上的学校简介，获取时间为2019年5月，画横杠的部分为网站上未公布数据)

部属师范大学学科门类的分布情况如表1.4所示。6所部属师范大学已经设立了除军事学以外的12个学科门类，形成综合性学科布局。

表1.4 部属师范大学学科门类的分布情况

	北京师范大学	华东师范大学	东北师范大学	华中师范大学	西南大学	陕西师范大学
哲学	√	√	√	√	√	√
经济	√	√	√	√	√	√
法学	√	√	√	√	√	√
教育	√	√	√	√	√	√
文学	√	√	√	√	√	√
历史	√	√	√	√	√	√
理学	√	√	√	√	√	√
工学	√	√	√	√	√	√
农学	√		√		√	√
医学	√				√	
管理	√	√	√	√	√	√
艺术	√	√	√	√	√	√
军事						
合计	12	11	11	10	12	12

（注：以上数据来源于6所部属师范大学官网站及中国学位与研究生教育信息网数据中心，获取时间为2016年12月）

省属师范大学学科专业结构情况如表1.5所示。35所省属师范大学已经设立了除军事学以外的6～11个学科门类，形成综合性学科布局。

表1.5 省属师范大学学科专业结构情况汇总表

学校名称	学科结构	本科专业数
首都师范大学	涵盖文学、理学、工学、管理学、法学、教育学、艺术学7个学科门类	61
天津师范大学	涵盖文学、理学、教育学、历史学、法学、经济学、管理学、工学、艺术学9个学科门类	72
天津职业技术师范大学	涵盖工学、教育学、理学、文学、管理学、经济学、艺术学7个学科门类	49
河北师范大学	涵盖哲学、法学、经济学、文学、历史学、教育学、管理学、理学、工学、艺术学10个学科门类	95
山西师范大学	涵盖10个学科门类	60
内蒙古师范大学	涵盖10个学科门类	92
辽宁师范大学	——	65

续表

学校名称	学科结构	本科专业数
沈阳师范大学	涵盖哲学、经济学、法学、教育学、文学、理学、工学、管理学、艺术学9个学科门类	76
吉林师范大学	涵盖哲学、艺术学、经济学、法学、教育学、文学、历史学、理学、工学、管理学10个学科门类	67
哈尔滨师范大学	——	83
上海师范大学	涵盖哲学、经济学、法学、教育学、文学、历史学、理学、工学、管理学、农学、艺术学11个学科门类	88
南京师范大学	涵盖文学、历史学、哲学、教育学、理学、工学、经济学、法学、管理学、农学、医学、艺术学12个学科门类	78
江苏师范大学	涵盖11个学科门类	63
浙江师范大学	——	71
杭州师范大学	涵盖11个学科门类	74
安徽师范大学	涵盖文学、历史学、哲学、经济学、管理学、法学、教育学、理学、工学、农学、艺术学11个学科门类	92
淮北师范大学	涵盖10个学科门类	82
福建师范大学	涵盖文学、历史学、哲学、理学、工学、教育学、经济学、法学、管理学、农学、艺术学11个学科门类	85
江西师范大学	涵盖文学、历史学、哲学、经济学、管理学、法学、理学、工学、教育学、艺术学10个学科门类	89
山东师范大学	涵盖哲学、经济学、法学、教育学、文学、历史学、理学、工学、管理学、艺术学10个学科门类	87
曲阜师范大学	涵盖文学、理学、工学、法学等10个学科门类	87
河南师范大学	涵盖哲学、经济学、法学、教育学、文学、理学、工学、农学、历史学、管理学、艺术学11个学科门类	86
湖南师范大学	涵盖哲学、经济学、法学、教育学、文学、历史学、理学、工学、医学、管理学、艺术学11个学科门类	86
华南师范大学	涵盖哲学、经济学、法学、教育学、文学、历史学、理学、工学、管理学、农学、医学、艺术学12个学科门类	91
广西师范大学	涵盖哲学、经济学、法学、教育学、文学、历史学、理学、工学、农学、管理学、医学、艺术学12个学科门类	80

续表

学校名称	学科结构	本科专业数
海南师范大学	涵盖文学、理学、教育学、经济学、历史学、管理学、工学、法学、农学9个学科门类	65
重庆师范大学	涵盖哲学、法学、经济学、教育学、文学、理学等11个学科门类	76
四川师范大学	涵盖文学、理学、工学、哲学、经济学、管理学、法学、历史学、教育学、艺术学、农学11个学科门类	82
西华师范大学	涵盖经济学、法学、教育学、文学、历史学、理学、工学、农学、管理学、艺术学10个学科门类	78
贵州师范大学	涵盖哲学、经济学、法学、教育学、文学、历史学、理学、工学、农学、管理学、艺术学11个学科门类	81
云南师范大学	涵盖文学、历史学、哲学、法学、教育学、管理学、理学、工学、经济学、艺术学、农学11个学科门类	93
西北师范大学	涵盖哲学、经济学、法学、教育学、文学、历史学、理学、工学、管理学、艺术学10个学科门类	77
青海师范大学	涵盖哲学、经济学、法学、教育学、文学、历史学、理学、工学、管理学、艺术学10个学科门类	62
新疆师范大学	涵盖哲学、经济学、法学、教育学、文学、历史学、理学、工学、管理学、艺术学10个学科门类	62
江西科技师范大学	涵盖教育学、理学、工学、管理学、艺术学、经济学、哲学、文学、历史学、法学、医学11个学科门类	63

（注：以上数据均采集自各学校官网上的学校概况，获取时间为2019年5月，画横杠的部分为未有专门描述）

教师教育一直是各师范大学建设与发展的重要学科，除了学科点、硕士和博士学位授权点以外，学校还拥有丰富的公共资源。

这些资源包括国家级特色专业（师范类专业）、国家级专业综合改革试点（师范类专业）、国家级人才培养模式创新实验区（教师培养模式创新实验区）、国家级教学团队、国家级实验教学示范中心、国家级教师教育精品资源共享课、国家级教学名师、省级实验教学示范中心、省级专业综合改革试点、省级教学团队、省级精品课程、省级教学名师等。

各师范大学人力资源丰富，包括教授、副教授、国家级突出贡献专家、国家级教学名师、国家"百千万人才工程"教师、国务院特殊津贴享受者、省级名师、省级突出贡献专家、省政府特殊津贴享受者等。

各师范大学需要探索的是如何整合丰富的人力资源，为培养教师服务，让更多的教师增强对教师教育者的身份认同。

2. 师范大学教师的培养目标、培养层次、培养质量与就业从数

(1) 培养目标

第一，中学教师培养目标。

师范大学的中学教师培养目标具有以下特色：第一，强调扎实的学科专业知识；第二，重视除专业以外的人文科学、社会学科、自然学科及文化艺术等方面的基础知识的传授和基本素养的提高；第三，注意教授教育学、心理学基本理论；第四，注意培养获取知识、分析和解决问题的基本技能；第五，注意毕业生就职方向的多样性，即培养的毕业生不仅能够从事中学教学、科研、教育管理的工作，还能够胜任政府机关、企事业单位等相关工作。

对照教育部颁发的各级教师专业标准，有的师范大学在培养目标的表述中缺乏"专业理念与师德"的内容，对中学生身心发展的特征有所忽视。

第二，小学教师培养目标。

师范大学的小学教师培养目标具有以下特色：第一，强调扎实的知识基础、优秀的实践能力及可持续发展的意识和能力；第二，重视培养尊重学生、理解学生的意识；第三，重视培养亲近、观察、倾听与研究学生的能力；第四，注意培养师范生的艺术修养；第五，强调培养能够从事小学教学、科研和管理工作的专门人才。

有的师范大学在培养目标的设置中提出了有针对性的理念。例如，哈尔滨师范大学提出培养师范生成为"师德高尚、专业过硬、技能娴熟、仪表儒雅"的卓越教师。"师德高尚"指人格健全，品德高尚，充满爱心，甘于奉献，志存高远，勇于创新，以高尚的情操引导学生全面发展。"专业过硬"指能够系统地掌握本专业的基础理论知识，熟练掌握本专业的技能和研究方法，了解本专业最新的科学成就和发展趋势，具有提出问题、分析问题和解决问题的能力。"技能娴熟"指具有现代化的教育理念，掌握相关的教育理论、教育规律和娴熟的教学技能，了解教师教育的前沿理论和基础教育改革的最新进展；具有管理学校、班级和对学生进行心理辅导的能力；熟练掌握现代教育技术，具有文献检索、资料查询的能力和开发教学资源、开展教学研究的能力。"仪表儒雅"指言谈举止做到待人友善，温文尔雅，端庄大方，为人师表。

第三，幼儿园培养目标。

师范大学的学前教师培养目标具有以下特色：第一，强调扎实的学前教育专业知识和技能；第二，除专业知识外注重掌握人文、社会等方面的专业知识；第三，注重专业理念、专业态度、思想品质；第四，强调实践技能。

在理念和思想品质方面，师范大学有不同的表述，如北京师范大学学前教育专业强调"适教乐教、具有先进教育理念"，山西师范大学在培养目标中指出"具有良好的思想道德品质"。

(2) 培养层次

师范大学的培养层次包括学士、硕士和博士三个层次。2015 年的调查数据显示，大部分师范大学中的师范生占比为 40%～50%。例如，广西师范大学的师范生占比约为 38.9%，浙江师范大学的师范生占比约为 45%，山西师范大学的师范生占比约为 50%，哈尔滨师范大学的师范生占比约为 44%，青海师范大学的师范生占比约为 45.7% 等。参与调研的师范大学普遍认为自己的生源质量较好，师范生生源质量高于非师范生生源质量。

例如，浙江师范大学师范生生源质量较好，一本专业投档线逐年提高，2014 年文科最低投档线超过一本线 14 分，理科超过 21 分。哈尔滨师范大学师范生生源质量较好，13 个一本师范专业的录取分数线平均高出黑龙江省一批次分数线 50 分。广西师范大学师范生生源质量较好，比非师范生的生源质量要高一些，基本都能达到一本线。青海师范大学长期办学形成了良好的师范文化和教师教育学风，师范生生源质量也高于非师范生生源质量，近几年师范专业招生分数线平均比非师范专业高 40 分左右。

(3) 培养质量

在课程设置方面，师范大学师范专业的课程体系分为通识教育课程、学科专业教育课程、教师教育专业课程、实习四部分。课程设置具有以下特征：第一，注重通识教育，使学生具有广博的人文知识和自然科学知识；第二，注重厚实的学科基础，使学生在通识教育的基础上受到扎实的学科专业教育；第三，注重实践教学，强化实验、实习、实践、实训等教学实践环节，培养学生动手能力和实际应用能力；第四，注重创新教育，培养学生学习能力，让学生获取新知，增强学生的创新精神和创新能力；第五，注重体育和心理健康教育，使学生具有健康的体魄和良好的心理素质，为学生的未来奠定坚实的身心基础。

在课程设置改革中，有的师范大学按照教育部《教师教育课程标准（试地）》要求来进行。例如，哈尔滨师范大学按照《教师教育课程标准（试行）》要求制定了教师教育课程方案，积极开发教材与课程资源，开展教学与评价，制定了精品师范专业的卓越教师人才培养方案；课程着重体现"教育信念与责任""知识与能力""实践与体验"3个一级培养目标和8个二级培养目标，具体设置了"师范生职前教育的儿童发展与学习""中学教育基础""中学学科教育与活动指导""心理健康与道德教育""职业道德与专业发展"5个课程学习领域，涵盖了"儿童发展""教育哲学"等17个学习模块，要求师范生在职前教育阶段必须在以上模块中至少获得10个必修学分和4个选修学分（18学时计1学分）；建立了符合教师专业要求和职业特点的人才培养课程体系，以提高培养师范生综合素养和教育教学能力，增强人才培养效能。

我国教师教育课程设置中存在的问题受到了学者的关注，这些问题包括课程结构比例不合理、课程类型单一、课程内容残缺及陈旧、教育实践机会短缺、实践环节松散、低效。[1]基础课程相对薄弱，教育类课程比例偏低，学科课程有待精化等。[2] 近年来，各师范大学纷纷对教师教育课程进行了改革，包括教师教育课程独立设置的倾向突出，实践类课程被强化，教师教育课程资源得到丰富，特色化课程初现等。[3] 当前，师范大学的教师教育课程设置不应该再局限于"开设了哪几类、哪些课程，各类课程所占的比率是多少"，而是转向关注课程的本质及课程的组织方式，即课程的结构性整合。教师教育课程的整合性与关联性问题成为判断教师教育有效性的一个核心要素。[4]

完善的课程设置是教师培养质量的保障，教学过程是决定教师培养质量的关键。从访谈调查结果来看，师范大学所设计的课程都已具备培养合格教师的优势，但是这些课程及优势在教学过程中并未有效地体现出来。问卷调查也得出了类似的结果，如表1.6所示。师范生对教师的教学方法满意度不高，约32.94%的师范生认为教师大都照本宣科，约31.76%的师范生认为教师侧重对教学理论的灌输而缺乏案例分析等切合实际的内容，约37.74%的师范生认为教师的讲授内容常常很陈旧，很少涉及新的与教育相关的新闻、事件或政策。由此可见，在教学等环节上，师范大学仍需要努力提升其质量。

---

[1] 滕明兰：《对我国教师教育课程体系改革的构想》，载《教育理论与实践（学科版）》，2004，24(5)。

[2] 杜静：《我国教师教育课程存在的问题与改革路向》，载《教育研究》，2007(9)。

[3] 田学红：《我国"教师教育课程"的改革实践及其思考》，载《教育研究与实验》，2009(3)。

[4] 周钧、唐义燕、龚爱芋：《我国本科层次教师教育课程设置研究》，载《教师教育研究》，2011，23(4)。

表1.6 师范大学的师范生对教师教育的态度

	M	SD	非常不同意	比较不同意	一般	比较同意	非常同意
教师大都照本宣科	2.86	1.12	11.69%	29.84%	25.53%	27.10%	5.84%
教师侧重对教学理论的灌输而缺乏案例分析等切合实际的内容	2.80	1.12	11.63%	33.96%	22.65%	26.19%	5.57%
教师的讲授内容常常很陈旧,很少涉及新的与教育相关的新闻、事件或政策	2.95	1.15	10.42%	29.70%	22.14%	30.06%	7.68%

师范大学教师培养过程中的教学问题一直存在,如师范大学的教师习惯沿用"满堂灌"和"注入式"的教学模式,不能灵活运用新课程倡导的探究性学习、合作学习、自主学习,教师的主体地位少有改变。学者认为,多年来师范院校教师的知识观、课程观、教学观、学生观、教师观和评价观等基本上没有发生根本性的变化,教育理念滞后。① 本研究提出要确定培养教师的教学方法。当前已形成的共识是,中小学教师在教学中要采用多样化的方法与策略来促进学生学习。同样重要的是,大学教师在教学中也要采用多样化的方法与策略来促进师范生学习。20世纪90年代以来,西方国家的教育者开始关注教师教育中的教学法,采用"实验室培养方法"(包括微格教学、计算机模拟教学、录像及多媒体法等)、"案例教学法"(如让师范生阅读与分析教学案例)、"实践者研究法"(如让师范生系统地参与和教学、课堂、学校等相关的研究或探究活动)等多种方法来指导师范生学习。有研究者建议教师培养方案应明确地提出采用哪些方法来帮助师范生学习课程,使师范生学会如何教学、学习。②

目前师范大学形成了以下两种教育实践模式,即传统的集中式和分散—渐进式,相应地也形成了两种指导实习生的方式,即送去—接回式和跟踪指导式。

有些师范大学沿用以前的实践模式,即在大四上学期集中安排教育实习。这种传统的集中式实习管理主要由各院系负责。各院系由于负责指导实习生的教师数量不足,因此多采取送去—接回的指导方式,实习指导力度不够。

---

① 江家发:《新课程背景下的高师院校教师教育改革》,载《高等教育研究》,2006,27(6)。
② 周钧、唐义燕、龚爱芋:《我国本科层次教师教育课程设置研究》,载《教师教育研究》,2011,23(4)。

有些师范大学针对传统集中式的弊端，对教育实践进行了改革，将其分散安排到不同的学期进行，而且是渐进式的实践学习。例如，哈尔滨师范大学实施四年一体、全程化、分阶段的实习模式。大学一年级教育实践的内容是教育调查，使学生有目的、有意识地通过对教育现象的考察、了解和分析认识教育的本质及其发展规律，培养学生观察问题和研究问题的能力。大学二年级教育实践的内容是走访名师，要求每名师范生访谈一位中学教师，调查了解教学过程中出现的一些现象或存在的问题，理解教学实践。大学三年级教育实践的内容是专业调查和教育见习，要求每名师范生在中学做一次相关专业的调查，加深师范生对专业知识的理解和对学科思想、知识结构的感悟。大学四年级教育实践的内容是教育实习，要求每名师范生在基地实习10周，通过深入课堂一线，担任教师和班主任等，参与和研究基础教育改革，主动建构教育知识体系，从而引导师范生发现和解决实际问题，创新教育教学模式，提高师范生的学习能力、实践能力和创新能力。

浙江师范大学形成了"三习一训一考核"的教育实践系统。"三习"指见习、实习和研习，"一训"指实训，"一考核"指师范技能考核。学校在大学一、二、三年级各设立了一个为期两周的短学期，渐进式地规划短学期实习实训工作——第一个短学期以见习为主，体验中学教师各种能力在具体实践场景中的运用；第二个短学期以短期实习或微格教学为主，体验各种教学方式；第三个短学期开展集中教育实习前的练习和模拟教学，包括集中实习前的教师基本功考核、教学设计和教学研究训练等。

该教育实践系统有以下亮点。一是校内实训的强化：加强教学能力培养，推行浸润式实践模式，使校内实训达到"临床"实践的效果。二是"可视化"研习课程：运用现代教育技术手段实时、全程采集，师范生"三习一训"实践教学环节以数字化视频的形式上传至教师教育资源库，进而为每名师范生建立数字化档案，并以此作为课程资源，开设个性化、可视化的研习课程，对症下药，提高师范生教学技能。三是实践环节的递进性：在9月师范生进入中小学实习之前，浙江师范大学在6月会举行一次师范生技能考核，内容涉及三笔字（钢笔字、毛笔字、粉笔字）书写、说课、微格教学等环节，只有通过考核的师范生才具有实习资格，因此实践环节是环环衔接的，具有递进性。

分散—渐进式的实践有独特的管理机制。以浙江师范大学为例，根据《浙江师范大学关于印发教育实习规程的通知》，教育实习工作计划由学校教育实习委员会（由分管教学工作的校领导及相关学院、职能部门分管领导组成，办公室设在教务处)制定,学院教育实习领导小组(由学院分管教育实习工作领导、专业主任、骨干教师及教务办有关人员组成)在学校教育实习委员会的直接领导下全面负责本学院相关教育实习工作。

教师教育学院教育实习领导小组的主要职责如下:组织师范生的教学技能考核,审查实习资格;联系实习学校,选派学科教学论教师担任实习指导教师;制订纳入管理的各专业的实习计划,于实习前一个学期期末报教务处审核;组织校内模拟训练;进行教育实习动员,制订实习工作的具体计划,做好经费预算,监督经费使用;监督检查实习的各项准备工作,有计划地到实习学校巡查、指导各专业的实习工作;加强与实习学校的联系,收集反馈信息,及时改进各专业的教育实习工作;根据各实习小组的总结,全面总结本学院教育实习情况;评定教育实习学生的调查报告、论文及专业考察报告,做好教育实习的各项评价工作;配合学校教育实习委员会,做好全校教育实习的总结和优秀评比工作。

纳入教师教育学院教育实习管理的各专业学院教育实习领导小组的主要职责如下:组织学生教育实习报名;推荐并联系部分专业的教育实习学校;推荐专业教师担任教育实习指导教师;监督检查实习的各项准备工作,有计划地到实习学校巡查、指导各专业的实习工作;加强与实习学校的联系,收集反馈信息,及时改进各专业的教育、教学工作。

未纳入教师教育学院教育实习管理的各专业学院教育实习领导小组的主要职责如下:组织本学院师范生教学技能考核,审查实习生资格;联系实习学校,选派优秀教师担任实习指导教师;制订各专业的实习计划,于实习前一个学期期末报教务处审核;组织校内模拟训练;进行教育实习动员,制订实习工作的具体计划,做好经费预算,监督经费使用;监督检查实习的各项准备工作,有计划地到实习学校巡查、指导各专业的实习工作;加强与实习学校的联系,收集反馈信息,及时改进各专业的教育、教学工作;根据各实习小组的总结,全面总结本学院教育实习情况;评定教育实习学生的调查报告、论文及专业考察报告,做好教育实习的各项评比工作;配合学校教育实习委员会,做好全校教育实习的总结和优秀评比工作。

由此可见,在教育实习环节,教师教育学院起着把各学院统筹纳入教育实习管理工作的作用。在实习的具体操作阶段,教师教育学院与专业学院相互配合完成工作。

本研究提出,一些师范大学在完成教育实践环节的改革后,需要进一步思考如何将课程学习与实习交织起来。教师教育面临的一个核心问题是如何帮助师范生在实践中学习教学。传统的教师教育导致理论与实践的双向脱节。为解决这一问题,师范大学需要把重点转向如何将见习、实习有效地与课程结合在一起,如何将见习、实习与实习基地的教育教学情境结合在一起。这种关联性还体现在学术知识与实践知识的结合,使得师范生在实践中学习如何应用理论,逐渐积累实践性知识,这些是解决理论与实践双向脱节的有效方法。[①]

(4)就业从教

各师范大学的毕业生从教人数比例不一,有的院校比例偏高,有的院校比例偏低。例如,表 1.7 所示 2010—2014 年,浙江师范大学本科层次师范生(中学师范专业)毕业生从教比例在 53%~66%。

表 1.7 浙江师范大学本科层次师范生(中学师范专业)毕业生从教比例

2010 年		2011 年		2012 年		2013 年		2014 年	
从教(正式在编)	从教(社会机构)	从教(正式在编)	从教(社会机构)	从教(正式在编)	从教(社会机构)	从教(正式在编)	从教(社会机构)	从教(正式在编)	从教(社会机构)
62.60%	0.73%	52.07%	3.83%	52.03%	1.44%	56.23%	3.75%	60.93%	4.43%

以哈尔滨师范大学为例,近五年师范专业毕业生从教人数比例偏低,2010 年毕业生从教人数约占毕业师范生人数的 10.70%(566 人/5289 人),其中学前教育专业、地理科学专业、物理学专业从教人数比例最高,分别约为 32.14%、22.62%、19.56%。2011 级师范生毕业当年从教的人数为 561 人,平均从教率约为 13%。2013 年毕业生从教人数比 2010 年有所增加,从 2010 年 544 名应届毕业生从教(是学校的正式在编教师,不含在社会机构如民办、社会培训机构工作)增加到 2013 年 705 名应届毕业生从教。

3. 师范大学内部管理机制和二级结构布局

(1)师范大学内部管理机制

目前,师范大学教师教育内部管理呈现多方协作的形态。本科层次师范生的招生工作由教务处招生办公室负责,课程与学籍管理由教务处负责,学科专业课程和学科教学法课程的授课任务由学科院系负责,教师教育课程的授课任务由教育学院负责,教育实践由各个院系或教务处教育实践办公室负

---

① 周钧、唐义燕、龚爱芋:《我国本科层次教师教育课程设置研究》,载《教师教育研究》,2011, 23(4)。

责，就业由招生就业处或学生工作部就业指导中心负责。研究生层次教育硕士、教育博士的招生和学籍管理由研究生院负责，教育类课程的授课任务由教育学院负责，论文指导工作由学科院系的教师教育学院的教师负责。

(2) 师范大学内部二级结构布局

散式布局。这是师范大学传统的布局结构，即将师范生放在各专业院系中培养，各科教学法由各专业院系教师负责，教师教育类课程由教育学院或教育系负责。

集中式布局。这是师范大学的一种改革模式，打破了传统的布局结构，整合了教师教育资源，成立了独立的、专门的、实体性的学院教师培养的二级机构，即教师教育学院或教师专业发展学院。该学院统一管理、培养师范生。例如，华东师范大学教师教育学院在整合全校教师教育资源、集中全校学科教育专业力量、继续发挥教育专业学位管理中心管理职能的基础上于2015年10月组建而成。学院拥有专任教师37名，其中教授13名，副教授17名，讲师7名；拥有语文教育、数学教育、英语教育、物理教育、化学教育、生物教育、历史教育、地理教育、道德与法治教育及科技教育10个学科的教育硕士点，教育经济与管理、课程与教学论、学生发展3个方向的教育博士点，以及相应学科的课程教学论硕士和博士点。学院以培养"彬彬有礼、侃侃而谈、循循善诱的专家型教师"为培养目标，秉承"在学术上求高度、在育人上显仁厚、在服务上见影响"的办院思路，以学科教育研究、教材研究和教师教育研究为学术重点，旨在成为全国学科教育研究高地、卓越教师成长摇篮和教师教育变革策源地。集中式布局的优势在于：第一，有利于研究和制订全校教师教育的总体发展规划，组织实施学校教师教育的教学培养工作；第二，有利于集中学科教学论教师资源，组成教师教育改革团队，推进教师培养的改革；第三，有利于以学科团队的形式进入中小学，支持在职教师的专业发展；第四，有利于开展合作办学，指导基础教育课程改革；第五，有利于扭转学科教学论教师边缘化倾向。学科教学论教师在各个专业学院中都处于边缘地位。统一到教师教育学院后，这类教师的地位显著提升。学科教学论教师形成了一支扮演着重要角色的队伍，这支队伍负责基础教育课程改革的推进、合作办学指导工作的开展等任务，对教师教育学院的建设和发展起到了很重要的作用。

转型式布局。部分师范大学对传统的布局进行了改革尝试，成立了非独立的、非实体的教师教育管理机构，挂靠教务处。师范生还是由各专业院系培养。

混合式布局。为实施教育部的"卓越教师"培养计划,有的师范大学专门成立了某个机构,开始卓越师范生的培养,其他师范生仍然由各院系负责培养,形成混合式布局。这种混合式布局的缺点在于交叉的教学管理工作多,管理压力大。

以哈尔滨师范大学为例,为加强精品师范教育建设,培养卓越教师,哈尔滨师范大学2011年成立教师教育学院,开展卓越师范生的培养。目前哈尔滨师范大学师范专业人才既通过各专业学院(如化学化工学院、文学院、历史文化学院)培养,又通过教师教育学院培养。教师教育学院2011级毕业生就业率比其他师范专业毕业生就业率高约5%,在各重点中学就业的毕业生人数比例也高于其他师范专业。

省属师范大学内部管理和二级结构布局如表1.8所示。

表1.8 省属师范大学内部管理和二级结构布局

学校名称	教师培养组织结构	学位点	下设系、所、本科专业及挂靠的研究所及中心
首都师范大学	教育学院	学院设有教育学(非师范)、教育技术学(师范)和教育技术学三个本科专业,拥有教育学原理、课程与教学论、比较教育学、高等教育学、教育经济与管理、教育技术学六个硕士授权点,拥有教育学一级学科博士授权点、教育学专业学位博士授权点	设有首都教育政策与法律研究院、教育基本理论研究所、课程与教学论研究所、教育经济与管理研究所、国际与比较教育研究所、教育技术学研究所、高等教育研究所和若干研究中心,如教育部的数学教育技术应用与创新研究中心、家庭教育研究中心,与教育部共建的中国教育政策评估与研究中心、中国基础教育教科书研究与评价中心,北京市的基础教育研究基地、基础教育信息化实验教学中心、首都教育发展协同创新中心
	教育技术系		
	初等教育学院	招收课程与教学论初等教育方向硕士研究生,设立初等教育学二级学科硕士点,设置少年儿童组织与思想意识教育专业硕士点,在教师教育研究二级学科博士点下设置小学教师教育研究博士研究生招生方向	下设小学教师教育研究、小学各学科课程教与学的研究、初等教育学研究、儿童学研究、小学学校管理与发展研究、小学艺术教育研究、高观点下的小学学科课程研究等。除此以外,还设有传统文化教育研究、科学技术史研究、微尺度功能材料研究等方向

续表

学校名称	教师培养组织结构	学位点	下设系、所、本科专业及挂靠的研究所及中心
首都师范大学	教师教育学院	负责全日制教育硕士（小学教育、学前教育方向除外）研究生、课程与教学论（学科方向）硕士研究生、教师教育博士研究生的招生、培养和管理工作	以教育部首都师范大学基础教育课程研究中心和首都基础教育发展研究院为平台，发挥服务基础教育的全校统筹协调职能，承担支持、指导首都师范大学附属学校合作共同体的学校建设与业务提升工作，开展大学与区域、学校的伙伴合作项目
	学前教育学院	拥有学前教育学硕士学位授权点	设有学前儿童心理发展研究所、幼儿教师教育研究所、幼儿园课程研究所、学前教育政策研究所、儿童艺术教育研究所、绘本阅读研究中心、北京幼儿教师发展研究中心7个研究机构
天津师范大学	教育学院	拥有国家重点学科（发展与教育心理学）及心理学一级学科博士学位授予权、博士后流动站，教育学硕士一级学科授予权。学部承担着全日制教育硕士、学科课程与教学论硕士和在职教育硕士的培养教育工作	学部由党政办公室、学生工作办公室、学科和研究生工作办公室、科研办公室、教学办公室、公共课教学办公室、职后教育培训办公室7个科室及教育学系、教育技术系、学前教育系、教师教育系、小学教育系，教育学公共课教研室、教学法公共课教研室，教育学博士后科研流动站，《数学教育学报》杂志，翔宇基础教育实践研究所、初等教育研究所和教师教育实验教学中心、课程与教学研究中心、现代教育技术研究中心、基础教育协同创新中心组成
天津职业技术师范大学	职业教育学院	现有教育学、心理学两大学科门类，硕士学位授权点2个	下设职业技术教育学、高等教育学、教育技术学、教师教育与教学论、职业发展与职业生涯教育5个研究方向
河北师范大学	教育学院（另设有顶岗支教指导中心即教师教育中心）	拥有心理学一级学科硕士学位授权点。二级学科硕士点由合并时的2个增加到7个，7个硕士点分别是基础心理学、发展与教育心理学、应用心理学、教育学原理、教育经济与管理、课程与教学论、成人教育学。基础心理学学科是河北师范大学重点学科，2009年被评为河北省重点学科	现设5个本科专业：心理学（含心理学和应用心理学）、教育学、学前教育学和公共事业管理（师范类）

续表

学校名称	教师培养组织结构	学位点	下设系、所、本科专业及挂靠的研究所及中心
山西师范大学	教师教育学院	教育学原理、教育史、教育经济与管理、基础心理学、发展与教育心理学等5个硕士学位授权点。教育学一级学科是学校"十二五"期间重点建设学科	设有教育管理、心理学、学前教育、课程与教学4个系。现有教育学、学前教育学、心理学和公共事业管理4个本科专业。教师教育研究中心是山西省人文社科重点研究基地
内蒙古师范大学	教育学院	现有教育学硕士学位授权一级学科,其中有5个二级学科(教育学原理、课程教学论、学前教育学、高等教育学、教育技术学)招收硕士研究生,另有民族教育学、少年儿童组织与思想意识教育(自主设置)和教育经济与管理硕士学位授权点,具有教育硕士专业硕士学位点(教育管理、小学教育、学前教育、现代教育技术4个方向招生)	教育学系、学前与特殊教育系、公共事业管理系、教育技术系、小学教育系和实践教学、公共课教研部,有学院综合办公室、教务科研办公室、团总支、学生工作与就业办公室等4个行政管理机构,有资料室、教育技术实验中心2个教辅机构,有教育学、学前与特殊教育、公共事业管理、教育技术、小学教育、本科生、研究生7个党支部及工会等社团组织
辽宁师范大学	教育学院	拥有发展与教育心理学和教育学原理2个博士学位授权点,教育学和心理学硕士学位一级学科授予权。发展与教育心理学和教育学原理为辽宁省重点学科	设有教育学系、心理学系、学前与特殊教育学系、初等教育系4个系,教育部基础课程研究辽宁师范大学中心、人事部发展与教育心理学博士后工作流动站、辽宁师范大学教育科学研究所、发展与教育心理研究所、国际与比较教育研究所、特殊教育与康复中心、人力资源与教育管理研究中心、辽宁师范大学大学生心理咨询中心、心理实验中心、教育技术实验中心等12个研究机构

续表

学校名称	教师培养组织结构	学位点	下设系、所、本科专业及挂靠的研究所及中心
沈阳师范大学	教育科学学院	拥有教育学、心理学2个一级学科硕士学位授权点，具有教育学原理、课程与教学论、教育史、高等教育学、职业技术教育学、比较教育学、教育法学、特殊教育学、应用心理学、基础心理学、教育硕士（教育管理）、教育硕士（职业技术教育）、教育硕士（心理健康教育）、应用心理专业硕士的硕士学位授予权	现有教育学系、心理学系、高等教育研究所、课程与教学论学科发展中心、东北教育史研究所、心理健康教育研究所、社会教育研究所、职业教育研究所、人力资源与管理研究所、教育学原理研究所、教育政策与法律咨询中心、绩效评估教育中心等机构
	教师专业发展学院	拥有发展与教育心理学、学前教育2个硕士学位授权点，有数学、物理、生物、化学、计算机、思想政治6个课程与教学论方向硕士学位授权点	集教师教育职前培养、入职教育、职后研训于一体化，培养本科和研究生层次的教师教育专业人才的二级学院。现有学前教育、初等教育、人文教育与科学教育4个本科专业，有教师教育研究所、学科与课程论研究所、儿童发展与教育研究所等研究机构
吉林师范大学	教育科学学院	学院拥有教育学、心理学2个一级学科硕士学位授权点及教育硕士专业学位授权点。教育学一级学科下设比较教育学、教育学原理、课程与教学论、学前教育学、高等教育学、教育技术学等10个二级学科方向，心理学一级学科下设基础心理学、发展与教育心理学及应用心理学3个二级学科方向，教育硕士专业学位包含教育管理、小学教育、学前教育及心理健康教育4个专业领域	现有心理学、小学教育、教育学、学前教育4个本科专业，承担公费师范生、卓越教师计划和中外合作办学等培养工作
		职业技能教研部	为加强教师教育专业学生教师职业技能训练而专门设立的独立教学单位

续表

学校名称	教师培养组织结构	学位点	下设系、所、本科专业及挂靠的研究所及中心
哈尔滨师范大学	教育科学学院	教育学科拥有一级学科博士和硕士学位授权点，心理学科拥有应用心理学、发展更改者两个硕士学位授权点，教育经济与管理学科拥有硕士学位授权点	现开设5个本科专业：教育学专业、心理学专业、教育技术学专业、学前教育专业、小学教育专业。其中教育学专业、心理学专业是国家级特色专业和省级重点专业，教育技术学专业、比较教育专业是校级重点专业。有哈尔滨师范大学教育科学研究所、哈尔滨师范大学陶行知研究所、哈尔滨师范大学心理测量与咨询研究所等研究机构
上海师范大学	教育学院	1个一级学科博士点：教育学。横跨教育学、心理学两大学科的8个二级学科博士点：教育学原理、课程与教学论、比较教育学、学前教育学、高等教育学、职业技术教育学、发展与教育心理学、教师教育。教育学、心理学2个一级学科硕士点，15个二级硕士点（学术型）：教育学原理、教育史、课程与教学论、比较教育学、学前教育学、高等教育学、成人教育学、职业技术教育学、初等教育学、教师教育、基础心理学、发展与教育心理学、应用心理学、教育经济与管理、教育技术学。3个全日制专业学位硕士点（应用型）：教育硕士（教育管理）、教育硕士（小学教育）、应用心理硕士。4个在职	下设6个系：教育系、心理系、管理系、初等教育系、学前教育系和教育技术系。建有5个研究所：教育科学研究所、心理学研究所、小学教育研究所、学科教育研究所、高等职业研究所。10个中心：现代校长研修中心、国际与比较教育研究中心、儿童发展与家庭研究中心、心理学重点实验中心、小学教师教育研究中心，小学语文教学研究中心、心理咨询中心、心理测评研究中心、教师教学技能实训中心、教育技术研究中心

续表

学校名称	教师培养组织结构	学位点	下设系、所、本科专业及挂靠的研究所及中心
		人员攻读教育硕士专业学位点：教育管理、小学教育、心理健康教育、学前教育。6个全日制本科专业：教育学、应用心理学、学前教育、小学教育、公共事业管理和教育技术学	
南京师范大学	教师教育学院	教师教育学院在教育学一级学科下设置了教师教育专业硕士学位点	2010年起，教师教育学院通过教师教育资源的有效整合和各学科专业的优势互补，对汉语言文学（师范）、数学与应用数学（师范）、英语（师范）、历史学（师范）、思想政治教育（师范）、计算机科学与技术（师范）、物理学（师范）、化学（师范）、生物科学（师范）、地理科学（师范）10个教师教育类专业实行由教师教育学院招生和管理、教师教育学院和各相关专业学院共同培养、学科专业与教师教育双向强化的培养模式和机制
	教育科学学院	拥有国家重点学科教育学原理、学前教育学及省重点学科基础心理学、课程与教学论4个重点学科，有教育学博士后流动站、心理学博士后流动站、教育学一级学科博士点及12个二级学科博士点、13个硕士点	设有教育学系、学前教育学系、教育技术学系、小学教育系、教育管理与政策系5个教学单位，设有教育科学研究院、教育理论研究所、学前教育研究所、课程与教学论研究所、高等教育研究所、技术教育研究所、教育领导与管理研究所、小学教育研究所、信息化教育研究所、教育信息工程研究所、视觉文化研究所、班主任研究中心、美育研究中心、职业指导中心、教育评价与发展国际研究中心等多个研究机构

续表

学校名称	教师培养组织结构	学位点	下设系、所、本科专业及挂靠的研究所及中心
江苏师范大学	教育科学学院	有小学教育、学前教育、应用心理学3个本科专业；拥有教育学一级学科硕士学位授权点，心理学一级学科硕士学位授权点，以及教育管理、小学教育、学前教育、心理健康教育专业硕士学位授权点	下设教育学系、心理学系、学前教育系、中学文科教研部、中学理科教研部和实验教学中心，以及教育科学研究所、心理科学研究所、学前教育研究所、高等教育研究所、基础教育研究中心、留学生与中国现代化研究中心（江苏省哲学社会科学重点研究基地）等研究机构
浙江师范大学	教师教育学院	有教育学、心理学2个一级学科博士点、教育专业学位博士点和教育学、心理学博士后流动站，教育学、心理学2个一级学科硕士点、12个二级学科硕士点及教育硕士、应用心理、MPA（教育管理方向）3个专业硕士学位点	下设教育学、心理学、教育技术学、课程与教学4个系，拥有小学教育、应用心理学、教育技术学3个本科专业。现有1个国家综合改革试点专业（教育技术学），2个浙江省优势专业（教育技术学、应用心理学），16门国家级精品资源共享课程和省级精品课程。学院聚焦"面向教育现场的教师教育和基础教育研究"，着力打造成为国内重要的教育科学研究基地、教育政策智库。现有省人文社科重点研究基地（教育学）、浙江省基础教育研究中心、浙江省"2011协同创新中心"（卓越教师培养）、浙江省新型高校智库（教育改革与发展研究院）4个省级创新平台，1个国家级实验教学示范中心（教师教育实训中心），以及田家炳德育研究中心、智慧教育研究院、心理与脑科学研究院等多个高水平研究平台。拥有智能教育与认知科学实验室、儿童语言发展实验室、基因实验室等一批教育学、心理学实验室
	杭州幼儿师范学院	拥有学前教育学硕士学位授予权	现有学前教育、艺术教育（幼儿艺术教育）、动画（儿童动漫插图）3个本科专业，有学前教育、公关礼仪2个专科专业

续表

学校名称	教师培养组织结构	学位点	下设系、所、本科专业及挂靠的研究所及中心
杭州师范大学	教育学院	有教育学、心理学2个浙江省一流学科及硕士学位授予权一级学科，另设教育硕士专业学位和中澳教育领导与管理专业硕士点	设有小学教育、学前教育、教育技术学、应用心理学、特殊教育、艺术教育6个本科专业，其中小学教育专业为国家特色专业、国家综合改革试点专业及教育部首批"卓越小学全科教师"培养项目
安徽师范大学	教育科学学院	有教育学一级学科博士学位授权点、心理语言学二级学科博士学位授权点，教育学和心理学2个一级学科硕士学位授权点	设有教育学、学前教育、教育技术学、心理学、小学教育和中美学前教育等6个本科专业，并拥有教育管理、小学教育、现代教育技术、学前教育和心理健康教育5个方向的教育硕士专业学位授权点和中美现代教育技术硕士"2+1"合作培养项目
淮北师范大学	教育学院	拥有教育学、心理学2个一级学科硕士授权点和教育、应用心理2个专业硕士学位授权点	设有公共事业管理、教育技术学、学前教育、应用心理学和特殊教育5个本科专业
福建师范大学	教育学部	设有教育学一级学科博士点和一级学科硕士点，建有教育学一级学科博士后科研流动站。其中，博士学位点4个方向，学术型硕士学位点9个方向，专业型硕士学位点4个方向	设有1个教育部人文社科基地（教育部基础教育课程研究中心）和1个省人文社科基地（福建省基础教育和教师教育研究中心）。学部现设4个本科专业并对应设置4个系（教育学系、教育技术学系、学前教育系和小学教育系）。其中，教育学是福建省重点学科、省特色学科和省双一流建设学科
江西师范大学	教育学院	拥有"教育学"一级学科博士学位授权点和"教育经济与管理"硕士学位授权点，教育学为"江西省高校高水平学科"和"江西省高校示范性硕士点"	现有本科专业4个，即公共事业管理（教育管理）、学前教育、小学教育和特殊教育，其中公共事业管理（教育管理）为国家级特色专业。拥有4个省级科研机构：江西省2011协同创新中心"基于大数据的江西省教师质量监测、评估与服务协同创新中心"、江西省高校人文社会科学重点研究基地"教师教育研究中心"和"学前教育研究中心"、江西省文化艺术科学重点研究基地"江西书院文化与教育研究中心"

续表

学校名称	教师培养组织结构	学位点	下设系、所、本科专业及挂靠的研究所及中心
江西师范大学	初等教育学院	设有一个学术型硕士点（基础教育学）、一个专业学位硕士点（小学教育），并在教育学一级学科博士点下开展博士人才培养	是学校顺应教师教育改革的新形势和时代发展的新要求，大力推进教育创新，通过整合优化全校教师教育资源组建而成的。是目前江西省南昌市唯一一所培养本科层次小学教师的办学机构。开办了四年制小学教育本科专业，分设小学语文、小学数学、小学英语3个方向
山东师范大学	教育学院	拥有教育学博士后科研流动站，教育学一级学科博士学位授权点，教育学原理、课程与教学论、教育技术学3个博士学位授权点及教育学一级学科硕士学位授权点，教育管理、学前教育及现代教育技术专业教育硕士培养点和教育硕士专业学位授权点	下设学前教育学院、教育学系、教育技术系、小学教育系、教师教育学院和教育部基础教育课程研究中心，设置和挂靠的研究机构有山东省教育研究基地和山东师范大学教育科学研究所，设有山师大大学生思想政治教育首批创新基地——大学生职业生涯规划与就业指导创新基地
曲阜师范大学	教育科学学院（教师教育学院）	现有教育学博士一级学科授权点1个（在教育学原理、课程与教学论、高等教育学、教育大数据研究4个方向培养博士），教育博士专业学位授权点1个（在教育领导与管理、学校课程与教学2个方向培养博士），有教育学、心理学2个硕士一级学科（在16个方向培养硕士）	现有教育学、心理学和公共事业管理（教育）3个本科专业，设有教育部曲阜师范大学基础教育课程研究中心、山东省教育厅曲阜师范大学基础教育课程研究中心、曲阜师范大学教育科学研究所、曲阜师范大学心理科学研究所、曲阜师范大学课程与教学研究中心、高等教育研究中心、教师教育研究中心等培训机构

续表

学校名称	教师培养组织结构	学位点	下设系、所、本科专业及挂靠的研究所及中心
河南师范大学	教育科学学院	拥有教育博士授权点，教育学、心理学硕士学位授权一级学科，并在教育管理、心理健康教育、小学教育、学前教育、现代教育技术等领域招收教育硕士专业学位	开设公共事业管理（师范类）、心理学、教育学、学前教育学、教育技术学、小学教育、数字媒体技术7个全日制本科专业，并设有教育管理、心理学本科函授专业和自学考试小学教育本科和专科专业
湖南师范大学	教育科学学院	教育学和心理学2个一级学科硕士点（涵盖13个二级学科硕士点），教育硕士和应用心理硕士2个专业学位硕士点，教育学、心理学2个一级学科博士点和教育博士专业学位点，教育学、心理学2个博士后流动站	现设教育学、心理学、学前教育学、教育技术学、特殊教育学5个系，设有教育部基础教育课程研究湖南师范大学中心、湖南省课程与教学改革研究基地、古典教育研究中心、教师教育研究中心、学前教育发展研究中心、湖湘教育文化研究中心、文化心理与行为研究中心、课程与教学研究所、学位与研究生教育研究中心、乡村教育研究中心等多个校级研究机构，拥有教育学、学前教育、教育技术学、心理学、应用心理学、特殊教育6个本科专业
华南师范大学	教育科学学院	学院博士和硕士学位授权点涵盖教育学原理、课程与教学论、教育史、比较教育学、学前教育学、高等教育学、成人教育学、职业技术教育学、特殊教育学、教育领导科学、基础教育学、少年儿童组织与思想意识教育12个二级学科（专业）。学院也是全国首批教育博士（现设教育领导与管理、学校课程与教学2个研究领域）和教育硕士（现设教育管理、小学教育、学前教育和职业技术教育4个领域）专业学位授权点	现设教育学系、学前教育系、课程与教学系、特殊教育系、高等教育研究所、国际与比较教育研究所、教育史研究所、教育管理研究所、基础教育研究所、教师教育研究中心10个系（所、中心）

续表

学校名称	教师培养组织结构	学位点	下设系、所、本科专业及挂靠的研究所及中心
广西师范大学	教育科学学院	现有教育学一级学科博士学位授权点，心理学一级学科硕士授权点，教育经济与管理、发展与教育心理学2个二级学科硕士授权点，以及教育硕士、应用心理2个专业学位授权点	现置公共事业管理（教育管理）、应用心理学、学前教育学、教育技术学、小学教育、特殊教育6个全日制本科专业，学前教育专业已通过教育部组织的师范类专业试点认证，是国家卓越教师培养计划改革项目示范专业
海南师范大学	初等教育学院		学院小学教育专业为海南省首批特色专业、第四批国家级特色专业，获批教育部卓越教师培养计划项目
重庆师范大学	教育科学学院	拥有2个一级学科硕士学位授权，2个专业硕士点	拥有2个省部级重点人文社科研究基地、1个省部级重点实验室，另外还拥有1个省部级特色学科专业群、3个省部级特色专业、2个重庆市一流专业、2门国家级精品课程、5门省部级精品课程、4门国家级规划教材、3门省部级规划教材；拥有1个省部级创新团队；拥有2个省部级研究培训基地，并先后承担了学前教育、特殊教育、中小学心理健康教育等国家级培训、省部级骨干教师培训。另外，学院还有重庆师范大学幼儿教育研究基地、重庆师范大学西部儿童文学研究所等研究平台
四川师范大学	教师教育学院	现拥有教育学博士、硕士学位授权一级学科，是四川省教育学科门类中唯一的博士学位授权点	是学校为了适应教师教育改革发展的需要于2005年8月成立的一个学院；是一个以教师职前培养与职后培训一体化，集教学、研究、管理为一身的专业性教师教育机构。学院内设四川省哲学社会科学重点研究基地——四川省教师教育研究中心、四川维康心理咨询师培训中心。教育科学学院现设教育学系、心理学系、小学教育系、学前教育系4个教学系，以及四川师范大学教育科学研究所、多元文化教育研究中心、民办教育研究中心等研究机构

续表

学校名称	教师培养组织结构	学位点	下设系、所、本科专业及挂靠的研究所及中心
西华师范大学	教师教育学院	拥有教育学一级学科硕士学位授权点，4个二级学科；拥有教育管理和现代教育技术2个教育硕士学位授权点	成立教师教育学院是为了整合全校教师教育资源，强化职前培养和职后培训一体化功能，提升教师教育质量，彰显教师教育特色。学院由教师教育学院和四川省教师继续教育西华师范大学培训中心两个部门组成，下设学院办公室、培训部、教育学教研室、心理学教研室和基础教育课程研究中心。本科教育开设有5个专业：教育学、心理学、小学教育、学前教育、教育技术学专业
贵州师范大学	教育学院	拥有教育学一级学科硕士学位授权点（覆盖10个二级学科）、教育硕士专业学位类别（领域）授权点	有4个全日制本科专业（教育学、应用心理、教育技术学、学前教育）。建有1个国家级实验教学示范中心，即教育综合实验实训中心；1个国家级校外实践基地，即教育学校外实践基地；若干全国研究与智库平台；1个贵州省教师专业发展示范中心；2个省级培训基地，即贵州省中小学骨干教师培训基地。贵州省高等教育学会及高教学会信息化专业委员会挂靠学院
云南师范大学	教育科学与管理学院	现已具有教育与发展心理学、教育学原理、应用心理学、学前教育学、课程与教学5个硕士点，支撑着学校高等教育学和教育技术学2个硕士点。同时，学院也是国务院学位办教育硕士专业学位教育管理方向的试点单位	现下设5个教学系：教育学系、心理学系、学前教育系、公共事业管理系、课程与教学系，包括云南省教育科学研究所、云南省基础教育研究中心、应用心理研究所等研究机构，现有教育学、学前教育、公共事业管理和应用心理学4个专业
西北师范大学	教育学院	有教育学博士后科研流动站和博士学位授权一级学科、发展与教育心理学博士学位授权二学科，2个硕士学位授权一级学科和14个硕士学位授权二级学科	有教育学、应用心理学、学前教育、教育管理4个本科级专业，有1个国家级人文社会科学重点研究基地——西北少数民族教育发展研究中心，1个国家重点（培育）学科——课程与教学论，2个省级重点学科——教育学和心理学

续表

学校名称	教师培养组织结构	学位点	下设系、所、本科专业及挂靠的研究所及中心
青海师范大学	教师教育学院	有教育学原理、教育与发展心理学、课程与教学论等3个硕士学位授权点	学校整合优化教师教育资源，组建了教师教育学院，2010年更名为青海师范大学教育学院。现设有"三系一所"（教育系、心理学系、教育技术系、教师教育理论与实践研究所）。有6个本科专业。突出教师教育特色，实现教师职前教育、入职教育和在职教育一体化，成为立足青海、面向藏族地区的教师培养培训基地、民族教育理论研究基地、现代教育技术研发基地
	民族师范学院	有藏语言文学硕士点、藏族文艺学硕士点	设藏语言文学、藏汉双语数学、藏汉双语计算机、藏汉双语物理、藏汉双语化学、藏汉双语科学教育、藏汉双语人文教育等9个本科师范专业，藏汉双语初等教育、藏汉双语计算机、英语（藏汉英方向）、学前教育3个专科师范专业及其他一些藏区经济社会发展急需的非师范专业
新疆师范大学	教育科学学院	有教育学原理、课程与教学论和发展与教育心理学3个硕士学位授权专业	设有育学系、心理学系、教育信息技术系及实验中心、成人教育办公室、大学生心理健康教育与咨询中心。新疆师范大学基础教育改革与发展研究中心、新疆心理学会及"新疆教育电视台新疆师范大学记者站"附设于该院。设教育学、心理学、学前教育、公共事业管理、教育技术学、数字媒体艺术等专业
	初等教育学院	——	现有小教文科、小教理科、汉语言、英语、美术、教育技术学等专业

（注：以上数据均采集自各学校官网介绍，采集时间为2020年1月）

(二)师范学院

1. 师范学院教师培养整体现状

据不完全统计,我国共有师范学院67所(不含科技/职业师范学院)[①],其中含1所学前师范学院、1所特殊教育师范学院和4所民族师范学院。从来源看,师范学院主要有以下类型。第一类师范学院由原有师范专科学校或师范学校升格而成,如伊犁师范学院。第二类师范学院是在师范专科学校或师范学校升格的基础上合并,由原教育学院或教师进修学院而来,如唐山师范学院、湖州师范学院。第三类由原教育学院转型成为师范学院或省级第二师范学院,如齐鲁师范学院由山东省教育学院转型而来;广东、江苏、湖北和重庆等省(直辖市)将教育学院转型为第二师范学院,如广东第二师范学院、江苏第二师范学院、湖北第二师范学院和重庆第二师范学院。其中江苏第二师范学院与江苏省教育科学研究院实行"两块牌子、一套班子"的管理体制。第四类由师范学校升格而来,并且在升格过程中合并了当地其他行业的教育资源,如廊坊师范学院由廊坊市师范学校、廊坊师范专科学校、廊坊教育学院于2000年合并升格而成,2005年整合了河北职业技术学院成为新的廊坊师范学院。从师范学院的地区分布来看,大部分师范学院位于地级市,约占全部师范学院的77%。约20.3%的师范学院位于省会城市,2所位于直辖市(重庆)。在培养层次上,8所师范学院达到了硕士学位培养层次,约占全部师范学院的14%,约84.4%的师范学院的培养层次是本科层次,1所师范学院的培养层次为专科层次。培养层次为硕士的有8所师范学院:喀什师范学院(2015年更名为喀什大学)、广西师范学院、湖北师范学院、牡丹江师范学院、太原师范学院、信阳师范学院、伊犁师范学院和安庆师范学院(2016年更名为安庆师范大学)。

从教师培养的规模来看,根据师范学院学生中师范生和师范专业的比例,师范学院分为以下三种类型。第一类为教师教育特色鲜明的师范学院,师范专业占全校专业总数的80%以上,师范生数量占学生总数的80%以上,但这类师范学院总体数量不多。例如,郑州师范学院全院所有专业均为师范专业;广东第二师范学院全院80%以上的专业为师范专业,师范生数量占学生总数

---

① 数据来源:教育部普通高校重点人文社会科学基地重大课题"教师教育机构数据库建设研究",教育部《2013年具有普通高等学历教育招生资格的高等学校名单》。

的80%以上。第二类师范学院数量较多，这类师范学院保留了教师教育的特色，但学校已经向综合化方向发展。在这类师范学院中，师范专业占全部专业的比例在50%以下，师范生的数量占学生总数的50%甚至30%以下，如淮阴师范学院和湖州师范学院等师范生数量约占学生总数的25%，牡丹江师范学院的师范生数量约占学生总数的17%。第三种类型为转型学院，师范专业和师范生比例介于上述两者之间。学校的教师教育特色明显，但非师范专业数量和非师范生数量正在迅速增长。例如，江苏第二师范学院，从招生数量来看，新招收的师范生所占比例虽然超过了50%，但非师范生数量也有较大提升，特别是在与南京师范大学联合培养的专业中非师范专业数量和非师范生数量占3/4左右，全校师范专业约占全部招生专业的45%。

2. 师范学院教师的培养目标、招生机制、不同学段教师的培养、就业从教

（1）培养目标

师范学院教师培养的目标与学校本身的专业设置息息相关。总体而言，在没有设置学前教育专业和小学教育专业的师范学院中，除学前教育专业和小学教育专业外，大多数师范专业把培养目标设定为中学学科教育师资培养，如广东第二师范学院师范专业的培养目标多表述为"培养……的中学教师"。此外，师范学院的培养目标还与学院的办学定位有密切的联系。由于大多数师范学院位于地级市，服务区域经济和社会发展的职能相对比较突出，因此在培养目标的设计上也多突出服务于本地的基础教育，如郑州师范学院提出加强基础教育的科学研究，服务于地方基础教育发展。从师范生胜任未来从教工作的角度来看，师范学院的培养目标多为培养应用型人才，如湖州师范学院提出要努力培养能适应社会发展多样化需求的应用型人才，广东第二师范学院提出培养具有健全人格、社会责任感、创新精神和实践能力的应用型人才。

除提出以培养应用型人才为目标外，师范学院的师范专业还从德（专业情意）和才（专业知识和专业能力）两个方面思考人才培养的目标，并注意与当地人才需求相结合。例如，通化师范学院提出首先要培养学生的德，强调学生将来要师德过硬，具有敬业精神，能够适应农村比较艰苦的生活和工作条件；湖州师范学院提出培养具有深厚的专业情意、综合的学科专业知识、全面发展的专业能力的学生。

（2）招生机制

师范学院的师范生招生主要有以下几种类型。第一类：统招统考类。这类招生模式适用于绝大多数师范学院的本科师范生或非师范生招生（艺术类考生除外）。目前师范学院的招生批次均为本省份本科二批以上；或部分专业在一本线，部分专业在二本线，如湖州师范学院的小学教育、数学教育、汉语言文学教育3个师范专业是一本线招生，其余专业为二本线招生。第二类：转型类。这类招生主要出现在高考招生改革试点省份，如浙江省以部分师范学院为试点自主招生。湖州师范学院根据浙江省教师教育改革的政策要求，在2015年有80个"三位一体"招生计划，包括小学教育、科学教育、历史学、思想政治教育等专业。这年，"三位一体"招生录取工作顺利结束，计划235人，执行235人，计划完成率100%。共有13个师范专业和1个非师范专业列入招生，首次实现普通类师范专业全覆盖。从录取情况来看，各专业录取成绩稳中有升，其中综合成绩最高分83.12分，文化总分最高分622分（超过浙江省普通类一本线27分）。其中，小学教育（师范）综合成绩录取最高分依然位居榜首，数学与应用数学（师范）一志愿报考率约达740%，凸显2个国家级特色专业优势；9个专业一志愿报考率达100%以上，备受考生关注。第三类：根据本省份教师教育改革政策的要求，对特定的教师培养项目采取特殊招生的方式。例如，玉林师范学院招收壮汉双语定向培养的学生。部分壮汉双语定向培养的生源是初中生，对这部分学生的招考要求与高中起点的生源不同。初中起点的生源需中考成绩合格，然后参加面试。由于是定向培养的，生源地已经确定，所以分数线会受到一定限制。面试要求招收形体端正、语言表达流畅的全科型学生，在艺术或者体育等方面有特长的学生会优先考虑。

总体而言，师范学院师范生的生源以本省生源为主，质量具有较大的地区差异。在经济发展比较好、教师职业吸引力较大的地区，师范学院师范生的生源质量比较稳定，甚至有逐年提高的趋势。根据2010年到2014年的统计数据，湖州师范学院各专业的分数线呈增长态势，理科专业录取平均分已超过本科第二批分数线90分以上，文科专业也已超过本科第二批分数线80分以上。广东第二师范学院2017年文科学生入学最低分数超广东省2A类招生批次（即一般意义上的二本院校）最低录取线86分，理科超该批次最低录取线97分。师范专业录取分数略高于非师范专业。个别专业（英语）师范生录取分数略高于非师范生。全院录取分数最高的专业为英语（师范）专业。2018年文科生入学最低分数超广东省2A类招生批次最低录取线90分，理科生入学最低分数超广东省2A类招生批次最低录取线93分；2019年文科超85分，理科超91分。

相比于广州、湖州等较为发达的地区，较不发达地区的师范学院的生源吸引力明显下降。即便在整体上较为发达的江苏省，地处苏中地区的盐城师范学院对师范生的吸引力也明显下降，师范生生源质量逐年下降。

总体而言，由于师范学院以教师培养为办学特色，因此在师范学院内部，师范专业生源普遍优于非师范专业生源。例如，郑州师范学院 2014 年本科文科的最高分被录取到学前教育专业（师范专业），理科的最高分被录取到英语专业（师范专业）。文科前 10 名的学生有 8 名被录取到师范类专业，理科前 10 名的学生有 6 名被录取到师范类专业。

(3) 不同学段教师的培养

第一，学前教师培养。

师范学院承担着培养学前教师的任务。在培养层次上，师范学院培养的学前教师包含本科和专科两个层次。以二年制专科层次的学前教师培养为例，培养课程通常由公共必修模块、公共选修模块、专业必修模块和专业选修模块构成。专业实践通常由见习和实习两部分构成，共 16 周。在专业必修模块，专科层次的学前教师除学习学前心理学、学前教育学、学前卫生学、学前儿童游戏、幼儿玩教具制作课程之外，还要学习面向幼儿园的学前儿童数学教育、学前儿童科学教育、学前儿童语言教育、学前儿童健康教育、学前儿童社会教育、学前儿童音乐教育和学前儿童美术教育课程等。此外，学前教师培养比较强调培养师范生的艺术技能和素养，针对学前教育的需要开设了幼儿歌曲弹唱、视唱练耳、美术、舞蹈等艺术类课程。以广东第二师范学院为例，学院在专科层次的学前教师培养中还设有艺术技能训练与考核环节，主要考查师范生朗读与演讲、讲儿童故事/简笔画和幼儿歌曲弹唱/幼儿舞蹈三个方面的艺术技能。

本科层次的学前教师培养与专科层次的学前教师培养从课程模块上看没有本质差别，但本科层次在课程内容中包含了更多学前教育管理类课程、学前教育研究类课程和基础性的教育学、心理学课程。在培养目标上，本科层次的学前教师培养更强调学生胜任学前教育机构的科研和管理工作的能力，强调学生的创新精神和可持续发展。

第二，小学教师培养。

师范学院的小学教师培养主要包括两个层次三种类型：两个层次分别为专科层次和本科层次，三种类型分别为高中起点的统考本科生、高中起点的统考专科生、初中起点的五年一贯制大专生。部分师范学院还专门设立了面向专升本学生的两年制本科小学教育专业,如郑州师范学院。在培养模式方面,师范学院的小学教师培养主要有全科型和分科型两种类型。分科培养的培养模式除了有传统的语文、数学和英语学科方向外,还有新增加的学科方向。还有一部分师范学院承担了本省份的教师培养政策项目,如小学全科教师的定向培养,或本省份面向少数民族地区和学校的双语教师培养项目。例如,广西壮族自治区的小学全科教师定向培养项目由广西师范学院设计培养方案,由玉林师范学院和地区院校承担培养任务。喀什师范学院(2015年更名为喀什大学)、伊犁师范学院也承担了新疆维吾尔自治区的定向免费师范生政策项目。

师范学院本科层次小学教师(全科型)培养的课程通常由公共必修课、专业必修课和专业选修课构成。全科型小学教师的培养目标是学生能够胜任小学多个学科的教学,特别强调师范生在语文、数学和外语三门主科中胜任一门科目的教学,同时还能够承担音乐、体育、美术或科学等课程中的一门或两门的教学,以满足农村学校的需要。

分科培养的小学教育专业通常下设语文、数学和外语三个专业方向,学生入学后再选择自己的学科方向。但为了广泛适应小学教学的需要,有些师范学院,如湖州师范学院的小学教育专业在基础课程中设置了小学英语教育学、小学数学教育学、小学语文教育学和小学科学教育学,在专业主干课程(学科方向课程)中设置了数学或语文的学科方向供师范生选修,试图使师范生具备更强的适应能力,胜任小学主要学科的教学工作。

第三,中学教师培养。

师范学院的任务之一是培养中学教师。近年来,随着经济较为发达地区的教师入编门槛的逐渐提高,师范学院毕业生进入中学的人数逐渐减少,从教呈现出从高中向初中、小学下移的现象,如广东第二师范学院和湖州师范学院的调研结果均反映了这种情况。当地高中教师的入职门槛普遍被提高到硕士研究生或是"双一流"院校的本科毕业生,使得部分学院出现了培养与就业"错位"的现象。原本面向高中培养的师范生进入初中和小学任教,容易出现不适应的状况。

有些师范学院尽管明确提出培养初中教师,如廊坊师范学院、沧州师范学院等,但在培养方案及培养方式上并没有区分初中和高中。

在中学教师培养的课程设置方面,师范学院的中学教师培养课程基本上是按照通识课程、专业(学科)课程和教师教育课程来开设的。教师教育课程模块基本上从"老三门"过渡而来,主要包括教育心理学、教育科研方法、教育学基础、学校/青少年心理健康教育、学科教学论(含中学教材分析)、班主任工作概论和教育技术等理论课程,有些师范学院还开设了教师口语、书法/汉字书写训练、多媒体课件制作、课外活动指导和组织技能训练等技能训练课程。部分师范学院专门开设有微格课程等教师教学技能训练课程。

即使是培养教师,师范学院的师范专业也从拓宽学生就业渠道的角度开设了一些与教学专业无关的课程,如在汉语言文学师范专业中开设新闻学、广告学及秘书学等课程。这种现象在同一个学科方向上区分师范专业和非师范专业的院校中相对比较普遍。与教师培养无关的课程常常作为跨专业选修课程供学生选修。在未区分师范专业和非师范专业的师范学院中,这类课程往往就会出现在师范生的专业课程中,使得师范生的整个课程体系十分庞杂。

第四,特殊教育教师培养。

整体而言,师范学院在特殊教育教师培养方面力量较弱。除在发展过程中有特殊教育学校历史传统的师范学院之外,许多师范学院基本上没有特殊教育教师培养的能力和专业。相比之下,具有特殊教育传统的师范学院往往成为当地特殊教育师资培养的重镇。例如,郑州师范学院特殊教育学院是河南省师范类院校中唯一一个特殊教育教师培养学院。它是在原河南省特殊教育师范学校的基础上发展而来的。该学院目前设置有特殊教育系、康复教育系和应用技术系,有8个专业方向,其中包括7个本科专业和1个专科专业,即特殊教育专业(师范类/健全生/本科)、特殊教育专业(手语翻译方向/师范类/健全生/本科)、特殊教育专业(学前教育方向/师范类/健全生/本科)、特殊教育专业(儿童康复方向/师范类/健全生/本科)、美术学(聋人装潢艺术设计方向/非师范类/听障生/本科)、音乐学(聋人舞蹈编导方向/非师范类/听障生/本科)、计算机科学与技术(聋人方向/非师范类/听障生/本科)、社区康复专业(非师范类/健全生/专科)。郑州师范学院的特殊教育专业为河南省培养了一批特殊教育教师。郑州师范学院还开设了专门针对视障人士的特殊教育专业,为提升残疾人的教育水平和就业能力做出了贡献。

(4)就业从教

从现有调查数据来看,师范学院学生的就业总体上与学校所在地的经济发展水平和社会发展水平及当地基础教育的需求有关。例如,湖州师范学院师范生考取公办教师的比例在58.00%左右。2014年广东第二师范学院本科师范专业毕业生中,到普教系统361人,幼儿园4人,民办普教学校37人,约占师范类本科毕业生已就业人数的54.35%。从毕业生的就业地域来看，广州市就业人数约占39.40%，其次为佛山市，约占11.19%。广州市、佛山市就业人数约占总就业人数的50.59%，两地生源数约占生源总数的13.90%。从中可以看出，毕业生就业的地域倾向非常明显。2014年本科师范生就业对口率最高为汉语言文学专业，对口率约为91.89%；最低为应用心理学专业，对口率约为47.47%。

对于经济和社会不够发达的地区而言，师范学院的毕业生从教表现出两个特点：第一个特点是向经济和社会较为发达的地区流动，积极寻求在较发达的地区入编上岗，如果不能实现，则到社会教育机构任职；第二个特点是到基层学校入编从教，特别是地处中小城市区域的师范学院，如通化师范学院，整个通化地区包括各个县的大部分教师都是通化师范学院毕业的。

调研结果显示，经济和社会较为发达的地区逐渐提高了师范生入编的门槛，师范学院学生的竞争力有所减弱，因此有必要重新思考师范学院教师培养的定位问题。

调研数据表明，师范学院的毕业生在基础教育领域从教后的表现比较令人满意。师范学院往往能在当地的基础教育领域形成较好的口碑，积累了丰厚的校友资源。例如，湖州师范学院在嘉兴地区的基础教育领域有较强的影响力，通化师范学院对通化地区各县市的基础教育有较强的影响力。从这些院校毕业的师范生往往受到当地学校的欢迎。

此外，针对师范生就业的状况，师范学院也自主地对师范生的培养进行了一些调整。除前文提到的扩展非师范类课程之外，培养目标还逐渐扩大到非基础教育的需求方面。例如，湖州师范学院因为当地基础教育对英语教师的需求接近饱和，因而尝试着增加学术英语方向的课程，也就是行业英语的课程，如艺术英语，用英语学习世界名画赏析；警察行业英语，满足警察学校英语教学的专项需求等。

3. 师范学院教师培养二级机构的管理体制

师范学院教师培养的二级机构管理体制以分散式和转型式为主。分散式培养的主要特征为小学教育专业、学前教育专业在教育学院或初等教育学院设置，其他学科方向的教师培养任务由各学科专业院系承担。教育学院承担教师教育专业课程中的公共课程部分，如教育心理学、教育学基础和教育技术等课程，学科教学方向的教师教育专业课程及教育实习等实践课程由学科专业院系承担。转型式培养的主要特征为学校成立教师教育学院，该学院负责全校教师教育专业课程的教学，学科专业学院负责师范生的学科专业方向课程，小学教师专业和学前教育教师专业仍然在教育学院设置。

在学校行政部门支持方面，一般由教务处负责全校的本科生教学工作，既包括师范生的教学工作，也包括非师范生的教学工作；既包括理论课程的教学工作，也包括实践课程的教学工作。招生就业处负责全校的招生工作，具体为师范学院所在省的教育厅根据全省教师教育需求情况，结合相关教师教育机构师范生的就业状况及教师教育机构的培养规模需求，最终确定招生名额。

三、小学教师培养

(一)师范高专

1. 师范高专教师培养整体现状

从教师培养规模来看，绝大多数师范高专基本以师范生培养为主。其中，幼儿师范高专尤以学前教师培养为主。

根据调研情况，师范高专的教师培养规模受学校办学定位的影响，主要分为两类。第一类师范高专以师范生培养为主，没有或兼有非师范生的培养。例如，石家庄幼儿师范高等专科学校的师范生占比达到100%。该校设有学前教育、英语教育(学前教育方向)、语文教育(学前教育方向)、音乐教育(学前教育方向)、舞蹈教育(学前教育方向)、美术教育(学前教育方向)等专业，2019年计划招生1049人。四川幼儿师范高等专科学校也基本以师范生为主，师范生占比达到90%左右。学校每年招生规模达到2000人左右，非师范生不足200人，以学前教育专业为主，该专业每年招生1000人。其余就是不同学科的小学教育专业，共有英语教育、语文教育、数学教育、体育教育、美术教育、音乐教育6个学科。目前美术教育学科招生最多，每年约300人(国家标准规定美术专业的招生数不能超过全校的26%)。以2015年招生计划为例，该校总招生2419人，其中师范生招生2224人，约占92%，学前教育计划招生1159人。2014年焦作师范高等专科学校的师范生招生人数占全校总招生人数的85%左右。

第二类师范高专学校的定位是综合化发展。以桂林师范高等专科学校为例，该校设有中文、数学与计算机科学、外语与旅游、物理与信息技术、化学与工程技术、音乐、美术、政治经济、教育与管理9个系，是一所有文化教育、艺术设计传媒、生化与药品、电子信息、财经、旅游、公共事业、法律、材料与能源、土建、农林牧渔11个专业大类45个专业方向的综合性院校。从在校生的数量来看，桂林师范高等专科学校的师范生大约占全校学生的50%，其中多数为小学教育和学前教育师范生。2015年该校计划招师范生1581人，接近招生总数的50%。另外，该校还承担了广西小学全科教师定向培养计划。

从调研情况来看，师范高专没有教师教育专项经费，教育经费紧张。

"（师范院校综合化）无形当中把师范教育这一块给淡化了，那么剩下我们专科层次的这些学校，游离于大的环境当中，找不着北，就是说国家政策没有，要求笼统，泛泛而谈的要求，至于说像我们这样的教师教育的这些专项经费，没有。像我们专科层次，归在高职高专这个层面，高职高专一拿项目就是高职，项目经费跟我们没关系，就是更多地倾向于传统意义上的职业教育，师范教学很多项目挂不上去。"（湖北调研访谈资料）

可见，专科层次易被划拨为高职高专院校，项目经费更多倾向于传统意义上的职业教育，师范高专的师范教学项目很难获得项目经费。

此外，四川幼儿师范高等专科学校负责人表示，学校尽管培养的是西部农村地区急缺的小学教师和幼儿园教师，但却没有得到政策和经费的相应支持。缺乏相应的资金支持和奖励机制，很大程度上会影响优质师范高专的办学积极性，进而影响偏远落后地区的师资供给与质量。

2. 师范高专教师的培养目标、招生机制、不同学段教师的培养、就业从教

（1）培养目标

由于师范高专的培养层次与办学定位的特殊性，其培养目标除了强调具备共性的基础知识、基本技能和综合素质之外，还强调应用型、技能型人才的培养。总体而言，师范高专在人才培养目标上呈现出以下特征。

部分学校以培养小学全科教师为己任。例如，淄博师范高等专科学校的初等教育系进行小学教师全科型人才培养模式的改革，突出三年制专科师范生"知识博、基础实、素质高、能力强、适应广"的全科型特征。桂林师范高等专科学校尤其注重培养师德高尚、基础知识扎实、教学能力强、综合素质高，"下得去、留得住、教得好"的农村小学全科教师。

个别学校开始探索幼儿全科教师的培养模式，如淄博师范高等专科学校。2009年，该校的学前教育专业被确定为学校特色专业和重点建设专业。2011

年 4 月，该专业作为国家教育体制改革山东试验区的试点专业之一，开始进行"三年制专科幼儿教师全科综合培养模式改革"试验。目前，试验正处于稳步推进之中。

部分学校定位于培养面向农村、面向西部的小学教师和幼儿教师。例如，四川幼儿师范高等专科学校是西南地区第一所以培养小学教师和幼儿教师为主的普通高等学校，旨在面向基层、面向农村、面向西部，为西部农村基层的小学或者幼儿园培养和输送教师。

在师范生的培养上，部分学校注重"全"与"专"的结合。例如，黑龙江幼儿师范高等专科学校在充分调研的基础上，力图适应幼儿园教育教学课程改革的发展，在学前教育专业提出打造"合格加特长、专业加方向"的人才培养模式，以满足幼儿园、早期教育机构等行业对幼儿园教师的需求。四川幼儿师范高等专科学校坚持"综合＋特长"的培养模式，坚持以学生全面发展为本，尊重和彰显学生个性，着力培养师德高尚、热爱儿童、业务精良的优秀的小学教师和幼儿教师，以及适应地方经济和社会发展需要的应用型、技能型人才。

值得注意的是，由于对教师学历要求的提升及适龄儿童数量的减少，师范高专毕业生面临着巨大的就业压力。因此，部分师范高专在培养目标上出现了转向或偏离，具体表现为以下两点。

第一，培养目标从培养中小学教师调整为培养小学教师、幼儿教师。以焦作师范高等专科学校为例，该校在培养层次上做出了调整。原来专科层次的师范毕业生就可以做中学教师，但是随着社会对教师学历要求的提高，专科层次的师范毕业生可能只能做小学教师或者幼儿教师。于是该校在 2013 年调整培养方案时，明确了教师教育专业的培养目标是培养小学教师和幼儿教师。

第二，师范高专因注重学历考试而偏离了原来的培养目标。以淄博师范高等专科学校为例，该校定位于培养农村中小学教师。但随着适龄儿童数量的减少，该校毕业生面临着严重的生存压力，不得不将专升本作为出路。学校在培养中旋即转向对专升本考试的重视，偏离了原有的目标。

根据调查情况，师范高专在培养层次上以大专层次为主，部分学校包含中专层次的专业。

其中，大专层次可以分为高中起点的三年制和初中起点的五年一贯制。例如，石家庄幼儿师范高等专科学校的学制主要为高中起点的三年制和初中起点的五年一贯制，两种学制下的学生各有千秋。湖北幼儿师范高等专科学校培养学生的层次主要为五年一贯制大专和三年制大专。该校对于三年制大专的学生侧重于专业教育；对于五年一贯制大专的学生，在前三年更多地侧重于基本课程，后两年可能侧重于专业课。

部分学校包含中专层次，该层次为初中起点的三年制中专，极少数学校还设置了高中起点的两年制中专。例如，四川幼儿师范高等专科学校的办学层次除了有初中起点的五年一贯制大专、高中起点的三年制大专外，还包括了初中起点的三年制中专。学前教育整个专业分为三个系，负责不同层次的学生的培养。桂林师范高等专科学校的办学层次包含了高中起点的三年制大专、两年制小学全科定向培养的中专及五年制初中起点的中专。

在社会对教师学历要求提升的背景下，专科层次的学生不具有足够的竞争力，迫使一些学校改变培养方式和办学模式。例如，湖北幼儿师范高等专科学校开始考虑与本科院校联合办学的可能，该校负责人在访谈中表示：

"我们下一步还要创造条件，就是我们还要与本科院校联合。联合有几种层次，（其中）一种是我们的学生专升本，继续往上走。那么在这个过程当中，我们就要用我们的师资，对学生进行本科层次的教育。"（来源于湖北幼儿师范高等专科学校访谈材料）

（2）招生机制

师范高专的生源质量存在参差不齐的现象。

第一类学校生源质量相当差，几乎没有录取门槛。例如，湖北幼儿师范高等专科学校的幼师专业，考生只要有资格填报高考志愿就有可能被录取。对于招不到好生源的原因，该校负责人认为：

"现在幼儿园刚刚受到国家重视，社会对幼儿园很有偏见，不认为幼儿园老师是个职业，认为你的层次太低，做不了什么事，才去当幼儿园老师，所以经济地位、社会地位都很低，工作环境很差。再就是在幼儿园建设上，第一个三年行政计划国家拿了一大笔钱，建了一批乡镇中心幼儿园，现在是什么状况，现在缺少幼儿园老师。老师哪来的，有些人白天是老师，晚上摸着黑卖米。还有就是现在形成了一个观念，就是有些地方教育主管想当然认为小学老师有多余的，培训一下，转岗幼儿园老师。他认为只要是小学老师就可以教幼儿园。这种（观念）基于一种认识，即教孩子就是知识教育，但是幼儿园教育恰恰不是知识教育，你能教小学，你不一定教得了幼儿园。所以对幼儿园来说，整个的社会认识还有一个误区。"（来源于湖北幼儿师范高等专科

学校访谈材料)

由此可见,社会对幼儿园教师专业性的认识存在误区,认为幼儿园教师的层次很低,素质要求不高,或者认为小学教师能够理所当然地教幼儿园,从而使学前教育专业失去了吸引力。

第二类学校生源质量比较差。例如,焦作师范高等专科学校的师范专业分数线一般在200多分。

第三类学校生源质量比较好。例如,四川幼儿师范高等专科学校面向全国招生,现已覆盖川、渝、滇、贵、陕、甘、皖、鄂、宁、豫、新11个省份,省外招生名额占1/10,其余的都是省内的。该校师范专业在四川省按专科第一批次招录,生源质量逐年上升。以往需要招第二志愿、第三志愿才能招满,2014年第一志愿就能招满。

此外,在生源数量上,有些师范高专的部分师范专业存在生源不足的问题。以黑龙江幼儿师范高等专科学校为例,其存在的主要问题是学前教育专业所占的比重过大,专业设置单一,导致其他师范类专业及非师范类专业招生困难,生源不足。另有一层原因在于学校以幼儿师范高等专科学校命名,使得多数学生倾向于报考该校的学前教育专业。

(3) 不同学段教师的培养

幼儿教师是大多数师范高专尤其是幼儿师范高专师范生培养的重要组成部分。

在培养层次上,师范高专的幼儿教师培养包含大专和中专两个层次。其中,大专层次包括高中起点的三年制大专和初中起点的五年制大专。中专层次包括初中起点的三年制中专与高中起点的两年制中专。四川幼儿师范高等专科学校最为典型,该校学前教育整个专业分为三个系,负责不同层次的学生培养。学前教育一系负责高中起点大专的人才培养,二系负责初中起点五年制大专的人才培养,三系负责初中起点的三年制中专的人才培养和高中起点的两年制中专的人才培养。

大专和中专在培养目标上稍有不同,大专层次强调师范生的教学与研究能力,旨在培养能在幼教机构从事保教与研究工作的专科层次的幼儿教师;中专层次重视师范生的教学与管理能力,旨在培养能适应现代学前教育事业发展与改革需要、胜任幼教机构的教学工作和管理工作的实用型人才。学历层次越高,对师范生的基础知识、专业技能和职业情感的要求越高。

在学前教育师范生培养的实践环节上,师范高专主要采取渐进式培养的方式，将见习、实习、顶岗实习贯穿于师范生培养的整个阶段。例如，石家庄幼儿师范高等专科学校在实践环节中的安排如下：入学后有一两天的幼儿园参观；二年级有四周的保育员实习，四周的幼儿园实习；三年级有一个学期的顶岗实习。该校大概建立了200个见习实习基地，挂牌的有80个，基本能满足前三部分的要求。顶岗实习环节主要指师范生进入签约单位（第五学期），大部分学生实习时一般直接带班。例如，黑龙江幼儿师范高等专科学校注重教学实践，教育类课程的理论与实践学时数比例基本上能达到50%。此外，该校在实践教学体系中还设置了教育见习、社会实践、顶岗实习、创新创业、毕业教育项目等。

在课程设置上，部分师范高专能够依据培养方向设置课程，基于幼儿教师职业标准建构课程体系。以黑龙江幼儿师范高等专科学校为例，该校的学前教育专业不同方向课程设置的特点是"求大同，存小异"，即在完成80%左右的幼儿教师通识课程的基础上，增设20%左右的方向特长性的课程，以确保实现"合格加特长"的人才培养目标。其中，学前教育专业的主要课程有学前心理学、学前儿童社会发展与教育、学前卫生营养与保健、学前教育科学研究方法、幼儿园健康与社会领域活动设计、幼儿园艺术领域活动设计、幼儿园科学领域活动设计、幼儿园语言领域活动设计、幼儿园教师专业发展与教育等。特色课程因不同方向而异，如学前教育专业（主持与表演方向）的特色课程为播音主持基础与训练、节目主持艺术、儿童剧创编、幼儿戏剧创编与表演、儿童影视赏析、幼儿教师礼仪、形象造型设计，学前教育专业（美术与手工方向）的特色课程为儿童画、手工、泥工、电脑美术、国画、速写。

另外，黑龙江幼儿师范高等专科学校的课程体系从普通师范教育课程模块发展到基于幼儿教师专业标准及其典型工作任务而设置的幼儿教师教育课程五大模块，即教师素养类课程、教育理论类课程、教师技能类课程、教师特长类课程、教师实践类课程。素养类课程主要对学生的政治素质、身心素质和职业素质进行培养；教育理论类课程以"必需、够用"为度，与教师技能类课程相衔接；教师技能类课程注重针对性和实用性；教师特长类课程注重以学生的兴趣爱好为基础，给学生发展天赋的空间；教师实践类课程体现职业性和开放性，与幼儿教师岗位接轨。课程体系结构日趋合理，开设的课程能满足学前教育发展的需要。

小学教师培养是师范高专师范生培养的重要组成部分。有些师范高专根据地区情况，将培养目标定位于农村小学教师的培养。

在培养模式方面，师范高专的小学教师培养存在分科培养和全科培养两种模式。

第一，分科培养模式。分科培养模式依据学科特点设置课程，培养相关学科的小学师资，但是存在培养定位模糊、专业性不够突出的问题。以黑龙江幼儿师范高等专科学校为例，该校主要有语文教育、英语教育、音乐教育、美术教育、科学教育、小学教育等专业。其中，小学教育专业旨在培养能适应小学教育发展与改革需要，具有一定书法科研能力，掌握学校书法教育改革和发展动态及书法教研的发展趋势，胜任素质教育的新一代专科层次的小学书法教师。专业名称与培养方向不符。

以语文教育专业为例，该专业旨在培养"系统掌握语文教育的基本知识和基本技能，具有一定的教育教学科研能力和班级管理能力的、适应社会发展和基础教育改革需要的小学教师及教育科研、教育管理工作者"。该专业的主要课程有汉语基础、近现代中外文学、古代文学、写作、儿童文学、文学理论、教师口语、小学语文教学法、小学数学教学法、小学教育学、小学心理学、小学班主任工作与班级管理、小学教育科学研究方法、信息技术教育、文秘基础等。学生毕业后可在公办和民办的小学或幼儿园、偏远地区的中学及各类教育机构从事教育教学工作、教育科研工作及教育行政管理工作，也可在企事业单位、国家机关从事教育、公关、秘书、文学写作等相关工作及文化、宣传等部门的文职工作。可见，师范高专在小学师资培养的目标定位、课程设置和就业导向上不一致，小学教育的专业性不够突出。

第二，全科培养模式。何谓全科教师？通俗来说，就是"语数外通吃，音体美全扛"的教师。在培养上，全科统称为小学教育，不分语文、数学、英语、音乐、体育等学科，也不分文科、理科。全科培养模式的主要课程有通识课程、专业基础课程、专业课程、教师教育课程和实践课程，强化师德教育和养成教育，特别注重音、体、美素质的培养。经过专门的师范教育培养之后，师范生要达到专业知识够用、教学技能较强、综合素质较高这一培养目标。

全科小学教师主要面向农村地区实行定向培养。从调查情况来看，广西在农村小学教师定向培养方面稳步推进。2013年6月，广西壮族自治区教育厅、财政厅、人力资源和社会保障厅、机构编制委员会办公室联合印发了《广西农村小学全科教师定向培养计划》，桂林师范高等专科学校、柳州师范高等专科学校（现为广西科技师范学院）、广西幼儿师范高等专科学校参与了该培养计划的制订。以桂林师范高等专科学校为例，该校注重培养师范生的基础知识、教学技能及综合素质；尤其注重培养师德高尚、基础知识扎实、教学能力强、综合素质高、"下得去、留得住、教得好"的农村小学全科教师。

从调研情况来看，师范高专在特殊教育教师培养方面比较薄弱，设有特殊教育相关专业的学校主要有湖北幼儿师范高等专科学校、黑龙江幼儿师范高等专科学校、新疆师范高等专科学校等。以湖北幼儿师范高等专科学校为例，该校特殊教育专业2019年计划招生25人，约占总计划招生人数的2.8%。该专业的核心课程主要有幼儿卫生学、教育概论、心理学导论、特殊教育学、书写技能、特殊儿童心理、特殊教育史、行为观察与矫正、特殊儿童诊断与评估、特殊教育政策与法规、视力障碍儿童教学法、听力障碍儿童教学法、智力障碍儿童教学法、自闭症儿童的教育与干预、特殊儿童康复教育。毕业生的就业方向定位于能够在各种特殊教育学校、教育机构及与特殊教育相关的企业从事教育教学、管理、咨询和产品研发等工作。

(4) 就业从教

调研数据显示，大部分调研省份的师范高专的就业率比较高，但是因为受限于学历层次，大部分师范生在民办机构、社会机构从教。

以黑龙江幼儿师范高等专科学校为例，近几年该校学前教育专业就业率达到近80%。有80%左右的师范生选择教学工作。多数用人单位（幼儿园或幼教机构）认为该校培养的幼儿教师专业理论扎实，技能过硬，有很好的职业素养，综合素质较高。而且，学前教育、小学教育、特殊教育三个专业就业于民办机构的人数远高于就业于有正式编制的学校的人数，2014年学前教育专业就业于民办幼儿园的人数约为就业于公办学校人数的72倍（1083∶15），特殊教育专业就业于社会机构的人数约为就业于公办学校人数的7倍（27∶4）。黑龙江幼儿师范高等专科学校2010—2014年的毕业生从教情况见表1.9。

表1.9　黑龙江幼儿师范高等专科学校2010—2014年毕业生从教人数汇总表

专业	毕业生从教人数（在有正式编制的学校工作）					毕业生从教人数（在民办机构工作）				
	2010年	2011年	2012年	2013年	2014年	2010年	2011年	2012年	2013年	2014年
学前教育	6	7	12	13	15	236	101	878	596	1083
小学教育	4	5	3	5	5	162	85	211	133	122
特殊教育	0	0	0	3	4	0	0	0	20	27

2010—2014年，学前教育、特殊教育的师范专业毕业生在民办机构从教的人数呈现明显上升趋势，小学教育的就业状况基本维持稳定状态。（材料来源于黑龙江省教师教育体系调研报告）

再如，石家庄幼儿师范高等专科学校毕业生的就业率达到99%左右，就业去向基本在河北省内。四川幼儿师范高等专科学校以培养农村小学、幼儿教师为主，对口就业率较高。学前教育专业供不应求，初等教育专业学生就业率在50%以上。桂林师范高等专科学校的师范生整体就业率超过90%，其中对口就业率占50%以上。以桂林师范高等专科学校的教育系为例，该系采取教师指导、单位招聘等形式，就业率在全校名列前茅。该系2010届有毕业生324人，7月初次就业率约86%，年底就业率约99%；2011届有毕业生305人，7月初次就业率约87%，年底就业率接近100%；2012届有毕业生309人，7月初次就业率约91%，年底就业率约99%。

此外，师范高专毕业生就业率受到国家政策导向和市场需求的影响。例如，四川幼儿师范高等专科学校的负责人在访谈中表示：

"因为我们学校培养的学生技能扎实，所以对口就业率较高，尤其是学前教育专业，基本上是供不应求。初等教育专业也能达到50%以上的公招率。但这些情况都是近几年的，主要还是2010年国家开始重视学前教育以后。毕业生就业基本在县级市，较少能去成都等大城市。美术教育的需求量较大，尽管美术教育主要是针对小学教育的，但现在很多幼儿园也都需要专门的美术教师，加上美术设计公司也有需要，所以美术专业的就业前景这几年都特别好。"

用人单位普遍认为该校学生"吃得苦，用得上，留得住"。一方面，这说明该校在培养学生的从教意愿、帮助学生建立正确的就业理念，以及培养学生的基本技能、使学生适应农村基层需求方面，是比较成功的；另一方面，这得益于该校相对灵活的招生机制，在师范生的总体招生指标不变的情况下，该校能够根据市场需求和报考意愿，每年灵活调整学科专业之间的招生名额。（材料来源于四川省教师教育体系调研报告）

3. 师范高专教师培养二级机构的管理体制

从有限的证据来看，师范高专在二级机构布局上基本是分散式的。

教务处负责全校的学生教学工作，既包括师范生的教学工作，又包括非师范生的教学工作；既包括理论课程的教学工作，又包括实践课程的教学工作。招生就业处负责全校的招生工作，具体为教育厅根据全省教师教育需求情况，结合相关教师教育机构师范生的就业状况，以及教师教育机构的培养规模需求，最终确定招生名额。

教师教育机构内部的二级部处主要从事教师教育的管理工作，相关二级机构主要负责教师的职前培养和职后培训工作，教务处、招生就业处主要涉及教师教育的管理，具体业务在相关院系实施。实际上，这种情况的出现除了历史原因之外，主要还是因为各个部门之间资源的争夺。全校教师教育的组织工作主要在教务处。

在是否成立教师教育学院这一问题上，院校负责人认为没有成立教师教育学院的必要。以焦作师范高等专科学校为例，该校在二级机构布局方面是分散式的。焦作师范高等专科学校虽然也在发展非师范教育专业，但是教师教育才是学校的工作重心。因此，在调研过程中，该院校负责人对成立教师教育学院并不认同，因为在他们看来全校的主要工作都是教师教育工作，没有必要再成立教师教育学院。由于中小学教师和幼儿教师学历的普遍提升及高等教育普及化的推进，学校于2013年进行了培养层次的调整，将原来的培养中学教师调整为培养小学教师和幼儿教师。

但是，焦作师范高等专科学校可能与焦作大学合并成立焦作科技工程学院，这样学校就会面临二级机构的调整与重组。因此，如果合并后，重新组建二级教师教育学院的必要性就会大大加强。

(二)中师学校

1. 中师教师培养整体现状

课题组拟调研的中师学校如表1.10所示。

表1.10 课题组拟调研的中师学校列表

	省份	学校名称	备注
东部	广东	湛江市幼儿师范专科学校	网站资料
	山东	莱阳师范学校	没有正式网站
	江苏	南通师范高等专科学校	网站资料
	吉林	长春幼儿师范学校	网页资料
	黑龙江	肇东师范学校	网页资料

续表

	省份	学校名称	备注
中部	湖北	麻城师范学校	网页资料
	安徽	徽州师范学校	网页资料
	河南	洛阳幼儿师范学校	教育厅访谈资料中有相关内容 各省研究报告中有相关内容
	山西	太原幼儿师范学校	网页资料
西部	四川	南充师范学校	网页资料
	重庆	奉节师范学校	奉节师范进修学校（教师继续教育培训机构，不属于职前培养范围）
	陕西	榆林师范学校	没有正式网站
	云南	红河州民族师范学校	没有正式网站，只有招生简章网页信息
	新疆	哈密师范学校	有部分纸质资料和录音资料 没有正式网站

从以上中专院校的网站信息中我们提取出部分学校的培养目标和层次定位等信息，具体描述如表 1.11 所示。

表 1.11 培养目标和层次定位

学校	培养目标	层次定位
南通师范高等专科学校	该校历经百年探索，从引进西方师范教育模式到形成本土化师范教育体系，从沿袭技术性师范教育到倡导人性化师范教育，形成了贯通中西、强学力行、砥砺自信的文化特质；努力在学生培养中体现首重道德、立己达人的教育情怀，强学力行、博见静思的教育理念，学术先导、扎根实践的研究品质，精细高效、着眼发展的管理策略，内功纸上、追求卓越的价值取向	

· 65 ·

续表

学校	培养目标	层次定位
麻城师范学校	坚持"以市场为导向，专业设置与市场需求配套，教学内容与职业要求对接，直接为就业服务"的办学方向，努力培养应用型、技能型、技术性人才，强化学生动手技能训练	是一所集中师、职教、高中于一体的多层次、多规格的中等教育公办学校
长春幼儿师范学校	培养具有多方面的综合文化素质，熟知幼儿教育基本工作规范和方法，掌握幼儿教育的基本理论知识并能熟练运用于实践的实用型幼儿教师	是一所融普通中专、职业中专、大专和综合性普通高中于一体的国家级重点中等职业学校
肇东师范学校	以就业市场为导向，面对社会需求培养"双师型""适用型""创业型""复合型"人才	是一所全日制中等师范公立学校
徽州师范学校	以"学生成才、家长放心、社会满意"为努力的目标，突出素质教育，增强教师岗位就业竞争力，实行封闭式管理，保证学生在安全、文明、和谐的环境中学习生活	是一所专科层次的、以培养小学教师和幼儿教师为主的全日制公办院校 学校的招生学制主要是初中起点五年制大专，还有部分初中起点三年制中职。五年制大专专业为学前教育、初等教育等，三年制中职专业为少儿服务、导游
洛阳幼儿师范学校	为基础教育培养满足素质教育需要的合格教师	是一所拥有百年历史的学校，是豫西地区20世纪以来成立最早、办学时间最长、培养学生最多、声望最高的中等师范学校之一，还是豫西5地市唯一一所专门培养幼儿教师的中等师范学校，被誉为中国中等师范名校 开设有初中起点的五年一贯制学前教育大专、"3＋2"学前教育大专、三年制学前教育中专和高中起点的两年制学前教育中专，与河南师范大学联办函授大专、本科学前教育专业

续表

学校	培养目标	层次定位
太原幼儿师范学校	培养合格加特色，即拥有高中文化基础知识和过硬的教育专业理论知识，"说、唱、跳、弹、写、画、计算机、英语"八艺合格的综合性人才	是联合国儿童基金会中国项目合作学校，是全国同类学校中规模最大、最具影响力的一所公立幼儿师范学校之一，是太原市、山西省乃至全国部分省市培养、培训学前教育人才、艺术教育人才和早期教育人才的重要基地
湛江市幼儿师范专科学校	以就业市场为导向，以培养技能型、实用型人才为目标	是湛江市直属的一所公立学校，是广东省粤西地区唯一一所幼儿师范学校，是粤西地区幼儿园园长岗位培训和幼儿教师继续教育基地 开设学前教育、学前音乐教育、学前舞蹈教育、学前英语教育、学前美术教育等师范专业，学制灵活，分为初中起点三年制、高中起点一年制、幼儿教师在职学习二年制等
南充师范学校	小学教育五年一贯制大学专科专业拟培养德、智、体全面发展的，能满足小学教育发展和改革需要，具有大学专科程度的小学教师及教育行政工作者	是一所历史悠久的国家级重点公办中等师范学校，是教育部重点保留的首批具有培养五年制大专生资格的中等师范学校。2002年该校与西华师范大学联合办学，成立了西华师范大学南充初等教育学院。该校主要招收初中起点五年制大专（初等教育、学前教育） 开设五年一贯制小学教育大专班，三年制幼师、音乐、美术、体育、英语、计算机、现代教育技术等9个师范专业和文秘等4个非师范专业。该校于1999年被南充市教育局确定为南充市小学教师培训中心，同时承担南充市在职骨干教师的培训工作

续表

学校	培养目标	层次定位
红河州民族师范学校		是红河州人民政府开办的公办学校、云南一级中等师范学校 目前挂红河州民族师范学校、红河州体育运动学校和云南开放大学红河开放学院三块牌子 是全省唯一一所培养小学教师和幼儿教师的学校,全省28所中等师范学校中仅存红河州民族师范学校一所专门承担小学、幼儿教师的培养任务;是全州第一所实行"中高衔接"人才培养模式的学校,即中专、大专一起读,毕业时学生可同时取得中专文凭和国家认可的专科毕业证书;是全州第一所实行学分管理的学校
哈密师范学校	学前教育专业的培养目标:培养德、智、体全面发展的,能在幼儿教育实践中运用幼儿教育专业知识和经验,并通过练习能顺利完成幼儿教育教学任务的教师。训练的技能主要分为一般教育技能、基本教育技能和综合教育技能 音乐教育专业的培养目标:培养热爱专业,热爱学前教育事业,能满足社会发展需要和学前教育改革需要,在德、智、体、美诸方面全面发展,掌握音乐基本理论、基础知识和基本技能,具有音乐专长和较强的音乐教育教学能力,能在幼儿园或小学从事音乐教学、组织策划文艺活动与各种艺术比赛的高素质和专业化的音乐教师	是一所民汉合校的学校,有哈密师范学校、哈密地区中小学继续教育培训中心和地区实验中学三块牌子一套班子;是自治区学前双语师资培训基地,设置小学教育和学前教育专业

长期以来,中师教育是对小学教师学历的最低要求,《中华人民共和国教育法》也对此做了明确的规定。但随着社会的进步和教育整体水平的提高,社会对教师学历自然有了更高层次的需要。21世纪初,随着师范教育结构调整、重心上移,三级师范迅速向二级师范甚至向一级师范过渡,有着百年悠久历

史、过硬的师资队伍、优秀的中师教育资源、成功的教师培养经验、为教育干线输送了大批优质师资的中师教育被强力挤压。虽然中师教育的缩减与教师教育层次的提升趋势相一致，小学教师培养已上升到专科与本科层次，但是小学教师教育的高学历化并未带来普遍的赞誉与长期的认可。相反，质疑与责问甚或直接的批评并不鲜见。[1]

我们需要在小学教师教育走向高师和中师撤并或升格的过程中，继承中师教育的优秀资源，汲取中师教育的宝贵经验，弘扬中师教育的传统价值，创新小学教育和学前教育专业人才的培养模式。

2. 中师教师的培养目标、招生机制、不同学段教师的培养

(1)培养目标

表1.11中所示的11所中师学校的培养目标大致可以分为以下两类。

一类是培养合格教师，如南通师范高等专科学校、长春幼儿师范学校、徽州师范学校、洛阳幼儿师范学校、太原幼儿师范学校及哈密师范学校等。

另一类是以市场为导向，培养技能型和实用型人才，如麻城师范学校、肇东师范学校、湛江市幼儿师范专科学校等。

这些学校的基本定位是公立师范专科学校，以培养小学教师和幼儿教师为主，直接命名为幼儿师范学校的以幼儿教师培养为主。

(2)招生机制

为了更好地生存，吸引更多的优质生源，这些学校在学制上相对灵活多元，以满足不同学生的需求，如徽州师范学校的五年制大专，湛江市幼儿师范专科学校的初中起点三年制、高中起点一年制学前(音乐、美术、舞蹈、英语)专业。

有些还与当地的师范高等院校开展"$x+x$"的联合培养模式，如南通师范高等专科学校与南通大学、江苏第二师范学院通过"3+2"模式培养高中起点本科层次教师，专业涵盖语文教育、数学教育、学前教育；或者初中起点"5+2"专转本，专业涵盖音乐教育、美术教育、体育教育。

在山东省烟台市高级师范学校"2+4"初中起点六年一贯制本科学历层次的小学教师培养模式中，初中毕业生可以不经过传统的高考直升本科，而且有减免一般学费、学生就业时在同等条件下优先录用等优惠政策。这一政策

---

[1] 王建平、胡重光：《中师转型中的价值传承与实践创新》，载《中国教育学刊》，2011(6)。

对优秀生源具有相当大的吸引力。2012年烟台全市共报考"2+4"考生2466人，最终录取200人，最低录取分数线高于全市普通高中录取分数线，相当于当地传统意义上的重点高中录取线。①

(3) 不同学段教师的培养

这些中师学校的师范专业基本都着力培养高学历的小学教育和学前教育阶段的优质教师，打造全科型综合式培养模式。相比过去的中师教育，这些中师学校在培养模式上有所创新。

山东烟台市高级师范学校的"2+4"本科小学教师培养模式在保证了优秀生源之外，还创建了独立的、符合小学教师培养规律的课程体系。这一课程体系既不同于原来中师的课程体系，也不同于师范院校的课程体系。六年一贯制实行"2+2+2"分段全科培养模式，学生入学后不即刻分科分专业培养：第一个"2"年，学生主要学习高中阶段的课程，兼顾声乐、琴法、舞蹈等课程，重点体现基础性和综合性；第二个"2"年，学生要确定一个专业方向，主要学习专业方向的必修课程和部分教师教育理论课程，主要体现专业性和针对性；第三个"2"年，学生主要学习专业限选课程和辅修课程，并强化教师教育实践，体现师范性和专业性。这三个阶段既相对统一又各有侧重，并由通识教育、专业方向、教师教育和实践教育四大板块的课程体系作为支撑，总体特点是注重小学教师的全科式、综合素质培养。②

这种尝试整合了中师和高等师范教育的优质资源，既有利于提高小学教师培养的针对性和质量，也为当前中师学校的尴尬境地寻找到了一条出路。

中师学校课程设置充分考虑师范生整体素质的发展，也考虑未来服务对象的学习和整体发展。以南通高等师范高等专科学校学前系学前教育专业为例，该专业的理论课程有幼儿卫生学、幼儿心理学、学前教育原理、幼儿文学、幼儿游戏与指导、幼儿园班级管理、幼儿园环境设计与玩具制作、教育心理学、幼儿健康教育与活动指导、幼儿语言教育与活动指导、幼儿社会教育与活动指导、幼儿艺术教育与活动指导、幼儿科学教育与活动指导、教育研究方法，该专业的选修课程有奥尔夫音乐活动、幼儿园课件制作、0~3岁

---

① 魏海政、宋全政：《小学教师培养，"回"到初中起点？》，载《中国教育报》，2012-11-01。

② 魏海政、宋全政：《小学教师培养，"回"到初中起点？》，载《中国教育报》，2012-11-01。

婴儿的保育与教育、教育诊断与幼儿心理健康指导、教师实务、幼儿教育政策法规。

南充师范学校的小学教育五年一贯制大专根据专科程度小学教师的要求及全面提高学生综合素质的需要,实行全面发展的综合性教育与一门学科达到大学专科程度的专业定向教育相结合的模式。根据小学教育教学的实际情况,学校共确定了普通教育、中文与社会、数学与科学、英语、计算机、音乐、体育、美术8个主修方向。课程由文化课、专业课、综合实践课、活动课等部分组成。各部分课程相互配合、有机结合,从而发挥整体教育的功能。

以小学教育(美术教育专业)为例,对比《五年制小学教育专业—中文与社会选修方向课程方案(试行)》,我们可以发现不同专业只是在学科专业课设置上有所不同,体现出学科性,其他课程基本保持一致;而且每个专业的教育专业课程都是全科综合性教育,充分体现出中师教育应该成为也需要成为真正的全科教育。

来自江苏省教育厅的数据显示,2014年江苏全省4722所幼儿园中约有教师11万人,男教师所占的比例不超过1%。为了解决幼儿教师队伍性别比例严重失衡的问题,培育下一代刚毅阳光的品质,2010年,江苏省在全国率先实施五年制师范学前教育专业免费师范男生培养工作。

2010—2014年,江苏省共招收免费幼儿师范男生1717人,由徐州幼儿师范高等专科学校、南京幼儿高等师范学校和苏州高等幼儿师范学校等8所学校共同培养。

从徐州幼儿师范高等专科学校《五年制免费师范男生(学前教育专业)人才培养方案》中我们可以看到,学校专门设有以发展个性和彰显男性特色为宗旨构建选修课程及以实践取向为导向构建实践课程的模块,包括课堂实践、校内实训、微格教学、顶岗实习等。

在教学中,技能学习是男生的短板,很多学生在入学前从未接触过声乐、绘画、舞蹈等课程,因此学校技能教学实行"零起点"。同时,为贴近男生的心理,舞蹈、声乐等课程均由男教师负责。学校还开设除了武术、轮滑、跆拳道之外专门针对男生的课程。

课程设计和教学也随之调整,如以往大多数女生上美术课,更多强调秀美、柔美的一面,针对男生则多强调粗犷的一面。另外课程融入了工艺流程、科技类等元素,指导学生制作运动水车、军舰等,在培养方式上也有了明显调整。

免费师范男生本身也在调整。例如，在儿童文学课程中培养男师范生给幼儿讲故事。教材中"狐狸大婶"的角色扮演对男师范生是一种挑战，经过教师的点拨，他们认识到幼儿需要的不是幼儿园女教师，而是幼儿园教师。他们调整心态后以"狐狸大叔"的身份出现，课堂效果同样精彩。

在徐州幼儿师范高等专科学校进行的"免费幼师男生职业认同感现状调查"中我们发现，经过3年学习，在对学前教育专业的感觉方面，免费男师范生选择"很喜欢"和"比较喜欢"的百分比从65.4%上升到96.1%。他们表示，经过3年系统学习，对专业的喜爱度明显提升，绝大多数学生认同并喜欢学前教育专业。

江苏省从率先培养幼儿园男教师开始师范生免费教育，实行定向招生、定向培养、定向就业一体化的培养模式。学生通过提前批次录取，在入学前要与录取学校和生源所在地的教育行政部门签订协议，承诺毕业后从事幼儿园教学工作不少于5年。免费幼儿师范生在校期间免除学费、住宿费，有生活费补贴。学生毕业后回到生源所在地，由当地教育行政部门负责安排到公办幼儿园任教，确保有编有岗。

南通师范高等专科学校也有类似的免费男师范生的培养举措。

处在中师向大专过渡的转型期，学校除了要解决转型期各自发展的问题以外，还要加快满足教育改革与发展的需求，探索专门培养小学教师和学前教师的举措；除了加强对学校的硬件和软件投入之外，更重要的是关注和改善，甚至创新课堂教学。

以太原幼儿师范学校"非常课堂"为例。① 太原幼儿师范学校音乐科2017－2018学年第一学期"非常课堂知识竞赛"已经落下帷幕。本校三年级44个班在学校教务处统一安排和音乐科理论组组织筹备下，于2018年1月18日至19日以"非常大课堂知识竞赛"的形式进行了本学期音乐欣赏期末考试。此次知识竞赛的命题选题充分符合幼儿师范学生的学习特点和教学实际情况，各项指标与平时考试情况非常接近，具有实践性、针对性、学科性。本次竞赛旨在考察测评三年级学生在本学期的音乐学习中对一些应知应会的音乐常识的掌握情况，重在进一步全面提高学生的音乐审美能力和音乐综合能力。

---

① "非常课堂"[EB\OL], http：//www.tyyoushi.com/WebIndex/NewsContent?Nid=72, 2016-12-01。

"非常课堂"经过一年多的时间，已经发展为1个以教学班为单位的"非常小课堂"，2~3个班的"非常中课堂"，4~10个班甚至10~20个班的"非常大课堂"，另外还有以学生为主讲的"三尺讲台"课堂等多种形式。"非常课堂"越来越展现出主动、生动、互动和灵动的特征。

校方介绍，开展"非常课堂"实践一年多之后，学生学习的主体性和学习兴趣得以激发，学习成绩有了极大提高。学校对此进行的专题调研表明，过去约71%的学生的学习主动性不强，后来约78%的学生的学习主动性增强；过去约63%的学生缺乏学习兴趣，后来约90%的学生对学习充满浓厚的兴趣；过去约69%的学生不喜欢传统讲课方式，后来约85%的学生表示喜欢"非常课堂"；过去约24%的学生因基础薄弱听不懂课，后来约80%的学生能完成学习目标。校方表示，"非常课堂"同时还促进了教师专业理念的转变、专业知识的增长和教学能力的提高。

中师的课堂教学除了要在形式上有所调整和改善之外，还需要借助于教学研究。从对十几所中师的调研来看，各学校都相对比较重视科研的开展和成果的积累，如南充师范学校、麻城师范学校、长春幼儿师范学校等。知网上有关中师教育的论文涉及各个学科及其各个教学维度，其中不乏对某些前沿概念的研究，当然还包括中师教师的专业发展层面的研究论文，以下列举其中一小部分论文标题。

分层教学在中师美术教学中的初步尝试

论中师语文课堂氛围

对中师合校升格后图书馆建设的几点思考

提高中师政治课堂教学效果的方法

中师教学中的儿童审美教育

中师美术欣赏教学中要切实落实学生主体地位

信息技术与中师数学教学的整合探究

中师美术教学中增效减负例证

"中师"转型期小学教师培养的问题与对策研究

研究性教学及中师地理教法选择初步研究

中师学业不良学生的归因研究

中师生物学学习障碍分析及对策

开展中师音乐研究性教学

中师数学课堂培养创造性思维的尝试

对中师政治课主题式教学的认识与设计的思考

如何让中师体育课堂充满活力

中师美术教学中因材施教理念下的分层次教学研究

中师手工课对学生动手能力的培养研究与实践

另外，研究的动力还可以有外来力量，如"中国陶行知研究会"推行的农村"教学做合一"教育实验。

"为农村培养教师的地方师范院校的教学设置和乡村教师的岗位需求相脱离"，2009年1月11日，"中国陶行知研究会"副秘书长储朝晖在农村"教学做合一"教育实验创建和推广项目启动会议上指出，当前地方师范院校的教学和农村教育的脱节现象越来越严重，应该引起足够的重视。为解决这一问题，"中国陶行知研究会"通过引导地方师范院校建立"一校一县（乡）"的"教学做合一"实验中心，进行农村"教学做合一"教育实验研究。该项目的目标是运用陶行知生活教育理论，探索建立师范院校服务乡村学校的模式，寻求建立地方师范院校、地方教育管理部门和农村学校的合作机制，改善农村教育，增强乡村活力。"中国陶行知研究会"通过实地调查，在全国范围内选取了徽州师范学校等五所地方师范院校作为该项目的实验学校。

"这个项目针对的是当前农村教育中最重要的师资问题。""中国陶行知研究会"会长朱小蔓教授认为这个项目"是一个行动研究，研究的是如何行动才能更好地解决当前教育面临的问题"。这个项目把建立师范院校、地方教育管理部门和农村学校的合作机制作为目标，很有价值。

中师学校在困难重重中艰难前行，经过十几年的调整定位，某些有效措施得以实行，并取得了一些成效。不过，它的进一步发展还需要政策法规的支持。

南充师范学校的五年一贯制学前教育专业招生简章上提及的"教育部要求2020年全国必须普及学前教育，每个乡镇至少办一所幼儿园，各地政府把幼儿教师纳入正式编制"，为中师学校开设学前教育专业奠定了非常坚实的基础，提供了相对稳定的生源。

四、中职教师培养

(一)综合性大学

1. 综合性大学教师培养整体现状

根据学校类型和办学定位的不同,综合性大学的教师教育大致可以分为两部分:第一部分承担普通中小学教师培养任务,第二部分承担职业院校教师培养任务。

自1999年《中共中央国务院关于深化教育改革全面推进素质教育的决定》鼓励综合性高等学校试办师范学院以来,一些综合性大学与非师范类院校开始筹措参与教师的培养培训工作。《国务院关于基础教育改革与发展的决定》提出:加强师范类院校的学科建设,鼓励综合性大学和其他非师范类院校举办教育院系或开设获得教师资格所需课程。此后几年,我国的综合性大学和综合性学院的数量较以前明显增加。综合性大学和综合性学院中参与教师教育的学校的数量和比重也逐渐增加,师范教育办学体制的形式逐步多样化。

本研究以教育部2013年综合性大学和综合性学院名录为研究对象,对名录中的85所综合性大学和153所综合性学院参与教师教育的现状进行了调研,涉及东北、西北、华北、西南、中南和华东等地(见表1.12和表1.13)。为了全面了解其教师教育专业的办学情况和在学校中的位置,本研究对其办学目标、办学理念、学术治理机构和教师培养机构等进行分析。资料主要来源于对各高校和各省教育厅调研时获得的资料,以及各综合性大学和综合性学院的网页数据。

表1.12 2013年教育部学院名录中参与教师教育的综合性大学

地区	数量	学校名称
北京	3	北京联合大学
		北京体育大学
		中央民族大学
天津	1	天津财经大学

续表

地区	数量	学校名称
河北	3	河北大学
		河北工业大学
		河北农业大学
山西	4	山西财经大学
		山西大学
		太原科技大学
		太原理工大学
内蒙古	5	河套学院
		内蒙古科技大学
		内蒙古民族大学
		内蒙古农业大学
		内蒙古大学
辽宁	5	渤海大学
		沈阳农业大学
		大连海事大学
		东北财经大学
		辽宁大学
吉林	3	北华大学
		延边大学
		吉林大学
黑龙江	3	哈尔滨商业大学
		佳木斯大学
		齐齐哈尔大学
上海	3	上海第二工业大学
		上海外国语大学
		同济大学

续表

地区	数量	学校名称
江苏	7	东南大学
		江南大学
		江苏大学
		南通大学
		苏州大学
		扬州大学
		南京财经大学
浙江	2	浙江大学
		浙江工业大学
安徽	0	/
福建	1	集美大学
江西	2	东华理工大学
		井冈山大学
山东	6	聊城大学
		青岛大学
		鲁东大学
		山东理工大学
		山东农业大学
		济南大学
河南	3	河南大学
		郑州大学
		河南科技大学
湖北	4	湖北大学
		江汉大学
		三峡大学
		长江大学

续表

地区	数量	学校名称
湖南	4	湖南科技大学
		湖南农业大学
		中南大学
		湖南工业大学
广东	4	广州大学
		汕头大学
		深圳大学
		五邑大学
广西	1	广西民族大学
重庆	2	重庆工商大学
		重庆大学
四川	4	四川农业大学
		西华大学
		成都中医药大学
		西南民族大学
云南	0	/
贵州	1	贵州大学
西藏	1	西藏大学
陕西	6	陕西科技大学
		西安建筑科技大学
		西安交通大学
		西北农林科技大学
		西安石油大学
		西北大学
甘肃	2	甘肃农业大学
		兰州大学
青海	1	青海民族大学
宁夏	1	宁夏大学

续表

地区	数量	学校名称
新疆	3	石河子大学
		塔里木大学
		新疆大学
总计	85	

表 1.13　2013 年教育教育部学院名录中参与教师教育的综合性学院

地区	数量	学校名称
北京	4	首都体育学院
		中国音乐学院
		北京城市学院
		中华女子学院
天津	2	天津体育学院
		天津音乐学院
河北	7	保定学院
		河北北方学院
		河北体育学院
		衡水学院
		石家庄学院
		防灾科技学院
		张家口学院
山西	3	太原学院
		运城学院
		长治医学院
内蒙古	2	呼和浩特民族学院
		呼伦贝尔学院
辽宁	4	沈阳体育学院
		大连外国语学院
		辽宁科技学院
		沈阳航空工业学院

续表

地区	数量	学校名称
吉林	5	吉林建筑工程学院
		吉林体育学院
		长春工程学院
		吉林华桥外国语学院
		吉林艺术学院
黑龙江	5	哈尔滨学院
		黑河学院
		黑龙江工业学院
		绥化学院
		齐齐哈尔医学院
上海	2	上海体育学院
		上海音乐学院
江苏	8	常熟理工学院
		常州工学院
		江苏理工学院
		南京晓庄学院
		苏州科技学院
		南京体育学院
		南京艺术学院
		徐州工程学院
浙江	6	丽水学院
		绍兴文理学院
		台州学院
		浙江海洋学院
		浙江科技学院
		浙江外国语学院

续表

地区	数量	学校名称
安徽	10	安徽科技学院
		蚌埠学院
		巢湖学院
		池州学院
		滁州学院
		合肥学院
		黄山学院
		宿州学院
		铜陵学院
		皖西学院
福建	4	闽江学院
		莆田学院
		三明学院
		武夷学院
江西	2	九江学院
		宜春学院
山东	9	德州学院
		济宁学院
		青岛滨海学院
		山东体育学院
		山东艺术学院
		泰山学院
		泰山医学院
		山东协和学院
		山东英才学院

续表

地区	数量	学校名称
河南	9	河南科技学院
		黄河科技学院
		黄淮学院
		洛阳理工学院
		南阳理工学院
		平顶山学院
		新乡学院
		安阳工学院
		河南工程学院
湖北	9	湖北工程学院
		湖北科技学院
		湖北理工学院
		湖北美术学院
		湖北民族学院
		湖北文理学院
		武汉体育学院
		武汉音乐学院
		荆楚理工学院
湖南	9	湖南城市学院
		湖南科技学院
		湖南理工学院
		湖南人文科技学院
		湖南文理学院
		怀化学院
		邵阳学院
		湘南学院
		长沙学院

续表

地区	数量	学校名称
广东	10	东莞理工学院
		佛山科学技术学院
		广东石油化工学院
		广州美术学院
		广州体育学院
		惠州学院
		嘉应学院
		韶关学院
		星海音乐学院
		肇庆学院
广西	6	百色学院
		广西艺术学院
		河池学院
		贺州学院
		钦州学院
		梧州学院
海南	1	琼州学院
重庆	3	四川外国语大学
		重庆三峡学院
		重庆文理学院
四川	9	成都体育学院
		成都学院
		攀枝花学院
		四川理工学院
		四川民族学院
		四川文理学院
		四川音乐学院
		西昌学院
		宜宾学院

续表

地区	数量	学校名称
贵州	4	安顺学院
		毕节学院
		贵阳学院
		贵州民族大学
云南	5	大理学院
		普洱学院
		文山学院
		云南艺术学院
		昆明学院
西藏	1	西藏民族学院
陕西	9	宝鸡文理学院
		商洛学院
		西安体育学院
		西安音乐学院
		榆林学院
		陕西工运学院
		陕西理工学院
		西安美术学院
		西安外事学院
甘肃	4	河西学院
		兰州城市学院
		陇东学院
		鞍山市第三中等职业技术专业学校
新疆	1	昌吉学院
总计	153	

通过对部分综合性大学和综合性学院的调查，我们发现综合性大学和综合性学院举办教师教育的背景主要有以下几种类型：首先是有师范教育基础的院校，其次是有职业教育和师范教育基础的院校，最后是设立教师教育机

构的综合性大学。

(1)有师范教育基础的院校

有师范教育基础的综合性大学和综合性学院多由以前的师范院校合并升格而成。例如，广州大学是2000年由广州师范学院、华南建设学院(西院)、广州教育学院、原广州大学和广州高等师范专科学校等高校合并组建而成的综合性大学。西南大学起源于1906年建立的川东师范学堂，于2005年7月由西南师范大学、西南农业大学合并组建而成。延边大学始建于1949年，于1996年经原国家教育委员会批准，由原延边大学、延边医学院、延边农学院、延边师范高等专科学校、吉林艺术学院延边分院合并组建而成。大连大学是1987年10月由原大连大学、大连师范专科学校、大连市卫生学校三校合并而成的，当时设有工学院、师范学院、医学专科学校。渤海大学是2000年由锦州师范学院与辽宁商业高等专科学校合并，并于2003年改名为渤海大学的。山西大学、河北大学的办学历史上均有师范教育的基础。

(2)有职业教育和师范教育基础的院校

这类学院主要是由师范类学校和职业类学校合并而成的综合性大学，如大同大学开设有教师教育专业，该校是由雁北师范学院、大同医学高等专科学校、大同职业技术学院、山西工业职业技术学院合并而成的，2006年7月1日经教育部批准正式挂牌。北京联合大学是1985年经教育部批准成立的北京市属综合性大学，其前身是1978年北京大学、清华大学、北京师范大学等在京重点大学建立的大学分校；师范学院原来是北京师范大学分校，在20世纪80年代初建成职业学校教师的培养基地，现在是北京联合大学的普通师范和职业师范的双重基地。2005年新民师范学院并入沈阳大学，使沈阳大学拥有职业教育和师范教育的基础；北华大学是1999年经教育部批准，由原吉林师范学院、吉林医学院、吉林林学院、吉林电气化高等专科学校合并而成的综合性大学，拥有师范教育和职业教育的双重基础。集美大学于1994年由集美航海学院、厦门水产学院、福建体育学院、集美财经高等专科学校和集美师范高等专科学校5所高校合并而成。这些综合性大学和综合性学院的一个主要特点就是师范教育和职业教育的院校进行合并，既保留了师范教师也保留了职业教育，包括职业教师教育。

(3)设立教师教育机构的综合性大学

还有一类学院没有师范教育和职业教育基础，是在建设综合性大学的过程中建成了教师教育机构、从事教师培养工作的。黑龙江大学在高等教育研究所的基础上成立了教育科学研究学院，拥有教育学和应用心理学两个专业，支撑起了教师培养的教育类课程的开设。1999年以来，西藏自治区艺术学校、西藏医学高等专科学校、西藏民族学院医学系、西藏自治区财经学校先后并入西藏大学，目前西藏大学设有独立的师范学院。石河子大学于1996年由石河子农学院、石河子医学院、兵团师范专科学校、兵团经济专科学校4所学校合并而成，兵团师范专科学校更名为石河子大学师范学院，是相对独立的教师教育机构，师范学院开设教育系、课程与教学系、心理学系、教育技术系4个教学系，拥有集教学、科研、教师职前培训与职后培训为一体的多元化办学体系。这些综合性大学都是合并而来的，并且本身就有师范教育的成分。有些综合性大学并没有师范教育基础，如1998年合并而成的延安大学、1983年建立的深圳大学均没有师范教育和职业教育的基础。西北民族大学、广西民族大学等均属这种情况，虽然没有师范教育基础，但承担一定的教师培养工作。

通过对一些综合性大学背景的分析我们可以看出，参与教师教育的综合性大学都是因为其合并部分中包含师范学院。另外一些地区师资缺乏，师范大学的教师教育不能满足当地对教师的需求，因此，在综合性大学成立伊始就开设教师教育专业，以弥补师范大学的不足。也有些综合性大学为适应市场竞争，主动参与教师教育。这反映了一些综合性大学愿意参与教师教育的趋势。

2. 综合性大学的办学目标、招生机制、从教就业、资源制度

学校的办学目标反映了发展方向。这些参与教师教育的院校的办学目标如何、是否把教师教育作为一个办学方向，可以帮助我们认识该类学校教师教育在学校发展中的位置。我们按照办学基础分析其办学目标、招生机制、从教就业、制度资源。

(1) 办学目标

正如上文所分析的，不同的综合性大学和综合性学院成立的背景不同，因此教师教育在学校发展中的比重和定位就会有所不同，办学目标也就表现出了差异。

有师范教育基础的综合性大学的办学目标如下。

第一，追求国内一流大学，以综合性、研究型为目标。

这类综合性大学在办学中追求学校在地区和国家的影响力，在具体的教育教学操作中注重科学研究，因此这类综合性大学中的教师教育也侧重于教育研究,对教师的数量和质量关注较少。

例如,河北大学的办学目标是要建成国内一流大学,具体来说就是要在国家高等教育布局中具有重要作用和特殊的区域地位,在提高河北省高等教育整体办学水平和办学效益上发挥龙头和示范作用;在人才培养上要求以人才培养为中心,以科学研究为支撑,以社会服务为使命,着力培养功底深、后劲足、具有创新精神和实践能力的高素质人才。在这样的办学目标的引领下,河北大学一直致力于建成综合性、研究型大学。

在建成综合性、研究型大学的目标的引领下,河北大学的教师教育主要集中在教育研究,教师培养较少。虽然河北大学的教育学院拥有悠久的历史,下设教育学系、学前教育学系、心理学系、教育技术学系、教育科学研究所、基础教育研究所、现代教育技术研究所、发展与教育心理学研究所、高等教育研究所。但是这样的建制显然是为了教育研究而非基础教育教师的培养,这也导致其在教师教育方面一直未直接提出办学目标。

山西大学也有同样的情况。建立于1902年的山西大学堂是历史悠久的大学。新中国成立之初,该校设有文学院、理学院、医学院、工学院、法学院5个学院,是典型的综合性大学。1953年院系调整后,山西大学取消,改称山西师范学院,文学院、理学院合并,医学院、工学院相继独立建院,法学院改称财经学院,后划归入中国人民大学。1959年,山西大学再度组建,1961年与山西师范学院合并,仍定名为山西大学。此时的山西大学综合性和师范性更强。在建校100多年、中国高校追求高质量的今天,山西大学也立志要恢复从前的辉煌。学校将继承百年传统,坚持以质量求生存、以特色求发展、以改革求活力、以开放求效益的办学思路,努力推进高水平、高效益办学的协调发展,建成山西省高素质人才培养、高水平科学研究、高技术成果转化、高层次决策咨询的中心,成为国内高水平、国际有影响、具有地方示范作用的研究型大学。

在山西大学如上办学目标的指引下,高质量、综合性、研究型是其发展方向,这体现在院系建制中。其文学院下设中国古代文学研究所、语言科学研究所、文艺学与新文学研究中心、民俗文化研究中心、影视传播实验研究中心等机构。数学科学学院下设分布参数与数理方程研究室、泛函分析研究室、方程研究室、离散数学研究室、信息与计算机研究室等。可以看出,山西大学注重学术性,关注硕士点、博士点的建设。在教师教育领域,山西大学由于有师范教育的基础,虽然不会轻易放弃,但很难加强,因此只有政治思想教育、学前教育、体育教育明确培养基础教育阶段的教师，其他专业看不出明确的意向。最有可能培养教师的专业在介绍招生专业时，也仅仅附带提出培养在教育领域工作的人才。例如，历史学专业介绍：培养具有系统的专业基本知识和研究潜能的史学专门人才，以及可在国家机关、文教事业、新闻出版、文博档案、企事业单位等从事实际工作的复合型人才。近几年就业率在95%以上，考研率达50%左右。英语语言文学专业介绍：培养具有扎实的英语语言基础和比较广泛的科学文化知识，能在外事、经贸、文化、新闻出版、教育、科研、旅游等部门从事翻译、研究、教学及管理工作的英语专门人才。近几年就业率达90%以上，考研率达25%左右。数学与应用数学专业介绍：培养注重数学理论教学，使学生掌握数学科学的基本理论与基本方法，并能使用数学理论和计算机解决一些实际问题，成为数学研究工作的高级专门人才，考研率在50%以上。在课程设置中我们看不出教师培养的内容。

从这两所学校看，综合性、研究型是其发展目标，教育学院的发展也以教育科学研究为主，而非以教师培养为主。

第二，追求国内一流大学，以教学科研型大学为目标。

这类综合性大学注重学校对当地教育、经济发展的贡献，注重学校成果与当地经济相适应，在学校的办学目标方面定位于教学科研型大学，将教学和科研放在同等重要的地位。这类大学以宁波大学、河南大学、石河子大学等为主。例如，宁波大学是1986年由世界船王包玉刚先生捐资创立的，在建校之初，由浙江大学、复旦大学、中国科学技术大学、北京大学、原杭州大学五校对口援建，高起点地开始了办学历程。1992年宁波大学被列为全国高校招生第一批录取院校。1996年，原宁波大学、宁波师范学院和浙江水产学院宁波分院三校合并，组建新的宁波大学。2000年该校被浙江省人民政府列为省重点建设大学，2011年成为国家海洋局与宁波市共建高校。宁波大学坚持"把成才的选择权交给学生"的教育理念，实施"大类招生、大类培养"人才培养模式改革，秉承"实事求是，经世致用"的校训和"兼容并包，自强不息，务实创新，与时偕行"的"宁大"精神，努力向着特色鲜明的综合性、研究型大学的奋斗目标迈进。因而，除了传统的师范院校拥有的文理学院和教育学院等外，该校还建立了与当地的经济社会发展密切相关的学科院系，如商学院、法学院、海洋学院、海运学院、材料科学与化学工程学院、机械工程与力学学院、建筑工程与环境学院、信息科学与工程学院等。这样的办学目标、办学定位和院系设置表明教师教育虽然是其组成部分，但在如此多的热门职业和地方经济发展特色鲜明的环境下（当地海洋经济和商品贸易发达），教师教育很难成为主业。宁波大学的教师培养主要由教师教育学院和文理学院共同承担。

石河子大学地处新疆西部，素有"戈壁明珠"之称。该校是1996年4月由农业部（2018年组建农业农村部，不再保留农业部）部属的石河子农学院、石河子医学院、兵团师范专科学校和兵团经济专科学校合并组建而成的综合性大学。该校始终坚持"立足兵团、服务新疆、面向全国、辐射中亚"的办学定位，"以服务为宗旨，在贡献中发展"的办学理念，"以兵团精神育人，为屯垦戍边服务"的办学特色；提出了朝着建设"西部先进，中亚一流，国际知名的有特色、高水平大学"的目标迈进。在培养应用型人才的目标的引领下，鉴于新疆生产建设兵团高素质的中学教师匮乏，该校有师范教育基础这样的背景，师范教育是不可或缺的领域，因此，该校成立了专门的师范学院从事中学教师的培养，为新疆生产建设兵团培养了大量优秀的教师。

其他如河南大学、长江大学、湖北大学、江汉大学、三峡大学等均属于这样的情况。

第三，以服务地方经济社会发展，建立有特色的教学研究型大学为目标。

这类大学由地方各类职业院校合并而来，以服务地方经济社会发展、建立有特色的教学研究型大学为目标。在这类综合性大学中师范已经不是主要办学基础，教师教育只是其组织部分，不是重点强调和发展的特色专业。

江苏的几所地方综合性大学均是在合并了师范院校和地方其他院校的基础上成立的，如江苏大学、南通大学。它们在合并发展中的定位很明确，就是以自己的专业特色为当地的经济社会发展服务。例如，江苏大学是2001年8月经教育部批准，由原江苏理工大学、镇江医学院、镇江师范专科学校合并组建的大学，工科是其强项，因而以工科为特色的教学研究型综合性大学是其办学定位。在这种情况下要想大力发展师范似乎可能性不大。但该校也并未轻易放弃师范专业，如它的理学院的数学与应用数学、物理学，化学化工学院的化学，马克思主义学院的思想政治教育，外国语学院的英语均承担教师培养的任务。

南通大学2004年由原南通医学院、南通工学院、南通师范学院合并而成。学校秉持"祈通中西，力求精进"的校训，立足江苏，面向全国，服务地方，积极拓展服务交通运输行业，不断提高国际化水平，立足有特色、高水平教学研究型大学的办学定位，努力推动"有远见卓识、有创新精神、有责任担当、有文化品位"的"四有"大学建设不断迈上新台阶。在医学、工学、师范中，南通大学选择了其强项，以交通运输业为主导。这表明师范不在重点发展之列。但南通大学毕竟有师范教育的基础，传统师范院校拥有的文学院、理学院、外国语学院和教育科学学院仍以教师培养为主。温州大学、东华大学、宁夏大学也属于这种情况。

有些综合性大学合并时以师范院校为基础。随着院校的合并，教师教育也逐渐被淡化，如聊城大学。聊城大学是山东省属综合性大学，其前身为始建于1974年的山东师范学院聊城分院。该院于1981年更名为聊城师范学院，1999年聊城农业学校、聊城畜牧研究所（部分）并入聊城师范学院，2002年经教育部批准更名为聊城大学，2005年聊城市体育运动学校并入聊城大学，2012年学校被确定为山东省首批应用型人才培养特色名校。从这所学校的历史来看，它主要是以聊城师范学院为基础，并入农业、畜牧类机构而成。师范和农科应是其主要发展学科。该校提出了在办学中以教学为中心，以科研为先导，以学科建设为龙头，初步形成了以教师教育学科为主，文理学科、教师教育学科、新兴学科和应用学科相互协调发展，特色优势明显的学科专业布局。但目前的院系设置并未显示出师范特色浓厚的情况。该校设立了传媒技术学院、环境与规划学院、教育科学学院、美术学院、机械与汽车工程学院、生命科学学院、思政与公共管理学院、外国语学院、文学院、音乐学院、材料科学与工程学院、法学院、化学化工学院、计算机学院、建筑工程学院、历史文化与旅游学院、农学院、商学院、数学科学学院、体育学院、物理科学与信息工程学院等教学单位。和其他综合性大学一样，聊城大学的教育科学学院和传统师范院校拥有的文理学科承担培养教师的任务，但教师教育只是其较小的一部分工作。例如，该校文学院下设文秘教育专业、广播电视新闻学专业、汉语言文学专业三个本科专业，只有汉语言文学专业培养教师。

拥有职业教育基础的综合性大学的办学目标如下。

目前一些职业技术院校把小学和幼儿园教师作为职业技术人才进行培养，大力发展小学教育和学前教育专业。那么，拥有职业教育基础的综合性大学是否也具有同样的办学思路呢？研究发现，这样的大学很少，如长春大学。1987年经原国家教育委员会批准，原吉林科技大学、吉林机电专科学校、长春外国语专科学校、长春职业大学4所学校合并，组建成新的长春大学。显然，这所学校没有师范教育的基础，却有着职业教育的基础。该校成为综合性大学后，设经济学、法学、教育学、文学、理学、工学、农学、医学、管理学、艺术学十大学科门类，及机械工程学院、电子信息工程学院、管理学院、计算机科学技术学院、外国语学院、特殊教育学院、人文学院、理学院、经济学院、生命科学技术学院、车辆工程学院、美术学院、音乐学院、软件学院、成人教育学院等学院。教育成为其重要的学科门类。当前，学校提出"培养具有创新精神和实践能力的应用型高级专门人才"和"强化内涵建设，凝练办学特色，全面提升教育质量，努力把学校建设成为有特色、高水平、区域性重点应用型大学"。什么是学校的办学特色？该校的特殊教育学院是我国残疾人员的最高学府，为视力障碍、听力障碍和肢体残疾障碍人员开设了推拿按摩、针灸等职业技术专业，也为其他省份的特殊教育机构培养了教师。另外，长春大学的外国语学院、文学院、理学院、美术学院、音乐学院等培养的学生可到学校任教。例如，文学院的汉语言文学专业的培养目标明确指出为机关团体、新闻出版机构、广播电视等媒体及企事业单位培养从事文秘、记者、教育、编辑等相关工作的应用型专门人才。可见，教师培养也是这类院校的培养目标。

以职业教育和师范教育为基础建立的综合性大学更注重为当地的经济社会发展服务，开设与经济社会发展相关的专业。同时，当前由于职业院校在我国处于弱势地位，教师教育仍是其关注的对象。

济南大学拥有职业教育和师范教育的基础。1998年7月，济南师范专科学校(1978年建)和济南职业大学(1983年建)合并为济南联合大学；在综合化浪潮中，它又逐渐合并了多个院校，成为多学科的大学。2000年10月，山东建材工业学院和济南联合大学合并组建济南大学；2001年4月，原济南民政学校和原山东省物资学校并入济南大学；2007年12月，山东省医学科学院硕士学位授权学科专业并入济南大学。该校是山东地区除部属院校之外的有着良好基础的综合性大学，拥有学士、硕士学位授予权和硕士研究生免试推荐权，是博士学位授予权立项建设单位，面向全国招生。山东省把它作为重点建设的综合性大学。该校自身对学校发展有着较高的定位："建成一所综合性、开放式、国际化、有特色的高水平大学"。从其院系设置看，工科、师范和职业是其发展的特色专业，学科组成以师范和工科为主。该校原有的济南师范专科学校的基础构成了该校的文理学院、教育学院等学院，教师培养依然是这些院系的重要任务。例如，文学院的汉语言文学教育、数学科学学院的数学与应用数学、外国语学院的英语、化学化工学院的化学、物理科学与技术学院的物理、体育学院的体育、美术学院的美术、音乐学院的音乐均为师范专业，它们和教育与心理科学学院共同承担培养教师的任务。可见，教师培养在该校还占据着相当的比重。

扬州大学也同时拥有职业教育和师范教育的基础。该校于1992年由扬州师范学院、江苏农学院、扬州工学院、扬州医学院、江苏水利工程专科学校、江苏商业专科学校6所高校合并而成。这所大学由于合并了众多性质迥异的高校而建立了庞杂的学科群，出现了不同的校园文化。建立统一、和谐的校园文化是该校这些年的主要目标。正如该校在简介中表达的："切实加强内涵建设，大力推进由'规模大校'到'内涵强校'、由'改革名校'到'质量名校'的转变，努力构建和谐学校，阔步迈向更加辉煌的明天"。这些年该校一直致力于建设成一所能为地方经济和社会发展服务的综合性大学。

为此，扬州大学设置的院系中除了有传统师范院校拥有的文理学院、教育学院等学院外，还设有工科、农科、医科、商科等学科组成的学院，如机械工程学院、信息工程学院、建筑科学与工程学院、水利科学与工程学院、能源与动力工程学院、农学院、园艺与植物保护学院、动物与技术学院、兽医学院、医学院、商学院、旅游烹饪学院、食品科学与工程学院等。技术型、应用型是人才培养的特色。在这样庞杂的学科体系中，师范教育依然保有一席之地。传统师范院校拥有的文理学院、教育学院等学院依然承担教师培养的任务。

大同大学是由雁北师范学院、大同医学高等专科学校、大同职业技术学院、山西工业职业技术学院合并，2006年7月1日经教育部批准正式挂牌的综合性大学，拥有职业教育与师范教育的基础。该校的办学目标是依托学科建设，加强专业建设，主动满足大同的经济建设、科技进步、教育和社会发展对人才的需求，围绕把学校建成综合性大学的目标，积极调整、优化专业结构，建设一批特色明显、具有一定优势的品牌专业，增设一批社会急需的、有竞争力的、有发展潜力的专业，更好地为当地经济建设和社会发展服务。由于师范教育是其重要的基础，因此大同大学的院系构成以传统师范院校的文理学院、教育学院等学院为主，增加了工学院、医学院、商学院、职业技术学院等。教师培养的任务主要由文理学院、教育学院等学院承担。

北京联合大学相比上述学校相对特殊。北京联合大学是1985年成立的北京市属综合性大学，其前身是1978年建立的北京大学、清华大学、北京师范大学等30多所大学的分校。师范学院原来是北京师范大学分校，在20世纪80年代初成为职业学校教师的培养基地，是普通师范和职业师范的双重基地。这所学校的主要发展方向是在重点高校林立的北京培养当地经济社会发展所需要的应用型人才——"以培养适应国家特别是首都经济社会发展需要的高素质应用型人才为己任"，形成了经济学、管理学、文学、法学、理学、工学、教育学、史学、医学等多学科相互支撑、协调发展，以本科教育为主，研究生教育、高职教育和继续教育协调发展的人才培养体系。学校设有应用文理学院、师范学院、商务学院、生物化学工程学院、旅游学院、信息学院、机电学院、自动化学院、管理学院、广告学院、特殊教育学院、应用科技学院、国际交流学院、继续教育学院14个学院。教师培养的任务主要由师范学院、特殊教育学院承担。师范学院并不仅仅承担教师培养的任务，它以本科层次为主，也有部分高职(专科)专业。师范学院现设电子信息工程、计算机科学与技术、应用心理学、汉语言文学、英语、艺术设计、音乐学等本科专业及服装设计、音乐表演、文秘、数字媒体技术等高职(专科)专业，培养普通中等教育教师、中等职业技术教育教师及首都文化创意产业发展急需的高级应用型艺术技术人才。特殊教育学院设特殊教育系、医学系、应用技术系3个系，包括10个专业，其中本科专业有5个，分别是特殊教育专业、学前教育专业、艺术设计专业(听力障碍)、计算机科学与技术专业(听力障碍)、针灸推拿学专业(视力障碍)；高职专业有5个，分别是听力语言康复技术专业、视觉传达艺术设计专业(听力障碍)、计算机应用技术专业(听力障碍)、园林技术专业(听力障碍)、音乐表演专业(视力障碍)，涉及教育学、文学、工学、医学、农学等学科，承担特殊教育教师培养、残疾人高等教育和指导北京市特殊学校教研等多项任务。其他如集美大学、沈阳大学、北华大学均保留了教师教育的职能。

少数没有职业和师范教育基础的综合性大学的办学目标如下。

一些综合性大学没有设师范专业的学校所拥有的师范教育或职业技术教育的基础，但仍设有师范专业，如延安大学、黑龙江大学、塔里木大学、深圳大学等。

延安大学是拥有悠久历史的综合性大学。1998年，延安医学院、延安市人民医院与延安大学合并成立新的延安大学。该校把特色鲜明、国内知名的高水平教学研究型大学作为发展目标。该校的办学历史中没有师范教育和职业技术教育的基础，但教师培养在该校仍占有较重的分量。例如，该校设有专门的教育科学学院，该院和其他文理学院共同承担教师培养的任务。教育科学学院的办学目标明确指出努力把学院建设成为一个多学科专业协调发展，人才培养质量、办学水平稳步提高的高水平的教学研究型学院，成为陕北乃至陕西应用型和研究型人才培养的基地、教育教学研究的中心、基础教育教师专业发展的加油站、资政育人的智囊团。该校文学院的汉语言文学教育专业，法政学院的政治思想教育专业，外国语学院的英语教育专业，数学与计算机学院的数学与应用数学、计算机科学与技术专业，化学与化工学院的化学专业，物理与电子信息学院的物理学专业，生命科学学院的生物科学专业，体育学院的体育教育专业均是培养中学教师的专业。

黑龙江大学成立的基础是哈尔滨外国语学院。1999年，黑龙江省满语研究所并入黑龙江大学；2003年，中国农业科学院甜菜研究所并入黑龙江大学；2004年，黑龙江水利专科学校并入黑龙江大学。黑龙江大学成为拥有文学、史学、哲学、经济学、法学、教育学、理学、工学、农学、管理学、艺术学11个学科门类的综合性大学。相对于其他综合性大学，该校合并的院校数量少，学科门类并不丰富。因而，该校提出了"质量立校，特色兴校，人才强校"的办学理念，着力构建教学、科研、学科三位一体的内涵发展模式，提出了"建设有特色、高水平、现代化省部共建大学"的办学目标。该校的文理学科中的很多专业都具有培养教师的职能，如历史学专业的培养目标是"培养具有一定的马列主义基本理论素养和系统的专业基本知识，有进一步培养潜能的史学专门人才以及能在国家机关、文教事业、新闻出版、文博档案及各类企事业单位从事实际工作的应用型、复合型高级专门人才"；数学与应用数学专业的培养目标是"培养具有较好数学素质，掌握数学的基本理论与方法，具备应用数学知识，以计算机为工具解决实际问题的能力，在数学及其相关领域中从事科研、教学和管理工作的高级专门人才"。还有一些专业虽然未明确是师范类专业，但是在培养目标上明确可以从事教育教学事业，如西语学院的英语专业，东语学院的日语专业、朝鲜语专业、阿拉伯语专业，历史文化旅游学院的历史学专业，数学学院的数学与应用数学专业，物理学院的应用物理学专业和物理学专业，化学学院的化学专业。另外，该校还在高等教育研究所的基础上设立了教育科学学院。该院有教育学、应用心理学 2 个本科专业；高等教育学、教育经济与管理和教育硕士(教育管理)3 个硕士点；教育系、心理系和高等教育研究所，教育科学研究所，应用心理学研究所，教育经济与人力资源开发研究所 4 个研究机构。

塔里木大学也属于同样的情况。这所大学的前身是 1958 年创建的塔里木农垦大学，于 2004 年更名为塔里木大学。该校坚持"立足南疆，面向兵团，服务新疆，辐射中亚，紧紧围绕新疆内一流、国内外有影响、特色鲜明、优势明显的综合性大学建设总目标"。学校地处新疆南部，经济、文化、教育事业较为落后，当地社会发展中的教师也极为缺乏。因而，该校文理学院以培养中学教师为目标，如人文学院的汉语言文学专业的培养目标是"培养能在高等院校及中等学校、科研机构、文化宣传部门、新闻媒体、企事业单位等从事汉语言文学的教学科研、对外汉语教学、语言文字管理及应用、新闻传播、旅游业务等方面工作的高级专门人才"。英语专业的培养目标是"培养能在外事、经贸、文化教育、旅游等部门，从事翻译、教学、管理、研究等工作的复合型的英语人才"；就业方向是在国家机关、外事、外贸等各类涉外机构及外资企业等从事翻译或涉外文秘等相关工作，在教育部门从事英语教学、科研及管理工作，在旅游业从事涉外公关、涉外导游及管理工作"。

1983 年创办的深圳大学在其发展历程中未合并师范类或职业类院校。它确立了培养"素质好、基础好、上手快、转型快的事业骨干和创新创业型人才"的目标，"着力建设立足深圳、面向国际的高水平、有特色、创新型一流大学"的办学目标。虽然深圳大学没有师范教育和职业师范教育的基础，但师范教育却是它关注的一个领域。1994 年成立的深圳大学师范学院以师范类本科教育为主，积极发展研究生教育。该院以"培养基础教育优秀师资，并能从事相关专业工作的专门人才"为目标，实行厚基础、宽口径、多方向、专业主副修的培养方式，鼓励学生攻读双学位。深圳大学师范学院设教育系、心理学系、学前教育系、教育信息技术系、艺术系、对外汉语教育系、旅游文化系、体育系、美术系 9 个系，教育学、应用心理学、教育技术学、美术学、音乐学、表演、体育教育、汉语言文学 8 个本科专业，培养学前、美术、音乐、体育、汉语言文学等相关专业的教师。文学院中文系的中文教育专业、外语学院英语系的英语教育专业、物理与技术学院的物理学专业、化学与化工学院的化学专业、数学与计算机科学学院的数学与应用数学专业、生命科学学院的生物科学专业等培养相关学科教师。

(2)招生机制

综合性大学的质量主要通过其生源、课程、教学等方面来证明。通过调研我们发现，综合性大学的师范生生源主要有以下两种形式：一是学生自己积极主动填报师范专业，二是学生被学校调剂到师范专业。从对新疆教育厅以及石河子大学的访谈情况来看，新疆综合性大学的师范生大多数是由非师范专业调剂而来的。也就是说非师范类专业分数线高些，满额，师范类招不够，学校就把一些学生调剂到师范专业。由此我们可以看出，在招生方面师范生的生源质量相对来说要比非师范生差一些。另外从对石河子大学的访谈情况来看，当教师并不是师范生在就业时的第一选择。很多毕业生是经历了考公务员、银行系统、特警等失败后不得不选择教师，把当教师作为最后的退路和保障的。从录取情况来看师范专业就处于劣势，再经过毕业生工作导向的筛选，进入教师行业的师范生应该不是质量最高的。

例如，苏州大学由于生源质量较好，本科招生分数线一般都高于当地一本分数线近100分，但本科师范毕业生直接进入中小学校从教的并不多。

从课程方面来看，综合性大学教师教育课程设置较为简单，注重非师范类专业及课程发展。师范类课程门类不齐，教学实践针对性较弱且时间较短。例如，苏州大学没有小学教育和学前教育本科专业，目前的本科师范生（培养目标为中学教师）招生人数为400～500人/年（全校11个本科师范专业，含音乐、体育、美术），全校本科生招生人数大约是6000人/年（全校目前有130多个本科专业）。本科师范生占全部本科生的比例不到8%，师范生培养规模很小（语文、数学、外语方向师范生相对招得多些，历史、物理、化学等方向招得少些，有的学科专业方向的师范生每年只招10～20人）。汉语言文学专业（师范类）的主干课程包括现代汉语、古代汉语、语言学概论、中国古代文学、中国现代文学、外国文学、文学概论、文献学、基础写作、语文教学论等。

表1.14所示的2013年综合性大学教师培养学历层次统计表中，有9所综合性大学培养本科和大专学历层次的师范生，分别是北华大学、东华理工大学、河南大学、河套学院、济南大学、井冈山大学、鲁东大学、内蒙古科技大学、青岛大学。长江大学和延边大学只培养大专学历层次，其他综合性大学培养层次都为本科。

表 1.14　2013 年综合性大学教师培养学历层次一览表

序号	学校名称	本科招生	专科招生
1	北华大学	√	√
2	北京联合大学	√	
3	渤海大学	√	
4	长江大学		√
5	成都中医药大学	√	
6	东华理工大学	√	√
7	东南大学	√	
8	广西民族大学	√	
9	广州大学	√	
10	河南大学	√	√
11	河南科技大学	√	
12	河套学院	√	√
13	湖北大学	√	
14	湖南科技大学	√	
15	吉林大学		
16	集美大学	√	
17	济南大学	√	√
18	佳木斯大学	√	
19	江南大学	√	
20	江苏大学	√	
21	井冈山大学	√	√
22	鲁东大学	√	√
23	内蒙古科技大学	√	√
24	内蒙古民族大学	√	
25	内蒙古农业大学	√	
26	南通大学	√	
27	宁夏大学	√	
28	齐齐哈尔大学	√	

续表

序号	学校名称	本科招生	专科招生
29	青岛大学	√	√
30	青海民族大学	√	
31	三峡大学	√	
32	山东理工大学	√	
33	陕西科技大学	√	
34	上海外国语大学	√	
35	深圳大学	√	
36	石河子大学	√	
37	苏州大学	√	
38	同济大学	√	
39	五邑大学	√	
40	西藏大学	√	
41	西南民族大学	√	
42	新疆大学	√	
43	延边大学		√
44	扬州大学	√	
45	浙江大学	√	
46	浙江工业大学	√	
47	郑州大学	√	
48	重庆大学	√	
49	重庆工商大学	√	

例如，北华大学1999年经教育部批准，由原吉林师范学院、吉林医学院、吉林林学院、吉林电气化高等专科学校合并组建而成。其办学目标是"建设成为具有鲜明特色与优势、在国内外有一定影响的省属重点综合性大学"。北华大学设置的院系包括法学院、教育科学学院、电器信息工程学院、机械工程学院、汽车与建筑工程学院、林学院、医学院、药学院等学院，有82个本科专业，其中师范类本科专业包括小学教育专业、学前教育专业、教育技术学专业、汉语言文学专业、历史学专业等。

北华大学的大专专业包括初等教育(数学)专业、初等教育(语文)专业、初等教育(英语)专业、初等教育(计算机)专业、学前教育专业。学校坚持以市场为导向，发挥综合办学优势，挖掘各种社会资源，大力发展成人与继续教育，形成了师范教育、成人高等学历教育、继续教育、自学考试、职业技能培训等多形式、多层次、多规格、多渠道、面向多种对象的办学模式，实现了办学规模、办学质量的协调发展。

长江大学于2003年4月经教育部批准，由原江汉石油学院、湖北农学院、荆州师范学院、湖北省卫生职工医学院合并组建而成，是湖北省属高校中规模较大、学科门类较全的综合性大学。其办学以本科专业为主，师范类本科专业包括教育学专业、思想政治教育专业、体育教育专业。个别大专专业为非师范类。

(3)从教就业

根据教育部参与教师教育的综合性大学名录中2013年的本科生、专科生的信息，2013年，综合性大学本科毕业生共25236人，专科毕业生共2780人，各综合性大学的毕业生情况如表1.15所示。从数据中可以看出，综合性大学的教师教育以本科生培养为主，大专仅限于学前教育和小学教育，如北华大学的师范教育以本科培养为主，但学前教育和小学教育(文、理)兼顾专科生培养。

表1.15 2013年综合性大学的毕业生情况

序号	学校名称	本科毕业生人数	专科毕业生人数
1	北华大学	1265	560
2	北京联合大学	716	
3	渤海大学	1014	
4	长江大学		78
5	成都中医药大学	250	
6	东华理工大学	99	619
7	东南大学	2	
8	广西民族大学	677	
9	广州大学	374	
10	河南大学	1656	85

续表

序号	学校名称	本科毕业生人数	专科毕业生人数
11	河南科技大学	96	
12	湖北大学	757	
13	湖南科技大学	1243	
14	集美大学	232	
15	济南大学	800	112
16	佳木斯大学	473	
17	江南大学	394	
18	江苏大学	340	
19	井冈山大学	881	332
20	鲁东大学	1893	460
21	内蒙古科技大学	1595	71
22	内蒙古民族大学	1427	
23	内蒙古农业大学	841	
24	南通大学	771	
25	宁夏大学	1062	
26	齐齐哈尔大学	589	
27	青岛大学	641	345
28	青海民族大学	650	
29	三峡大学	279	
30	山东理工大学	595	
31	陕西科技大学	132	
32	上海外国语大学	79	
33	深圳大学	429	
34	石河子大学	550	
35	苏州大学	541	
36	同济大学	84	
37	五邑大学	154	
38	西藏大学	526	

续表

序号	学校名称	本科毕业生人数	专科毕业生人数
39	西南民族大学	43	
40	延边大学		118
41	扬州大学	718	
42	浙江大学	2	
43	浙江工业大学	55	
44	郑州大学	220	
45	重庆大学	50	
46	重庆工商大学	41	
47	总计	25236	2780

(4) 制度资源

制度资源是指综合性大学为支持教师教育工作而出台的一些政策和措施。在综合性大学中，教师教育只是其学校发展的一个组成部分，学校为了保证师范专业的地位都会出台一些政策或者制度，以保证师范教育的良好发展。

例如，宁波大学为了支持师范教育，把原师范学院内的文理专业和全校相同、相关的学科专业有机地合并在一起，分置于文学院和理学院中，对师范生进行学科专业教育；设置师范学院，对全校师范生进行教育类课程的教育，并实施教育类专业的培养、科学研究与培训等职能。宁波大学积极探索教师教育模式，如采用"3+1"人才培养模式，根据教师教育双学科特点，对四年制本科专业实施"三一分段"，对不同学段的课程设置和教育教学活动做不同的安排。其具体做法如下。前三年不分师范专业与非师范专业，学生在相关院系学习普通文化知识、本学科专业知识。学校开设一些教育类选修课，如普通话、书法等教师基本素质的课程让有兴趣的学生自由选择。第三年下学期，学校根据学生自愿报名原则进行师范生与非师范生的分流，并要求师范生完成一篇专业论文，所在院系对师范生的整体学习做出阶段性考核。这样，学生前三年在专业学院的学习就能基本保证为未来的教学打下坚实的普通文化知识和学科专业知识的基础。第四年，师范学院集中对师范专业学生进行理论教育和实践训练。师范学院为学生开设了丰富的必修课和选修课。选修课还分为若干不同的模块，学生可根据自己的兴趣爱好和就业取向选择不同的教育模块课程。另外，宁波大学还制定了严格的教育实习制度《宁波大学教育实习工作管理办法》，对师范生的教育实习时间、实习组织安排、实习组织要求做了规定。例如，文件规定教育实习为期8周；必须配备指导教师；实习生必须经过教育学、教育心理学、微格教学、教师语言艺术等课程的学习，经考核合格（其中普通话等级中文专业应为二级甲等以上，其他专业为二级乙等以上）方准许参加教育实习；为了保证实习质量，参与实习的学生须参加宁波大学师范生教学技能竞赛，过关后方可许参加教育实习。

综合性大学师资总体较为雄厚，但更多院校在师范教育方面的师资无论是在数量上还是在职称上都相对较弱。广州大学有在编教职工2890人，其中教学科研人员1942人，具有副高以上职称的有1453人，具有博士学位的有1277人，教学科研人员平均年龄为43.2岁；拥有中国科学院院士2人，中国工程院院士2人。教育学院设教育学系、心理学系、教育技术系和学前教育系，共有88位教师，25位教授，其中学前教育系仅有18位教师，10位教授。

河南大学有教职工4300多人，其中专兼职院士14人，正副高级教授1700多人，教育科学学院教职工仅有100余人。渤海大学有专任教师1200人，其中教授近200人，博士近500余人，作为师资培养的主要机构——教育与体育学院仅有教师65位。石河子大学有教职工2493人，专任教师1714人，其中特聘中国工程院院士1人，教育部"长江学者奖励计划"特聘教授2人，教授249人，副教授624人。师范学院有教职员工92人，其中专职教师74人。专职教师中有教授5人，副教授24人，讲师44人，助教2人，高级实验师2人，实验师1人。相对来说，教师教育师资较弱。

综合性大学的经费资源主要指对师范教育的经费投入，经费构成包括学费、学校拨款、科研经费等。从目前的调研来看，综合性大学对师范教育投入的经费主要来源于师范生的学费返回款，实施免费师范生政策的学校的经费主要来源于国家对师范生教育的拨款。

例如，齐齐哈尔大学始建于1952年，是黑龙江省西部地区唯一一所省属综合性普通高等学校。该大学有专任教师1438人，本科生24135人，设有学前教育、汉语言文学、数学与应用数学等11个师范类本科专业，其中面向高级中学师资培养的专业有10个，面向学前师资培养的专业有1个。在校师范生1877人。在生均教育经费投入上，2010年以来学生学费没有增长，英语专业4400元/生，艺体类专业3000元/生，除此之外，文理师范专业学费皆为2500元/生。相对于较低的学费，齐齐哈尔大学对本科学生教育经费的投入较高，2010年以来始终保持12000元/生的投入额度，学校对师范专业学生投入经费均是学生学费的4倍左右。

石河子大学师范学院属于国家免费师范生招生院校的范畴，教育经费主要来源于国家对免费师范生的定向拨款，除此之外并无其他特殊经费来源。

鲁东大学的师范类专业包括小学教育、学前教育、心理学专业。其中小学教育和学前教育专业的学费为4400/年，心理学专业的学费为5000/年。

3. 综合性大学内部管理和二级结构布局

从已有资料来看，目前，参与教师教育的综合性大学的教师培养机构有以下几种形式。

(1)分散式：教育学院或教育系与其他院系共同承担教师培养任务

由教育学院或教育系与其他院系共同承担教师培养任务是过去传统师范院校的办学模式。教育类院系承担教育学、心理学等教育类课程的教授任务，文学院、理学院等学院系承担学科专业教学和教育实习的任务。

在调查中这类大学所占比例很高，可以说大多数承担教师培养任务的院校的机构都是这样设置的。

扬州大学教师教育机构有教育科学学院(师范学院)、文学院(文化传承与创新研究院)、社会发展学院、马克思主义学院、新闻与传媒学院、外国语学院、生物科学与技术学院、数学科学学院、物理科学与技术学院、化学化工学院。教育科学学院设立小学教育专业，除了培养小学教师外，还对全校师范类的学生进行教育学、心理学等专业教育。其他院系如文学院(文化传承与创新研究院)、社会发展学院、马克思主义学院等分别承担汉语言文学、历史学、政治思想等学科的中学教师的培养任务。新闻与传媒学院中的教育技术学(师范类)以培养适合政府部门、各级电教馆、企事业培训机构、高校、职业院校和普通中小学的教育技术人员及中等学校的信息技术教师为目标。

南通大学教育科学学院自身承担的教师培养任务更重。例如，学前教育系承担学前教师的培养任务；应用心理系承担部分心理教师的培养任务；初等教育系承担小学双语教师、小学英语教师、小学语文教师的培养任务；教师教育与技术系除承担教育技术学专业人才的培养任务外，还承担全校师范生教师教育类课程的教学任务，为文学院、理学院、外国语学院等学院的汉语言文学、数学、英语、物理学、化学、生物科学、地理科学、历史学、音乐、美术、计算机科学与技术 11 个教师教育类专业的学生提供教育学、心理学、现代教育技术、中学班主任等课程教学。

大连大学于 2001 年成立教育学院（也称师范学院），以小学教育专业为支撑专业，同时承担全校其他教师教育专业教育学和心理学课程的教学与研究任务、全校青年教师从教技能的培训任务及为学校教育教学改革与发展提供支持与服务的任务。其他院系承担学科专业教学的任务，如人文学部文学院的汉语言文学专业中有师范类专业。

集美大学的教师教育学院除了承担本院小学教育（含语文、数学、学前教育三个专业方向）、教育技术学、应用心理学三个本科专业的教学任务外，还负责全校学生的普通话水平测试与规范汉字书写考核、心理咨询与心理健康教育及全校所有师范类专业的教育学和心理学等教师教育课程的教学与教师岗前培训工作。这种情况在其他院校中也比较常见。例如，江苏大学、宁波大学、温州大学、广州大学、东华理工大学、济南大学、鲁东大学、西华大学、佳木斯大学的教育学院或师范学院等均承担如是任务。

还有些综合性大学没有师范教育基础，为了拓宽学生的就业面，在人才培养目标上明确提出要为中等学校培养教学人才。由于缺乏师范教育的基础，因此这类学校没有教育学院、教育科学学院等从事专业教育的教学研究机构，没有教育专业课程的设置，但毕业生可从事教学工作，如塔里木大学、黑龙江大学。这类院校的学生会存在由于教师职业素养缺乏导致难以适应教学工作的情况。

(2) 集中式：师范学院或教育学院等独立承担教师培养任务

合并形成的综合性大学在合并过程中并未拆分原师范院校，而是把它作为独立的师范学院或教育学院。过去的师范院校拥有众多文理等学科，合并后的教师教育依然沿袭传统，只是由学校承担变为主要由一个学院承担，如青岛大学的师范学院。独立设置的院系也可承担，如北京联合大学的特殊教育学院和师范学院。

1993 年，当时的青岛大学、青岛医学院、山东纺织工学院和青岛师范专科学校合并成为新的青岛大学，成为包含原师范院校的文理、教育等学科和工科、医学在内的多科性的综合性大学。在这样一所大学中，教师培养主要在师范学院进行。师范学院目前拥有汉语言文学、数学与应用数学、英语、化学、物理学、历史学、地理科学、思想政治教育、体育教育、教育技术学、应用心理学、小学教育、学前教育、哲学 14 个本科专业，涵盖文学、史学、哲学、理学、法学、教育学 6 个学科门类。

北京联合大学的教师培养主要由师范学院、特殊教育学院承担。师范学院过去是北京师范大学的分校，后在建立职业技术师范学院的时候成为培养职业学校某些专业课教师的学院。特殊教育学院是 2000 年建立的独立的综合性特殊教育学院，承担培养学前教育教师和特殊教育教师、发展残疾人高等教育和指导北京市特殊学校教研等多项任务。因而，从整体上看，这两个学院与其他学院在人才培养上并未建立联系，是相对独立的体系。

石河子大学也属于同样的情况。作为合并了师范专科学校的综合性大学，教师教育是不可或缺的领域。为了更好地培养教师，该校成立了专门的师范学院。从师范学院的办学历史看，它自建立起就已经不是一所只从事专业教育的学院了。师范学院是原来的专科学校的建制。目前，师范学院有教育系、课程与教学系、心理学系、教育技术系 4 个教学系，教育学、学前教育、科学教育、应用心理学、教育技术、数学与应用数学、物理学、地理科学、汉语言文学、化学、英语 11 个本科专业。石河子大学拥有集教学、科研、教师职前培养与职后培训为一体的多元化办学体系。师范学院是相对独立的教师教育机构。

石河子大学的其他学院也承担着一定的教师教育的任务。例如，政法学院的历史学专业、政治与行政学专业的思想政治教育方向等均承担培养教师的任务。它们在课程设置中明确设有师范生专业技能训练，训练内容如下。第一，师范生专业技能基础训练：普通话训练，第 1~5 学期进行，由师范学院组织考核，合格者获得 1 个学分；三笔字训练，第 1~5 学期进行，由师范学院组织考核，合格者获得 0.5 个学分；简笔画训练，第 1~5 学期进行，由师范学院组织考核，合格者获得 0.5 个学分。第二，师范生专业技能综合训练：教学观摩与见习，第 5 学期进行，活动内容为学生利用业余时间到中学去观摩中学历史教师授课及参与班级管理工作，由专业组织考核，合格者获得 1 个学分；课堂教学能力训练，第 5 学期进行，活动内容为学生配合中学历史学科教学论课程的学习，实行模拟课堂教学活动，由师范学院组织考核，合格者获得 1 个学分；教育教学实习，第 6 学期进行，时长为 20 周，活动内容为教学工作实习、班主任工作实习、教育调查实习，由专业组织考核，合格者获得 1 个学分。可见，石河子大学师范学院是一所承担教师培养任务的学校，同时又是一所对师范生专业技能进行教学与考核的学校。

类似的学校还有一些，如吉首大学师范学院。作为吉首大学的二级学院，师范学院组建于2001年6月。其前身为1936年创办的湘西特区师资训练所和1980年创办的湘西州教师进修学院，创建史可追溯至明代的"溎溪书院"。学院以专科层次为主，全日制在校学生4200余人。目前，学院设置了小学教育、学前教育2个本科专业和语文教育、数学教育、计算机科学教育、英语教育、音乐教育、美术教育、体育教育、学前教育、初等教育文科、初等教育理科、五年制小学教育及学前教育12个专科专业。学院主要为湘西及周边地区培养培训义务教育阶段教师及幼儿教师。

(3)转型式：教师教育处作为协调机构主导各院系教师培养

渤海大学从事教师教育的机构有教育与体育学院、文学院、政治与历史学院、外国语学院等。教育与体育学院设有教育技术教学部、小学教育教学部、教育心理教学部、体育教学部，在承担教育技术类师资和小学教师培养任务的同时还承担全校师范专业的教育心理类课程的教授任务。另外，其他传统的师范院系也设有教师培养的专业，如文学院设有汉语言文学专业，政治与历史学院设有思想政治教育和历史学专业，化学化工与食品安全学院设有化学专业，信息科学与技术学院设有计算机科学与技术专业，外国语学院设有英语专业，艺术与传媒学院设有美术教师教育专业、音乐学等师范专业，分别负责培养汉语言文学、政治、历史、化学、计算机、英语、美术、音乐教师。

一些大学的师范学院或教育学院等也承担着一定的教师教育管理、协调、指导等职能。例如，大连大学的师范学院以小学教育专业为支撑专业，同时承担全校其他教师教育专业教育学、心理学课程的教学与研究任务，承担全校青年教师从教技能培训的任务及为学校教育教学改革与发展提供支持与服务的任务。同时，学校还设有师范学院学术委员会和师范学院教学指导委员会，指导管理全校师范教育工作。石河子大学的师范学院也承担着全校师范生教育素质的教学与考核的职能。

同济大学的教师教育模式是以职业技术教育学院为依托的。同济大学利用综合性大学学科齐全的优势，于1994年成立了职业技术教育学院，在职业技术教育教师培养的领地中开辟了自己的天地。同济大学职业技术教育学院是经教育部批准的全国六所高校职业技术教育学院之一，是全国重点建设职业教育教师的培训基地，也是中职教师培训中心。同济大学职业技术教育学院除了培养中、高等职业教育教师(包括本科生和研究生)外，还承担在职教师的培训、职业教育研究、职业教育教材建设及职业教育信息交流等方面的任务；另外，还于1997年开始承担中德两国政府合作培养职业教育教师的项目，旨在培养适应21世纪现代化建设需要的，德、智、体全面发展的，集专业知识、技能及师范于一身的复合型职业教育高级人才。

同济大学职业技术教育学院人才培养模式的一个最主要的特点是注重理论联系实际。学院各专业的设置充分考虑了中、高等职业教育的特点，企业的需求及同济大学传统学科和师资优势。职业教育教师是一种"双师型"复合式人才，学生除须掌握有关的专业知识与相应技能外，还须掌握从事职业教育工作所需的知识和能力。同济大学职业技术教育学院职业教育专业方向的教学内容和教学目标不再是纯工科性质的，而是面向职业领域的，并且是技术、劳动与教育的综合，其目的是要用专业知识培养职业教育专业人员。因此，学校非常重视职业教育教师的实践能力的培养。职业教育教师所要求的职业教育训练、学校实习和企业实习不仅贯穿人才培养的全过程，而且在人才培养计划中占有很大的比例。面向实践的教学内容是由企业和学校双方共同确定的，并由双方共同负责传授。在教育教学过程中，同济大学职业技术教育学院借鉴和引进德国职业教育教师培养的教育思想和教学方法，注重对学生专业技能的培养和训练，安排并聘请多名德国专家授课，旨在让学生加强理论学习的同时强化能力训练，增强竞争意识，全面提高素质。同济大学职业技术教育学院培养的学生毕业后主要从事中、高等职业技术学校的教学、管理和研究工作，也可以在企业的人事部门从事人力资源的开发管理工作。除了上述几种综合性大学的教师教育模式外，一些综合性大学，如北京大学、中山大学、厦门大学等，在先前从事教育学科教学与研究的机构(院、所)、人员、设备等基础上组建了或正在筹建教育学院或教育科学院。但由于发展的时间较短，这些综合性大学的教师教育还未形成一定的模式。

浙江工业大学的教师教育是以教育科学与技术学院为依托的。学院目前的本科招生属于一本提前批次。学院培养职业教育教师的师范专业有电气工程及其自动化教育、机械工程及自动化教育、计算机科学与技术教育，每个专业每年招生40~60人。应用心理学(理学)、安全工程、教育技术学(教育学)均为一本招生，其中教育技术学专业因为生源相对不足，每年招生近50

人,其余专业每年约招收60人。整体而言,学院近年来师范招生的比例在逐步缩小,师范专业生源质量不断提升。以前浙江工业大学的职业教育教师专业全是二本招生,但招生质量较好(最低分在二本中上水平,最高分高出一本)。学院在考虑将师范专业提升为一本时,担心学生入学就读情绪不高,不愿意从教,从而出现招生不足的现象。因此在省教育考试院的批准下,师范专业改为一本提前批招生。2013年师范专业第一次一本提前批招生,并未出现学院担心的情况,且所招学生呈现出较强的从教意愿。师范专业提前批的高考录取平均分比浙江工业大学高考录取平均分低10分左右。我们通过对教育科学与技术学院师范专业生源的调查发现:在早期,许多学生会为了进浙江工业大学而报考(基于该校在浙江省内的地位),尤其会考虑是否可以转专业。按照该校的相关规定,在大一结束时排名前30%的学生可以转专业,就读于师范专业的这部分学生绝大部分都会转,极少有其他专业的学生转入师范专业。参与访谈的教师反映,在第一节课介绍专业时,学生尤其是男生表示对专业不感兴趣。学院的许多教师认为主要原因是家长、以前教师的影响及学生自身的社会经验导致对中职教师职业的认可度低。从2012年、2013年开始,女生对职业教育师范专业的态度逐渐积极起来,而男生依旧保持一种消极态度,并非常关注保研资格的获得。学院教师反映,部分转入其他专业的原师范专业尖子生(师范专业前30%)在新专业的学习并不突出。

从培养模式来看,浙江工业大学的师范生全部属于教育科学与技术学院。在本科教育中,师范生的专业课(如机械、电气等课程)部分由教育科学与技术学院承担,部分由专业学院(如机械工程学院等)承担;教师类课程由教育科学与技术学院承担;基础课程(如大学数学、物理等课程)主要由其他学院(如理学院)承担。

从培养方案设置来看,浙江工业大学教育科学与技术学院在师范生培养上,根据其30年的中职教师培养经验,提出了"3+1"模式。"3+1"代表该师范专业的课程设置比例分配,也可理解为一种学时分配。"3"指专业课程,如电气、机械、计算机,"1"指提高师范生操作能力的实践课程及教育学、教育心理学课程。除了教育学、教育心理学课程外,学院还开设了教师技能训练、专业教学法、专业课程与教学论课程。

从就业状况来看,学院教师介绍,每年有10%到20%的毕业生进入中职学校从教;近3年,每年有15%到17%的毕业生进入中职学校从教。至于就业的地域取向，毕业生大多不愿意从教于县一级中职。杭州、宁波、温州等城市的中职学校的岗位竞争压力极大。由于招聘机制开放，许多硕士研究生会申请这些职位，导致浙江工业大学师范生的竞争力并不那么突出。因此，为留在城市工作，许多师范毕业生会寻找其他工作。综合近年来学院毕业生的去向，保研的毕业生约占全部毕业生的7%，考研约占7%。除去保研、考研、出国的毕业生，剩余学生一次就业率在70%左右。

从教师教育师资现状及特点来看，前几年，学院新招的教师主要是工科硕士、博士。近年来，由于学校希望学院以教育学为学科支撑和发展突破口，因此学院引入了有一定教育学背景的教师。但是，学院相关负责人表示在引入新教师时，融合工科和教育背景的人才稀缺，因此只能引入纯工科背景或纯教育背景的新教师。并且，由于职称评定等问题，纯工科专业背景的博士并不愿意前往学院任教。

职称评定的困境是学院目前面临的重要问题。在访谈中，学院的教师们普遍反映职称评定困难。教育科学与技术学院的教师认为自己在评定职称时"工科成就比不过工科学院的教师，论文写不过教育学专业的教师"。学院教师表示自己可以在教育科学与技术学院参与职称评定，但其教育类材料较少，相较于教育专业出身的教师存在明显弱势。有教师反映自己也尝试过撰写教育类论文，但其惯有的工科思维方式和较弱的教育理论基础与教育类期刊对教育理论的重视有偏差，致使其教育类论文"投入多，产出少"。因此，他们减少了教育类论文的投稿，转向其擅长的工科方向。但是，即使是这部分教师擅长的工科领域，相较于浙江工业大学其他工科专业的教师，其课题、专业论文等方面仍旧处于弱势。因此，"非工即文"的划分致使中职教师教育者的职称评定处于工科、教育学两大领域的夹缝之中。职称评定的困难造成了学院部分教师的流失。几位座谈教师反映，已有多位教师调往其他学院工作，并且发展良好。但是，学院有几位年轻的博士顶着专业发展中巨大的压力，仍然保持着对教育事业的热爱，钻研如何在工科专业背景下开展中职教师培养。

在师资发展过程中，工科教师和教育学教师的融合是一个重要趋势。在专业教学法课程中，教学技能等内容过去总是委托给教育学专业的教师。但是，从上学期开始，为实现对学生的特色培养，教育科学与技术学院的教师开始自己上专业技能训练（机械专业教学法、电气专业教学法）的课。从下学期开始，学院教师不仅结合自身专业授课，还会和去年引进的华东师范大学课程与教学论专业的博士合作进行授课。具体计划为课程前半部分由课程与教学论专业的博士讲授，让学生对课程、教学有系统的认识和掌握；后半部分由学院工科专业的教师讲授教学法。如此融合的过程不仅促进了工科专业出身的教师提升自己课程、教学方面的能力，也使得学生的专业教学能力有了巨大的提升。在近几年的浙江省教学技能大赛中，学院师范生每年都能取得优异的成绩。

浙江工业大学还采用了新教师进入中职学校实习的制度。浙江工业大学最新的人事制度不允许新入职博士直接授课。学院新入职博士须前往中职学校进行实习，实习时长有弹性。这种实习制度出于以下考虑：工科专业毕业的博士对企业的了解可能较多，但是对中职学校的了解十分有限，而其却要承担培养中职教师的任务，因此让这部分教师在真实的中职教育场域中浸润对其未来的教学和研究具有重要意义。

(二)综合性学院

1. 综合性学院教师培养整体现状

参与教师教育的地方综合性学院包含了许多由师专升格而成的本科院校。2007年，全国共有153所综合性学院，其中128所综合性学院培养本科师范生，这128所培养本科师范生的综合性学院至少有一半是由高等师范专科学校升格而成的。这些升格后的学院最突出的一个特点是保留了师范专业，但又极力想去师范化，这一特点在综合性学院的校名上就有体现。例如，综合性学院多以某某学院、某某文理学院、某某理工学院、某某工学院、某某工程学院等命名。这些高校不论是以何种校名升格的，教师教育还是以某种形式保留了下来。2013年教育部综合性学院名录如表1.16所示。

表1.16 2013年教育部综合性学院名录

地区	数量	学校名称
北京	4	首都体育学院
		中国音乐学院
		北京城市学院
		中华女子学院

续表

地区	数量	学校名称
天津	2	天津体育学院
		天津音乐学院
河北	7	保定学院
		河北北方学院
		河北体育学院
		衡水学院
		石家庄学院
		防灾科技学院
		张家口学院
山西	3	太原学院
		运城学院
		长治医学院
内蒙古	2	呼和浩特民族学院
		呼伦贝尔学院
辽宁	4	沈阳体育学院
		大连外国语学院
		辽宁科技学院
		沈阳航空工业学院
吉林	5	吉林建筑工程学院
		吉林体育学院
		长春工程学院
		吉林华桥外国语学院
		吉林艺术学院
黑龙江	5	哈尔滨学院
		黑河学院
		黑龙江工业学院
		绥化学院
		齐齐哈尔医学院

续表

地区	数量	学校名称
上海	2	上海体育学院
		上海音乐学院
江苏	8	常熟理工学院
		常州工学院
		江苏理工学院
		南京晓庄学院
		苏州科技学院
		南京体育学院
		南京艺术学院
		徐州工程学院
浙江	6	丽水学院
		绍兴文理学院
		台州学院
		浙江海洋学院
		浙江科技学院
		浙江外国语学院
安徽	10	安徽科技学院
		蚌埠学院
		巢湖学院
		池州学院
		滁州学院
		合肥学院
		黄山学院
		宿州学院
		铜陵学院
		皖西学院

续表

地区	数量	学校名称
福建	4	闽江学院
		莆田学院
		三明学院
		武夷学院
江西	2	九江学院
		宜春学院
山东	9	德州学院
		济宁学院
		青岛滨海学院
		山东体育学院
		山东艺术学院
		泰山学院
		泰山医学院
		山东协和学院
		山东英才学院
河南	9	河南科技学院
		黄河科技学院
		黄淮学院
		洛阳理工学院
		南阳理工学院
		平顶山学院
		新乡学院
		安阳工学院
		河南工程学院

续表

地区	数量	学校名称
湖北	9	湖北工程学院
		湖北科技学院
		湖北理工学院
		湖北美术学院
		湖北民族学院
		湖北文理学院
		武汉体育学院
		武汉音乐学院
		荆楚理工学院
湖南	9	湖南城市学院
		湖南科技学院
		湖南理工学院
		湖南人文科技学院
		湖南文理学院
		怀化学院
		邵阳学院
		湘南学院
		长沙学院
广东	10	东莞理工学院
		佛山科学技术学院
		广东石油化工学院
		广州美术学院
		广州体育学院
		惠州学院
		嘉应学院
		韶关学院
		星海音乐学院
		肇庆学院

续表

地区	数量	学校名称
广西	6	百色学院
		广西艺术学院
		河池学院
		贺州学院
		钦州学院
		梧州学院
海南	1	琼州学院
重庆	3	四川外国语大学
		重庆三峡学院
		重庆文理学院
四川	9	成都体育学院
		成都学院
		攀枝花学院
		四川理工学院
		四川民族学院
		四川文理学院
		四川音乐学院
		西昌学院
		宜宾学院
贵州	4	安顺学院
		毕节学院
		贵阳学院
		贵州民族大学
云南	5	大理学院
		普洱学院
		文山学院
		云南艺术学院
		昆明学院

续表

地区	数量	学校名称
西藏	1	西藏民族学院
陕西	9	宝鸡文理学院
		商洛学院
		西安体育学院
		西安音乐学院
		榆林学院
		陕西工运学院
		陕西理工学院
		西安美术学院
		西安外事学院
甘肃	4	河西学院
		兰州城市学院
		陇东学院
		鞍山市第三中等职业技术专业学校
新疆	1	昌吉学院
总计	153	

高等教育的蓬勃发展为这一类院校提供了机遇，综合性学院拥有了更大的发展空间。最为明显的是综合性学院在原有的教师教育专业之外拓展了许多新的非师范专业，非师范专业的数量所占比例急剧上升。规模、转型、应用成为这类院校发展的主旋律。

2. 综合性学院教师的培养目标、培养层次、培养质量、从教就业

（1）培养目标

第一，以普通教师教育为目标。

综合性学院的主要办学目标是培养教师，这类学院的教师教育门类比较齐全，包含了学前教师、小学教师、中学教师及各科教师的培养。例如，创办于1970年的肇庆学院是一所全日制综合性本科院校，该校坚持"以生为本，以质立校，学术并举，崇术为上"的办学理念，以"厚德、明智、博学、力行"为校训，将教师教育作为立校之本，同时设有多个非师范专业，向多科性、综合性院校方向发展，坚持以培养知识面宽、基础扎实、具有较强适应性和实践能力的应用型高级专门人才为培养目标。各专业层次培养的具体目标如表 1.17 所示。

表 1.17 肇庆学院教师教育具体目标

专业层次	小学教育本科	初等教育专科	学前教育本科	学前教育专科
培养目标	主要培养具有良好的思想道德修养和身心素质、较高的文化品质和科学素养，在德、智、体、美等方面全面发展，适应经济社会发展，具有创新精神和实践能力，具有现代教育理念，知识结构好，有强烈的教育改革意识和较强的教研与科研能力，能设计和主持教育教学实验，综合素质高的新型小学语文教师、小学教育管理工作者和小学教育科研人员	主要培养具有良好的思想道德修养和身心素质、较高的文化品质和科学素养，在德、智、体、美等方面全面发展，适应经济社会发展，具有创新精神和实践能力，具有现代教育理念和"教学做合一"的教育思想，具有良好的职业道德素养，具有较为深厚的小学教育专业知识和扎实的专业基本技能，具有较强的适应性和一定的教育研究能力，能够创造性地从事小学教育工作的"敬业爱生，勤学善教"的合格小学教师	主要培养具有良好的思想道德修养和身心素质、较高的文化品质和科学素养，在德、智、体、美等方面全面发展，适应经济社会发展，具有创新精神和实践能力，掌握学前教育基本理论、基本知识和基本方法，能在托幼机构从事教育教学和科研工作的教师和托幼机构的管理人员及学前教育行政部门的管理人员	主要培养具有良好的思想道德修养和身心素质、较高的文化品质和科学素养，在德、智、体、美等方面全面发展，适应经济社会发展，具有创新精神和实践能力，掌握学前教育基本理论、基本知识和基本方法，能在托幼机构从事教育教学和科研工作的教师和托幼机构的管理人员及学前教育行政部门的管理人员

第二，以教师教育为兼顾目标。

此类学院在理工科方面较具优势，从学校的办学定位来看，主要以培养适应当地发展的技术人才为目标。这些学院由于早期或者在合并时具有师范院校的成分，因此设有师范教育，但不把师范教育作为核心部分。这些院校的师范教育只在个别专业开设，门类不齐。例如，宿迁学院创办于2002年，是国家教育部正式批准的全日制普通本科高校。学院采取"省市共建、八校联建"的办学体制：省、市政府给予特殊政策支持，保障学院稳步快速发展；苏州大学、扬州大学、江苏大学、南京工业大学、江苏师范大学、南京财经大学、南京工程学院、南京师范大学八所高校与学院合作开办本科教育，帮助学院实现高起点、高质量、高水平办学。学院设有8个系（部）、36个本科专业，教师教育专业主要是学院自身与南京师范大学泰州学院开办的一些专业，如和南京师范大学泰州学院合办的有英语、数学与应用数学、美术3个师范专业，自己学院开办的有小学教育和汉语言文化专业。衡水学院的情况与宿迁学院类似。衡水学院创始于1923年，设有13个二级学院，6个公共教学部，45个本科专业，分属文学、理学、工学、教育学、经济学、管理学、艺术学、法学、农学9个学科门类，以创建优秀应用型大学为目标。该校主要培养应用型人才，但也不放弃本科大学的学术功能，不放弃对学生学术能力的培养。该校提出培养的学生不仅是具有高素质的劳动者，而且是具有研究能力和创新能力的专门人才。衡水学院在教师教育领域仅兼顾本科和大专层次的学前教师教育，其具体培养目标如下。

本科层次培养目标：培养德、智、体、美全面发展，具有良好的职业素养、丰富的学前教育理论知识、扎实的实践技能、较强的创新能力和职业适应能力，能够在幼儿园、早教中心等学前教育机构从事一线保教、科研、管理及社会服务的应用型高级专门人才。

大专层次培养目标：培养德、智、体、美全面发展，具有良好的职业道德，掌握学前教育的基本理论，具备在幼儿园工作的专业技能，能够在学前教育机构从事管理及教学的应用型人才。

其他学校，如滨州学院情况类似。

(2) 培养层次

综合性学院的培养层次如表1.18所示。

表1.18 综合性学院的培养层次

序号	学校名称	本科	专科	中专
1	安徽科技学院	√	√	
2	安顺学院	√	√	
3	安阳工学院			

续表

序号	学校名称	本科	专科	中专
4	鞍山市第三中等职业技术专业学校		√	
5	百色学院	√	√	
6	蚌埠学院	√	√	
7	宝鸡文理学院	√	√	
8	保定学院			
9	北京城市学院			
10	毕节学院	√	√	
11	昌吉学院	√	√	
12	长春工程学院			
13	长沙学院			
14	长治医学院			
15	常熟理工学院	√		
16	常州工学院	√		
17	巢湖学院	√	√	
18	成都体育学院	√		
19	成都学院	√	√	
20	池州学院	√	√	
21	滁州学院	√	√	
22	大理学院	√		
23	大连外国语学院			
24	德州学院	√	√	
25	东莞理工学院	√		
26	防灾科技学院			
27	佛山科学技术学院	√		
28	广东石油化工学院	√	√	√
29	广西艺术学院	√	√	
30	广州美术学院	√		
31	广州体育学院	√		

续表

序号	学校名称	本科	专科	中专
32	贵阳学院	✓	✓	
33	贵州民族大学	✓		✓
34	哈尔滨学院	✓	✓	
35	合肥学院	✓		
36	河北北方学院	✓	✓	
37	河北体育学院	✓	✓	
38	河池学院	✓	✓	
39	河南工程学院	✓		
40	河南科技学院	✓		
41	河西学院	✓		
42	贺州学院	✓	✓	
43	黑河学院	✓		
44	黑龙江工业学院		✓	
45	衡水学院		✓	
46	呼和浩特民族学院	✓	✓	
47	呼伦贝尔学院	✓	✓	
48	湖北工程学院	✓	✓	
49	湖北科技学院	✓	✓	
50	湖北理工学院		✓	✓
51	湖北美术学院			
52	湖北民族学院	✓		
53	湖北文理学院	✓		
54	湖南城市学院	✓		
55	湖南科技学院	✓		
56	湖南理工学院			
57	湖南人文科技学院	✓	✓	
58	湖南文理学院	✓		
59	怀化学院	✓		

续表

序号	学校名称	本科	专科	中专
60	黄河科技学院	√		
61	黄淮学院			
62	黄山学院	√	√	
63	惠州学院	√	√	
64	吉林华桥外国语学院			
65	吉林建筑工程学院			
66	吉林体育学院			
67	吉林艺术学院			
68	济宁学院	√	√	
69	嘉应学院	√	√	
70	江苏理工学院	√		
71	荆楚理工学院	√		
72	九江学院	√	√	
73	昆明学院	√	√	
74	兰州城市学院	√	√	
75	丽水学院	√	√	
76	辽宁科技学院	√		
77	陇东学院	√		
78	洛阳理工学院		√	
79	闽江学院	√		
80	南京体育学院	√		
81	南京晓庄学院	√		
82	南京艺术学院	√		
83	南阳理工学院			
84	攀枝花学院			
85	平顶山学院	√	√	
86	莆田学院	√		
87	普洱学院		√	

续表

序号	学校名称	本科	专科	中专
88	齐齐哈尔医学院			
89	钦州学院	√	√	
90	青岛滨海学院			
91	琼州学院	√	√	
92	三明学院	√	√	
93	山东体育学院	√		
94	山东协和学院	√		
95	山东艺术学院	√	√	
96	山东英才学院	√		
97	陕西工运学院			
98	陕西理工学院	√		
99	商洛学院	√	√	
100	上海体育学院	√		
101	上海音乐学院			
102	韶关学院	√	√	
103	邵阳学院	√		
104	绍兴文理学院	√	√	
105	沈阳航空工业学院			
106	沈阳体育学院	√		
107	石家庄学院	√	√	
108	首都体育学院	√		
109	四川理工学院			
110	四川民族学院	√	√	
111	四川外国语大学			
112	四川文理学院	√	√	
113	四川音乐学院	√		
114	苏州科技学院	√		
115	宿州学院	√	√	

续表

序号	学校名称	本科	专科	中专
116	绥化学院	✓		
117	台州学院	✓	✓	
118	太原学院		✓	
119	泰山学院	✓	✓	
120	泰山医学院		✓	
121	天津体育学院	✓	✓	
122	天津音乐学院			
123	铜陵学院			
124	皖西学院	✓	✓	
125	文山学院	✓	✓	
126	梧州学院	✓	✓	
127	武汉体育学院	✓		
128	武汉音乐学院	✓		
129	武夷学院	✓		
130	西安美术学院	✓		
131	西安体育学院	✓		
132	西安外事学院			
133	西安音乐学院			
134	西藏民族学院	✓	✓	
135	西昌学院	✓	✓	
136	湘南学院	✓	✓	
137	新乡学院	✓	✓	
138	星海音乐学院	✓		
139	徐州工程学院	✓		
140	宜宾学院	✓	✓	
141	宜春学院	✓	✓	
142	榆林学院	✓	✓	
143	云南艺术学院	✓		

续表

序号	学校名称	本科	专科	中专
144	运城学院	√	√	
145	张家口学院		√	
146	肇庆学院	√		
147	浙江海洋学院	√		
148	浙江科技学院			
149	浙江外国语学院	√		
150	中国音乐学院			
151	中华女子学院	√		
152	重庆三峡学院	√	√	
153	重庆文理学院	√	√	

综合性学院承担教师教育的层次主要是本科和大专层次，这也是适应当地经济社会发展的。例如，滨州学院本身就是一所省属全日制综合性普通本科院校，虽然教师教育门类不全，只涉及语文、数学、艺术、英语专业，但培养层次都是本科。有些综合性学院自身的发展规模和社会条件决定了本科和大专层次教师的培养，如肇庆学院、衡水学院等。这类学院主要进行本科层次教师的培养，但为了适应当地经济社会的发展和需求，也有部分专业，如初等教育、学前教育培养大专层次的教师。

师范生比例情况反映了综合性学院办学的基本方向，即以师范教育为主还是以培养技术人才为主。因此各综合性学院办学的方向不同，师范生所占比例就不同。例如，肇庆学院主要以师范教育为主，因此肇庆学院的学生结构中约有65.2%为师范生。昌吉学院的师资培养方式是分散培养，2014年小学教育学生在其学院中约占41.6%，物理学约占13.6%，化学约占35.5%，体育约占71.8%，汉语言文学约占8.0%，美术约占27.3%。整体来看，昌吉学院的师范生占比每年呈下降趋势。

(3)培养质量

第一，生源。

综合性学院的培养质量首先体现在生源方面，其次体现在课程及教学实践方面。例如，台州学院近几年在生源质量方面，除音乐学(师范)高出本科二批分数线约30分，体育教育高出约50分外，其他专业均高出80分以上，尤其是小学教育、数学与应用数学(师范)、汉语言文学(师范)、英语(师范)、美术学(师范)高出 100 分左右。在录取分数方面，师范专业相较其他专业稍高。昌吉学院的前身是昌吉师范专科学校，经过不断升级成为目前的昌吉学院。昌吉学院增设了许多非师范专业，师范生的培养数量逐渐减少，招生分数在本科二批次。师范专业偶尔有招不满的情况，该校会对报考本校其他专业的考生进行调剂，2014—2015 年度小学教育超出本科二批 50 多分，汉语言文学超出 10 分，英语超出 10 分，数学因为招不满不得不降到本科二批以下 30 分。

通过对几个综合性学院的分析我们可以看出，综合性学院招生大部分都是依照国家本科二批分数线，一些专业由于报考人数有限，不得不降分，有些专业降分幅度很大。

第二，课程设置。

肇庆学院各层次教师教育课程设置分别如表 1.19 所示。

表 1.19 肇庆学院各层次教师教育课程设置

层次	小学教育本科	初等教育专科	学前教育本科	学前教育专科
课程设置	教育概论、普通心理学、儿童发展心理学、教育心理学、中国教育史、外国教育史、中国古代文学、中国现当代文学、课程与教学论、小学德育论、小学语文教学与研究、小学数学教学与研究、小学英语教学与研究、小学教育科研、小学生心理辅导、小学班主任等	小学教育学、课程与教学论、普通心理学、儿童发展与教育心理学、中外教育史、小学德育论、小学语文课程与教学论、小学数学课程与教学论、小学英语课程与教学论、小学生心理辅导、小学班主任、音乐基础、美术基础等	普通心理学、教育概论、教育社会学、琴法、音乐、舞蹈、美术、学前教育学、学前心理学、学前卫生学、幼儿园课程、学前教育研究方法、中外学前教育史、幼儿园教育活动设计与指导、儿童文学、学前教育管理学等	普通心理学、教育概论、教育社会学、琴法、音乐、舞蹈、美术、学前教育学、学前心理学、学前卫生学、幼儿园课程、学前教育研究方法、中外学前教育史、幼儿园教育活动设计与指导、儿童文学、学前教育管理学等

华东师范大学学前教育本科层次培养课程设置如表 1.20 所示。

表 1.20 华东师范大学学前教育本科层次培养课程设置

类别		课程编号	课程名称	各学期周学时								总学时			学分
				1	2	3	4	5	6	7	8	讲课	实验	合计	
通识教育平台课	通识必修		英语	4	4	2	2					288	72	360	12
			体育	2	2	2	2					144		144	4
		GFJY0031111001	军事理论（含军训）		2							36		36	2
		JYZD0031111001	就业指导					1				18		18	1
			计算机	2+2	2+2	1							72		5
		SHKX0031111001	毛泽东思想和中国特色社会主义理论体系概论（一）（二）			2+1						54		54	3
		SHKX0031111002					2+1					54		54	3
		SHKX0031111003	中国近现代史纲要	2								36		36	2
		SHKX0031111004	思想道德修养与法律基础		3							54		54	3
		SHKX0031111005	马克思主义基本原理概论				3					54		54	3
		MATH0031111001	指定选修（四选一）	大学数学		2							36		36	2
		MATH0031111002		数学文化												
		FINA0031111001		大学统计												
		FINA0031111002		统计调查方法												
	通识选修		任意选修	语言、人文与艺术												12
				社会科学												
				自然与科学												
				信息科学												
			孟宪承教育系列讲座												

续表

类别	课程编号	课程名称	各学期周学时								总学时			学分
			1	2	3	4	5	6	7	8	讲课	实验	合计	
学科基础平台课程	师范生基础平台课	PPHIL0031141001	形式逻辑		2							36		36	8
		PHIL0031141002	哲学概论		2							36		36	
			世界文化专题			2						36		36	
		CHIN0031141001	中国文化专题				2					36		36	
	相关学科基础课	PESE0031121001	人体解剖生理学	2								36			2
		PESE0031131004	特殊教育学			2									2
		PESE0031131033	艺术教育概论					2							2
	学科基础课	PESE0031131047	教育学原理（含学前教育学）	3	3							54		54	3
		PESE0031131001	普通心理学	3								54		54	3
		PESE0031131002	教育心理学			2						18		18	2
		PESE0031121003	教育科学研究方法（含统计）				3					54		54	3
		PESE0031121004	中外教育史	3								54		54	3

续表

类别	课程编号	课程名称	各学期周学时 1	2	3	4	5	6	7	8	总学时 讲课	实验	合计	学分
专业课程 核心课程	PESE0031131048	儿童发展			3						54		54	3
	PESE0031131044	幼儿园游戏				2					36		36	2
	PESE003	幼儿园课程			2						36		36	2
	PESE0031131050	学前儿童家庭与社区教育					2				36		36	2
	PESE0031141014	学前儿童健康教育						2			36		36	2
	PESE0031131041	学前儿童音乐教育					1+1				18	18	36	2
	PESE0031131042	学前儿童美术教育					1+1				18	18	36	2
	PESE0031131045	学前儿童语言教育					2				36		36	2
	PESE0031131051	儿童早期语言教育与初小语文教学法												
	PESE0031141012	学前儿童科学教育					1+1				18	18	36	2
	PESE0031131043	学前儿童数学教育						2						
	PESE0031141013	儿童早期数学启蒙与初小数学教学法					1+1				18	18	36	2
	PESE0031141013	学前儿童社会教育						2			36		36	2
	PESE0031131052	儿童发展理论（双语）									36		36	2
	PESE0031131053	幼儿保育学				2+1					36	18	54	2
	PESE0031131054	学前教育政策与法规				2					36		36	2

续表

类别	课程编号	课程名称	各学期周学时								总学时			学分
			1	2	3	4	5	6	7	8	讲课	实验	合计	
专业课程	拓展课程		分成艺术素养类、幼儿园基础类、婴儿教养类、幼儿英语类、儿童传媒类五个模块课程												14
		PESE0031131811	音乐(I)	1+1	2							18	18	36	1
		PESE0031131812	音乐(II)		1+1	2						18	18	36	1
		PESE0031131813	美术(I)	1+1								18	18	36	1
		PESE0031131814	美术(II)		1+1							18	18	36	1
		PESE0031131815	琴法(I)			1+1						18	18	36	1
		PESE0031131816	琴法(II)				1+1					18	18	36	1
	实践课程	PESE0031131045	舞蹈(I)	1								18		18	1
		PESE0031131046	舞蹈(II)		1							18		18	1
		PESE0031131053	弹唱基础					1				18		18	1
		PESE0031131900	毕业论文								8周				8
教师教育课程	教育实践与技能		幼儿园教育活动设计与指导													
		PESE0031141800	教育活动设计与指导									18	18	36	1

续表

类别	课程编号	课程名称	各学期周学时								总学时			学分
			1	2	3	4	5	6	7	8	讲课	实验	合计	
教师教育课程	PESE0031141017	儿童行为观察与分析					1				18	8	26	1
	PESE0031141018	教师专业发展与教育					2				36		36	2
	PESE0031141904	幼儿园教育见习（分散）			4	4	4	4						4
	PESE0031141905	幼小机构教育见习（集中）						3周						1
	CHIN0031141004	教师口语		1							18		18	1
	PESE0031141800	信息化教学设计与实践	1					1						1
	PESE0031141901	微格教学						1						1
教育研究与拓展	PESE0031141006	教育实习							20周					6
	PESE0031141903	微型课程（选满36课时为2学分）												4
	PESE0031141903	课题研究（做一个课题为2学分）												

(4) 从教就业

综合性学院的毕业现状主要涉及各有关教师教育专业毕业生的数据。我们对教育部 2013 年综合性学院本科、专科毕业生数据进行了统计，如表 1.21 所示。

表 1.21 2013 年综合性学院毕业生数量一览表

序号	学校名称	本科毕业生	专科毕业生	中专毕业生
1	安徽科技学院	803	395	
2	安顺学院	1155	443	
3	安阳工学院			
4	鞍山市第三中等职业技术专业学校		968	
5	百色学院	306	310	
6	蚌埠学院	77	497	
7	宝鸡文理学院	2040	451	
8	保定学院			
9	北京城市学院			
10	毕节学院	1640	411	
11	昌吉学院	930	310	
12	长春工程学院			
13	长沙学院			
14	长治医学院			
15	常熟理工学院	525		
16	常州工学院	139		
17	巢湖学院	757	87	
18	成都体育学院	545		
19	成都学院	230	380	
20	池州学院	726	486	
21	滁州学院	735	319	
22	大理学院	330		
23	大连外国语学院			
24	德州学院	745	499	

续表

序号	学校名称	本科毕业生	专科毕业生	中专毕业生
25	东莞理工学院	158		
26	防灾科技学院			
27	佛山科学技术学院	441		
28	广东石油化工学院	540	1703	
29	广西艺术学院	419		
30	广州美术学院	130		
31	广州体育学院	478		
32	贵阳学院	794		
33	贵州民族大学	202		145
34	哈尔滨学院	1167	201	
35	合肥学院	247		
36	河北北方学院	715	224	
37	河北体育学院	472	138	
38	河池学院	680	96	
39	河南工程学院	90		
40	河南科技学院	1593		
41	河西学院	1635		
42	贺州学院	433	36	
43	黑河学院	593		
44	黑龙江工业学院		397	
45	衡水学院	435	1246	
46	呼和浩特民族学院	148	215	
47	呼伦贝尔学院	1180	93	
48	湖北工程学院	828	68	
49	湖北科技学院	484	87	
50	湖北理工学院		174	44
51	湖北美术学院			
52	湖北民族学院	14		

续表

序号	学校名称	本科毕业生	专科毕业生	中专毕业生
53	湖北文理学院	1064		
54	湖南城市学院	148		
55	湖南科技学院	852		
56	湖南理工学院			
57	湖南人文科技学院	297	150	
58	湖南文理学院	1203		
59	怀化学院	1416		
60	黄河科技学院	174		
61	黄淮学院			
62	黄山学院	590	370	
63	惠州学院	3763	425	
64	吉林华侨外国语学院			
65	吉林建筑工程学院			
66	吉林体育学院			
67	吉林艺术学院			
68	济宁学院	937	1201	
69	嘉应学院	3844	1908	
70	江苏理工学院	959		
71	荆楚理工学院	97		
72	九江学院	153	393	
73	昆明学院	1068	318	
74	兰州城市学院	2147	46	
75	丽水学院	953	74	
76	辽宁科技学院	40		
77	陇东学院	2060		
78	洛阳理工学院		140	
79	闽江学院	464		
80	南京体育学院	59		

续表

序号	学校名称	本科毕业生	专科毕业生	中专毕业生
81	南京晓庄学院	799		
82	南京艺术学院	96		
83	南阳理工学院			
84	攀枝花学院			
85	平顶山学院	1096		
86	莆田学院	107		
87	普洱学院		1701	
88	齐齐哈尔医学院			
89	钦州学院	346	374	
90	青岛滨海学院			
91	琼州学院	897	691	
92	三明学院	527	73	
93	山东体育学院	247		
94	山东协和学院			
95	山东艺术学院	110	22	
96	山东英才学院	33		
97	陕西工运学院			
98	陕西理工学院	1018		
99	商洛学院	1142	358	
100	上海体育学院	240		
101	上海音乐学院			
102	韶关学院	4715	894	
103	邵阳学院	1409		
104	绍兴文理学院	591	49	
105	沈阳航空工业学院			
106	沈阳体育学院	397		
107	石家庄学院	1094	1143	
108	首都体育学院	89		

续表

序号	学校名称	本科毕业生	专科毕业生	中专毕业生
109	四川理工学院			
110	四川民族学院	464	676	
111	四川外国语大学			
112	四川文理学院	782	473	
113	四川音乐学院	155		
114	苏州科技学院	470		
115	宿州学院	1035	421	
116	绥化学院	654		
117	台州学院	973	120	
118	太原学院		1751	
119	泰山学院	1248	100	
120	泰山医学院		47	
121	天津体育学院	108	30	
122	天津音乐学院			
123	铜陵学院			
124	皖西学院	1241	67	
125	文山学院	288	933	
126	梧州学院	54	113	
127	武汉体育学院	573		
128	武汉音乐学院	251		
129	武夷学院	146		
130	西安美术学院	110		
131	西安体育学院	1228		
132	西安外事学院			
133	西安音乐学院			
134	西藏民族学院	358		
135	西昌学院	328	416	
136	湘南学院	710	63	

续表

序号	学校名称	本科毕业生	专科毕业生	中专毕业生
137	新乡学院	973	833	
138	星海音乐学院	217		
139	徐州工程学院	82		
140	宜宾学院	1207	377	
141	宜春学院	916	594	
142	榆林学院	662	191	
143	云南艺术学院	203		
144	运城学院	1805	1097	
145	张家口学院		647	
146	肇庆学院	3469	545	
147	浙江海洋学院	261		
148	浙江科技学院			
149	浙江外国语学院			
150	中国音乐学院			
151	中华女子学院			
152	重庆三峡学院	699	304	
153	重庆文理学院	1301	342	

综合性学院毕业生就业率与综合性学院在当地的影响力及今后的发展紧密相关。例如，肇庆学院 2010—2014 年的毕业生就业率就发生了很多变化。首先从时间上看，2010 年、2012 年和 2014 年就业率较高，这可能与就业率高导致下一年招生人数增多，从而导致就业率下降有关。从专业来看，学前教育、小学教育、语文教育、英语教育、音乐教育专业就业率较高，其他专业就业率一般，具体如表 1.22 所示。

表 1.22 肇庆学院教师教育各学科毕业生就业率

专业	不同年份学生的从教率				
	2010	2011	2012	2013	2014
学前教育	48%	45%	78%	29%	56%
小学教育	44%	43%	36%	55%	44%
语文教育	71%	30%	41%	37%	38%
数学教育	58%	30%	35%	47%	40%

续表

专业	不同年份学生的从教率				
	2010	2011	2012	2013	2014
英语教育	52%	39%	46%	44%	44%
物理教育	6%	7%	5%	5%	4%
化学教育	15%	13%	11%	6%	7%
生物教育	28%	22%	16%	26%	14%
思品教育	29%	23%	17%	12%	13%
历史教育	44%	23%	20%	11%	10%
音乐教育	63%	64%	53%	71%	61%
美术教育	35%	28%	27%	25%	29%
体育教育	44%	10%	36%	36%	40%
计算机教育	8%	2%	4%	2%	3%

另外，如台州学院，毕业生就业率较高，且进入农村地区的毕业生较多。根据台州学院的统计数据，2010—2014年毕业生就业情况如表1.23所示。

表1.23 2010—2014年台州学院毕业生就业情况

2010年台州学院就业率			
专业	毕业生数	入编教师比例	进入目标学段比例	进入农村地区任教比例
小学教育	118	92.37%	88.98%	84.75%
中学学科教育	940	66.81%	56.17%	60.21%
学前教育	85	92.94%	92.94%	81.18%
特殊教育	42	78.57%	78.57%	0.00%
总计	1185	71.65%	62.87%	62.03%

2011年台州学院就业率			
专业	毕业生数	入编教师比例	进入目标学段比例	进入农村地区任教比例
小学教育	149	79.19%	79.19%	73.15%
中学学科教育	870	60.46%	51.49%	51.03%
学前教育	225	62.67%	87.11%	74.67%
特殊教育	57	100.00%	96.49%	1.75%
总计	1301	64.72%	62.80%	55.50%

续表

2012 年台州学院就业率				
专业	毕业生数	入编教师比例	进入目标学段比例	进入农村地区任教比例
小学教育	146	86.30%	84.93%	79.45%
中学学科教育	880	64.55%	55.00%	57.16%
学前教育	236	83.05%	88.14%	83.90%
特殊教育	45	86.67%	75.56%	80.00%
总计	1307	71.08%	65.03%	65.26%
2013 年台州学院就业率				
专业	毕业生数	入编教师比例	进入目标学段比例	进入农村地区任教比例
小学教育	124	86.29%	86.29%	76.61%
中学学科教育	861	62.61%	50.65%	55.22%
学前教育	59	84.75%	96.61%	86.44%
特殊教育	/	/	/	/
总计	1044	65.42%	54.89%	57.76%
2014 年台州学院就业率				
专业	毕业生数	入编教师比例	进入目标学段比例	进入农村地区任教比例
小学教育	156	66.67%	66.67%	57.05%
中学学科教育	894	57.72%	45.30%	49.89%
学前教育	120	53.33%	94.17%	84.17%
特殊教育	23	82.61%	86.96%	4.35%
总计	1193	58.93%	53.81%	53.39%

（注：百分比以毕业生数为基数进行计算）

(5)制度资源

制度资源主要指综合性学院办学的学科点和学位点及教育实践的一些政策。调研发现，综合性学院办学层次主要集中于本科和大专。例如，肇庆学院是公办全日制综合性本科大学，学校有经济学、法学、教育学、文学、历史学、理学、工学、农学、管理学、艺术学10大学科门类。在师范生教学实践方面，肇庆学院有四种方式：第一种是常规实习12周，第二种是顶岗实习支教一学期，第三种是顶岗置换8周，第四种是自主实习。具体来说各师范专业教育实习时间为一学期（约18周），按学科专业、班级分别安排在第六、七学期（本科）或第四、五学期（专科）。教育实习指导实行"双导师制"，由学校教师和实习基地教师共同承担。学校教育实习指导教师由学生所在学科专业的教师和教育学院教师担任。实习基地指导教师一般由学校聘任的实习所在学校的教师或当地教育部门专家担任,指导学生实习期间学校应给予一定报酬。教育实习指导采取驻地指导和巡回指导相结合的方式。指导教师由各教学单位按照分配名额推荐(名额数量根据实习生人数确定),由人事处和师范学部审核确定并统一管理。

台州学院是一所经教育部批准,由浙江省和台州市共管共建的综合性普通高校。台州学院下设14个二级学院,开设50多个本科专业,其中有汉语言文学(人文学院)、英语(外国语学院)、数学与应用数学(数学与信息工程学院)、计算机科学与技术(数学与信息工程学院)、物理学(物理与电子工程学院)、生物科学(生命科学学院)、化学(医药化工学院)、体育教育(体育科学学院)、音乐学(艺术学院)、美术学(艺术学院)、小学教育(教师教育学院)、学前教育(教师教育学院)、思想政治教育(思想政治理论课教学与研究部)、历史学(思想政治理论课教学与研究部)14个师范专业。在教育实习方面,专科和本科实习时长均为期8周(见习1周,教学和班主任工作6.5周,实习鉴定和小结0.5周);在形式上,该校采取实习生"按专业相对集中"的方式;在管理上,在校教育实习委员会(由分管教学校长、教务处、后勤管理处、计财处和各二级学院的负责人组成)的领导下进行,各二级学院成立教育实习领导小组(由负责教学的院长、教学法教师、班主任等3~5人组成)负责本学院的教育实习工作。教学实习工作的成绩以评估表形式呈现,由实习学校的指导教师打分评定。

教师教育经费资源体现出综合性学院内部对教师教育的投入和重视程度,从调研结果来看,综合性学院教师教育经费主要来源于学生的学费。部分综合性学院师范专业收费情况如表1.24所示。

表1.24 部分综合性学院师范专业收费情况

学校名称	学前教育(本)	小学教育(本)	思想政治教育(本)	语文教育(本)	英语教育(本)
肇庆学院	3800	3800	3800	3800	5500
台州学院	3600	3600	3600	3600	3600
宿迁学院		14000		14000	
黄山学院	4000	4000			

3. 综合性学院内部管理和二级机构布局

综合性学院内部管理和二级机构布局主要体现在两个方面,即分散式和转型式。

(1) 分散式

台州学院的师范生培养模式主要是教师教育学院和其他学科专业院系分散培养。小学教育（师范）和学前教育（师范）专业师范生由教师教育学院承担培养工作，其他中学学科教育专业师范生的培养工作由各个专业院系承担。师范生教育类课程教学任务由教师教育学院的教师承担，学科教学法课程教学任务由专业学院的学科教学法教师承担。

昌吉学院也采用分散式培养模式。各师范类学科分布于各个专业院系。昌吉学院只有初等教育学院承担教育学公共课，并设置学前教育专业。教育技术类公共课由信息学院承担。

(2) 转型式

肇庆学院具体承担教师培养工作的二级机构布局情况如图 1.11 所示。该学院整体上处于转型期，最初由于校内资源调整问题，存在矛盾和冲突，但随着教师教育学院各项活动的展开，以及学校各项制度的健全，尤其是人事制度调整，教师教育改革顺利推进。

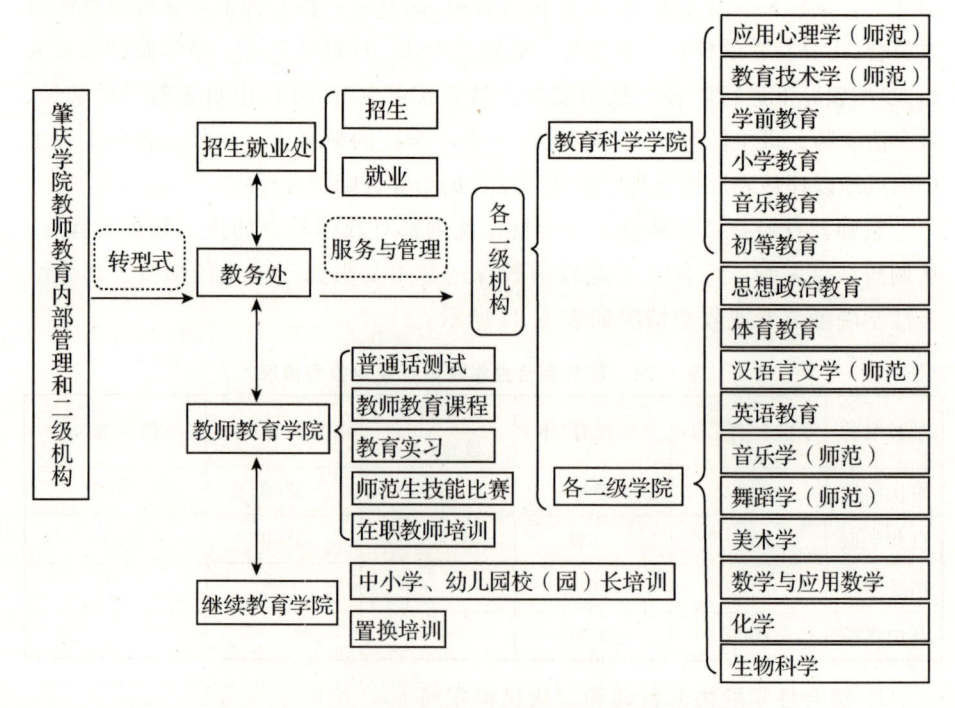

图 1.10　肇庆学院教师教育内部管理和二级机构图

但改革也存在一些问题，资源有待于进一步整合。首先，教师教育学院没有本专业的学生已阻碍了具体工作的开展和功能的发挥。例如，该校在 2015 年申请广东省卓越教师计划时，虽然有卓越教师班，但没有获得批准，政法学院的卓越教师班获得批准。其次，还有教学法教师的归属问题，当前大多数教学法教师处于观望犹豫的状态，如果进入教师教育学院，那么本专业的课程不能任教，这触及个人劳务酬金的问题。

肇庆学院处于转型期，教师教育由继续教育学院、教育科学学院、教师教育学院承担。这三个学院并存，在管理体制上属于平级单位，由学院统一管理。

昌吉学院只设有初等教育学院，师范专业设置于相关院系。初等教育学院只提供教育学和心理学课程教育，其他都由各院系自己负责。各学院是平行单位，师范教育主要由教务处统一协调管理。

滨州学院设有教师教育学院，设有学前教育、小学教育 2 个本科专业，学前教育、初等教育、五年一贯制初等教育、五年一贯制学前教育 4 个专科专业。其他专业师范生的培养设在具体的专业院系。教师教育学院与各院系是平行关系，由学院统一管理。

通过对综合性学院的调研及相关材料的分析，我们发现普通师范教育在综合性学院中存在一些问题，主要表现在以下几个方面。首先，师范专业设置单一或者不全，主要以小学教育和学前教育为主，这也体现出综合性学院教师教育师资力量的薄弱。其次，有些综合性学院的师范专业分散于各个学科院系；有些综合性学院没有教育系；有些设置教育系的综合性学院仅仅提供教育学、心理学公开课的教育，不能提供教育学科研究和学科教学法的教育，使得教师培养只注重专业知识的学习。再次，教师教育管理体系混乱，虽然各综合性学院设置了二级学院来管理，但是各学院之间在教师教育方面呈现各自为政、单打独斗的局面，学科教学法与教育学专业知识相脱离。最后，综合性学院中的这种二级布局最终使教师教育边缘化，如昌吉学院 2011—2014 年小学教育师范生占比由 53.3% 下降到 41.6%，汉语言文学师范生占比由 66.1% 下降到 34.9%。因此综合性学院未来的发展应该提高教师教育的专业化，即成立教师教育学院，将师范生培养纳入教师教育学院中来，使各学科教师、学科教学法教师及教育学、心理学、教育技术教师等都进入教师教育学院，这样有助于优势互补，使各学科教师与教育学、学科教学法教师能互相探讨，真正做到了解学生，提高师范教育教学质量，最终提高师范生质量。

(三)职业师范院校

1. 职业师范院校教师培养整体现状

(1)河北科技师范学院

第一,制度资源。

该校1975年开始举办高等教育,1977年开始招收本科生,2006年获得硕士学位授予权。该校是教育部全国首批职业教育教师培训重点建设基地、农业部现代农业技术培训基地、国家级科技特派员创业培训基地、河北省职业教育研究基地、河北省非物质文化遗产研究基地、中国科学技术协会首批全国科普教育基地。学院设有秦皇岛市农业科学研究院、国家科技基础条件平台——家养动物种质资源平台、冀东文化研究中心、新农村发展研究中心。

该校设有研究生部和19个学院(系、部),有74个本科专业,涵盖农学、理学、工学、文学、法学、教育学、经济学、管理学、艺术学9个学科门类,面向全国26个省(自治区、直辖市)招生,在校生23000余人。该校拥有生物学、园艺学、化学、食品科学与工程、畜牧学、教育学6个硕士学位一级学科,17个二级学科授权点,具有农业硕士、教育硕士、兽医硕士、工程硕士、体育硕士5种专业学位,14个授权领域,并具有职业学校教师在职攻读硕士学位授予权。

该校有2个国家果蔬加工技术研发分中心,7个省级重点学科和重点发展学科,2个省级重点实验室(工程技术研究中心),6个省级实验教学示范中心,以及省部级产业技术创新联盟、省高校应用技术研发中心、省级院士工作站和7个市级重点实验室(工程技术研究中心)。该校还有1个国家认证的电子生物标本馆,3个省级本科教育创新高地,6个省级品牌特色专业,1门国家级精品课程,8门省级精品课程,先后获国家级教学成果奖2项,省级教学成果奖38项。

该校先后同20多个国外高校及科研单位建立了科技教育合作关系,设立了中外合作办学机构。该校与美国特洛伊大学合作成立了孔子学院(全球优秀孔子学院),与意大利佩鲁贾外国人大学合作建立了意大利语语言培训与测试中心。

第二,人力资源(师资队伍)。

该校有专任教学教师1069人,具有硕士以上学位的教师908人,具有博士学位的教师212人;具有高级专业技术职务的教师508人,其中教授173人;具有"双师型"教师563人。

第三，公共资源（办学条件）。

该校位于沿海城市秦皇岛市，设秦皇岛校区、开发区校区、昌黎校区3个校区。校园占地面积约95万平方米，建筑面积约41.5万平方米。教学科研仪器设备总值2.62亿元，馆藏图书文献179余万册。

(2) 吉林工程技术师范学院

第一，制度资源。

该校是国务院批准成立的全国第一所专门为职业教育培养专业课教师的全日制本科师范院校，目前东北三省唯一一所独立设置的全日制本科职业师范院校，教育部确定的全国重点建设职业教育教师培训基地，吉林省人民政府确定的全省职业教育教师保障体系建设牵头单位，《吉林省中长期教育改革和发展规划纲要（2010—2020年）》确定的重点建设职业教育教师基地。

该校建立了全国第一个现代职业教育史馆，承办了全国首次中国职业教育史展览，建立了全国首家职业教育博物馆，牵头组建了全国第一个省级职业教师教育联盟，建立了全国首个职业教育发展数据库，并将以此为基础建立国家职业教育文献与数据监测中心。该校创办了全国第一本职业教育专业期刊、第一个职业教育网站和目前唯一的职业教育英文杂志，形成了覆盖全国、辐射全球的"五刊四报一网"职业教育传播平台。学校编辑出版的《职业技术教育》杂志被评为中国期刊方阵双效期刊、中文核心期刊、RCCSE核心期刊，获吉林省人民政府"精品期刊"奖。

该校现有机械工程学院、电气工程学院、职业教育学院、高等职业技术学院等16个学院，体育教研部1个教研部，职业技术教育研究所、设计艺术研究所等12个研究所，拥有职业技术教育学、设计艺术学、机械设计制造及其自动化、材料学、检测技术与自动化装置、食品科学、控制理论与控制工程、发酵工程、会计学9个校级重点学科及课程与教学论、服装设计与工程、传播学、企业管理学4个校级重点建设学科，其中职业技术教育学、设计艺术学、机械设计制造及其自动化学科被评为吉林省优势特色重点学科。该校的职业技术教育研究中心被确定为首批吉林省高校人文社科重点研究基地，服装设计与加工工程研究中心、葡萄酒研发工程中心被确定为吉林省高等学校工程研究中心。

该校建立起了符合学校办学实际、适应职业教育和吉林省经济社会发展的专业体系，现已涵盖工学、文学、管理学、理学、经济学、教育学、艺术学7个学科，专业结构较为合理。该校现设有机械设计制造及其自动化等48个本科专业，机电一体化等11个高职高专专业。机械设计制造及其自动化、市场营销、服装设计与工程、电子信息工程、自动化、编辑出版学、财务管理、计算机科学与技术专业被吉林省教育厅确定为省级特色专业，机械设计制造及其自动化、市场营销专业被教育部确认为国家级特色专业，机械设计制造及其自动化专业被教育部确认为国家级专业综合改革试点专业，机械设计制造及其自动化、自动化专业被评为第一批吉林省高等学校本科品牌专业建设点，"三三制专门化"市场营销专业人才培养模式创新实验区被评为省级人才培养模式创新实验区。

该校有省级精品课程12门，省级优秀课程54门，校级精品课程17门，校级优秀课程70门。该校的技能鉴定工种涵盖33个本科专业，210个稳定的校外实践教学基地。该校被人力资源和社会保障部确定为国家职业技能鉴定试点校，被国家语言文字工作委员会确定为国家级语言文字规范化示范学校，学校的电工电子实验教学中心、先进制造技术实验教学中心、自动化控制技术实验教学示范中心、食品科学与工程实验教学示范中心被确定为省级实验教学示范中心。2013年吉林工程技术师范学院——吉林省荣发服装厂被确定为国家级大学生校外实践教育基地。

第二，人力资源(师资队伍)。

2020年，全校有在校学生14673人，其中全日制本专科生12384人，成人本专科生2289人；教职工958人，其中有正高级职称的教师81人，副高级职称的教师225人，获硕士以上学位的教师608人，兼职博士生指导教师与硕士生指导教师23人。机械设计制造及其自动化专业教学团队、电子信息工程专业基础课程教学团队、服装设计与工程专业教学团队、编辑出版学专业教学团队、平面设计教学团队、市场营销专业教学团队被评为吉林省优秀教学团队。

近年来，该校共获得教育部教师队伍建设项目2项、职教师资培养资源开发项目5项、卓越教师培养计划项目1项、国家级专业综合改革项目1项，获国家级教学成果奖二等奖4项，获第八届吉林省教育教学成果奖14项(其中特等奖1项、一等奖3项、二等奖1项、三等奖9项)，获吉林省首届职业教育与成人教育教学成果奖7项(其中特等奖1项、一等奖2项、二等奖2项、三等奖2项)。

近年来，该校共承担科研项目1284项，其中国家级科研项目21项，省部级科研项目355项；获各级各类奖励70项，其中省部级奖励55项；发表学术论文1703篇，其中被SCI、EI、ISTP等收录380篇；出版著作55部。

第三，公共资源(办学条件)。

该校坐落在吉林省省会长春市。学校占地面积约83.4万平方米，总建筑面积约 31 万平方米。教学科研仪器设备总值 20131.77 万元，图书 88.23 万册，电子图书 75.14 万册。

2. 职业师范院校教师的培养目标、培养层次、培养质量、就业从教

(1) 培养目标

总体而言，职业师范学院的培养目标首先是为职业教育培养"双师型"教师，其次是为地方经济社会发展培养应用型人才。具体而言，广东技术师范学院从 1998 年改名后，定位就从原来的民族教育转为职业教育，主要为中职、技校培养教师。河北科技师范学院主要承担河北省职业教育教师的培养任务。该校人才培养的总体目标是立足河北，面向基层，服务"三农"，大力培养具有"双师"素质的职业教育教师和应用型高级专门人才。吉林工程技术师范学院的培养目标是为职业教育培养培训"双师型"教师队伍，同时为地方经济培养人才。

(2) 培养层次

河北科技师范学院、吉林工程技术师范学院均为以本科教育为主的具有硕士学位授予权的省属全日制普通高校，师范专业按本科层次培养。

在河北科技师范学院 2015 年招生计划中，本科生总招生人数为 4530，其中师范类招生人数为 1925，师范生占比约 42%（根据招生计划计算得出）。吉林工程技术师范学院在 1993 年以前全部是师范生，近几年师范生与非师范生的比例大致是一半对一半。师范生占比在某些年份高于 50%，在某些年份低于 50%。平均来讲，师范生占比在 53% 左右。

(3) 培养质量

河北科技师范学院实行"四年不断线"的实践教学模式，实践教学环节贯穿四年大学教育的全过程：大学一年级以实验操作能力和生产基本功训练为主；二、三年级以参与较深层次的专业技能训练、专业课实验实习、科研技能训练为主；四年级以综合性的专业实践为主，结合毕业设计和毕业论文进行独立的科研课题研究，师范类专业还要进行教育实习，从而实现实践教学课程的完整目标。这样就形成了以专业教学实习、生产（毕业）实习、毕业论文（设计）、科研技能训练和专业技能训练、教师技能训练等实践教学环节为主要内容的实践教学体系，该体系包含三个层次，即基础实践、专业实践、综合实践。学院以此为核心，建立了循序渐进、层次分明的实践教学模式。使实践以课程实验教学、课程教学实习、计算机技能训练、实践劳动为重点，建立多层次、模块化、课程化、开放式的实践教学模式，使学生掌握基本理论知识和实际操作能力，达到巩固基础知识、强化基本功训练、培养基本实验技能、具备一定基础研究能力的目的。专业实践以培养能力和素质全面发展的职业师资和应用型人才为原则，结合本专业教学系统地进行专业技能训练、教学实习、生产实习、课程设计等活动。专业实践的目的是使学生具备扎实的专业基础理论知识，掌握计算机基本操作技能，熟悉农业生产、农村工作的方针和政策，掌握从教技能，具备一定的经济管理、市场经济的基本知识和农业技术推广的能力。综合实践是综合运用所学知识开展灵活多样的实践活动，将专业理论知识与三个层次的实践环节高度融合。

吉林工程技术师范学院在人才培养上的理念是以人为本，要求学生全面发展，重德强能，既要有从教的能力，又要有专业技能和专业操作水平。该校在课程设置上将高等教育、专业教育（如工程教育）和师范教育结合在一起，在导向上强调关注实践，要求每一个毕业生都要取得四证或五证，包括毕业证、学位证、教师资格证和职业资格证等。目前该校学生的职业资格证的通过率达90%以上。该校以研究成果为依托，对人才培养模式进行综合改革，并组织实施了自动化专业卓越职业教育教师培养实验班和机械设计制造及自动化专业技师素质培养实验班，成效显著。该校强化素质教育，注重培养学生的创新能力。该校学生在"挑战杯"、数学建模、电子设计、语言文字基本功等各类大赛中多次获得国家级、省级以上奖励。

根据对河北科技师范学院、吉林工程技术师范学院、广东技术师范学院的师范生进行的问卷调查的结果，对于职业师范院校的人才培养我们可以得出以下结论。

第一，师范生对于教师职业的认可度较高。例如，65%的师范生对于教师职业表示非常热爱或比较热爱。

第二，职业师范院校师范类课程开展的效果较好。例如，70%以上的师范生认为师范类课程教会他们如何进行教学设计、如何与学生沟通、如何对学生进行评价等。

第三，职业师范院校师范类课程教师的教学受到的认可度较高。70%以上的学生并不认为教师在照本宣科地灌输或者脱离实际。

第四，职业师范院校的教育实习满意度较高。例如，只有25%的学生认为在教育实践（见习、实习等）中师范院校的指导教师给予的指导很少；65%的学生认为"在师范院校学习教育类课程时，我不仅仅只完成课程作业，而且会主动寻找教育类书籍等资料学习"；75%的学生认为在教学实践（见习、实习等）中与指导教师的讨论交流对其课堂教学很有帮助。

(4)就业从教

近年来广东技术师范学院的师范生在就业方面到教育行业任职的比率接近30%，其中有一半到教育系统，如中职、高职、基础教育；还有一半到教育培训机构，如新东方等。师范毕业生到中职学校就业的比率大概为25%。

吉林工程技术师范学院本科毕业生一次就业率平均保持在82%左右。30多年来，该校有毕业生3万多人，其中师范生1万多人。目前在吉林省内的中职学校专业课教师中，该校毕业生占30%以上，在重点院校中达到50%左右。很多毕业生已经成长为学校的校长、教研主任和专业教研室主任，成为中职学校的骨干力量。学生的就业呈现多元化状态。以英语（教育）专业为例，学生有三个出口：第一，当教师，具体包括到职业高中、技校、中小学、儿童英语早教或课外辅导班当教师；第二，到外贸行业工作；第三，当翻译。

3. 职业师范院校内部管理和二级机构布局现状

(1)广东技术师范学院

在全校师范教育方面，教师教育模块一共由8门课程组成。其中学科教学法、中职课程设计与开发课程由17个二级学院（包括教育学院）承担。教育学、心理学课程由教育学院承担。普通话口语课程由教务处下设的普通话测试站负责，"三笔字"课程由美术学院承担，师范技能训练课程由职业实训中心承担，教育技术学课程由教育技术与传播学院承担。

(2)河北科技师范学院

该校的教师教育还是沿袭传统路径，将师范生放在各专业院系培养，各科教学法课程由各专业院系承担，教师教育类课程由教育学院承担。

(3)吉林工程技术师范学院

该校在教师教育中，将学科教学法、教育实习等放在各个院系进行，将职业教育学、职业教育心理学、职业课程开发等课程放在职业教育学院进行（该校没有教育学院），将普通话口语等课程放在文化传媒学院进行。

五、特殊教师培养

(一)中职学校

近年来，随着国家对学前教育的重视和社会对学前教育人才需求的不断增加，学前教育专业成为教师教育中的热门专业。不仅师范大学、师范学院开设学前教育专业，而且中职学校开设学前教育专业的积极性也较高。目前，中职层次在培养学前教育专业人才的数量上占比最大。中职学校培养的学前教育专业人才的质量如何？其生源、课程设置、教学、实践是否有保障？各种资源配置是否充分？本研究通过对全国东、中、西部不同省份不同中职学校的抽样调查，对我国中职中专层次学校参与教师教育的情况进行了分析。

1. 中职学校教师培养整体现状

2013年各省份中职层次学前教育教师培养的情况如表1.25所示。

表1.25 2013年各省份中职层次学前教育教师培养统计

省份	中职学校数量	中职学校在校生数
北京	21	9225
天津	16	5423
河北	160	59411
山西	29	24500
内蒙古	93	24109
辽宁	122	34340
吉林	61	19057
黑龙江	83	17984
上海	6	3192
江苏	69	32338
浙江	120	40724
安徽	79	39151
福建	116	37104
江西	120	56956
山东	159	81918
河南	227	163222
湖北	110	35009
湖南	46	60058
广东	232	123026
广西	58	28846
海南	4	2230
重庆	48	38504
四川	179	107349
贵州	120	69401

续表

省份	中职学校数量	中职学校在校生数
云南	52	19851
西藏	4	619
陕西	126	41312
甘肃	97	22682
青海	23	7541
宁夏	19	9707
新疆	36	18790

(注：不包括香港、澳门、台湾)

从表1.25我们可以看出，广东(232所)、河南(227所)、四川(179所)三省参与学前教育教师培养的中专学校最多。参与学前教育教师培养的中职学校最少的三个省份为西藏(4所)、海南(4所)和上海(6所)。

2006年、2009年和2012年东、中、西部地区中职学校在校生数量及所占比例如表1.26所示。

表1.26　东、中、西部地区中职学校在校生数量及所占比例

	2006年	2009年	2012年
在校生数量	400877	559248	1141844
在校生比例	88.6%	85.6%	81.8%
东部地区在校生数量	166600	236357	414945
东部地区在校生比例	89.7%	88.0%	83.2%
中部地区在校生数量	147674	215824	392869
中部地区在校生比例	90.9%	86.8%	82.1%
西部地区在校生数量	86603	107067	334030
西部地区在校生比例	83.0%	78.9%	79.8%

从总体上看，参与学前教育教师培养的中职学校的在校生数量从2006年至2009年的增幅不大，2012年比2009年增加了一倍左右。可见近年来中职学校参与学前教育教师培养的规模增速之快，一方面反映了社会对于学前教育人才的需求量大增，另一方面也反映了中职学校参与学前教育人才培养的积极性之高。从在校生比例上看，东、中、西各地区学前教育教师培养中，中职层次培养的在校生比例都有所下降，尤其是东部地区。西部地区保持不变。这在一定程度上反映了社会对于学前教育师资培养学历层次要求的提高，

尤其是在东部地区。

2013年中职层次学前教育专业的学生数量如表1.27所示。

表1.27 2013年中职层次学前教育专业学生数量情况

	毕业生数	招生数	在校生数
人数	307351	443071	1233579
百分比	89.2%	85.8%	84.5%
东部数量	121431	145059	428931
东部百分比	89.1%	88.1%	85.7%
中部数量	111312	152205	415937
中部百分比	91.2%	85.0%	84.7%
西部数量	74608	145807	388711
西部百分比	86.8%	84.3%	83.0%

从表1.27中我们可以看出，中职层次培养学前教育人才的毕业生人数所占比例中部地区最高，东部地区次之，西部地区最少。在招生数量上，东部地区占比最高，中部地区次之，西部地区最低。这一定程度上反映了东部地区对于学前教育人才的市场需求之大，同时也反映了由于东部地区对学前教育人才学历要求的不断提高，一些中职层次的学前教育专业学生在完成该学段的学习之后，选择进一步提升学历的趋势明显。

2. 中职学校教师的培养目标、培养层次、培养质量、就业从教

（1）培养目标

部分中职学校教师培养目标如表1.28所示。

表1.28 部分中职学校教师培养目标

学校名称	培养目标
肇庆市工程技术学校	掌握教育学、心理学等知识，具备幼儿教师必备的弹、唱、说、跳、画等技能，以培养一专多能的幼儿教师为目的，以实践技能为主
杭州市人民职业学校	旨在培养德、智、体、美全面发展，掌握学前教育知识和技能，具有可持续发展的专业能力，能够在幼儿园、托儿所等学前教育机构从事教育教学的专业人才，家庭教育的指导人员，在社区从事学前教育及社会服务的具有适应性、实用性与专业性的应用型专门人才

续表

学校名称	培养目标
河南省商务中等职业学校	为河南省各类幼儿园、早教中心和亲子幼儿园培养德、智、体、美全面发展，具有现代教育理念和良好的职业道德，掌握学前教育专业扎实的基本理论，具有运用教育理论指导学前教育工作的基本能力，能综合多种知识和技能组织和实施学前教育活动，具有灵活创新和初步的学前教育科研能力，具有一定的专长的幼儿园教师
黑龙江科技职业学校	网站上没有学前教育专业培养目标的介绍 方向：培养能在托幼机构从事保教和研究工作的教师，学前教育行政人员及其他有关机构的教学、研究人才 岗位：幼儿教师、幼儿园园长、课程顾问、早教教师、学前教育驻地记者、幼儿园教师、教师、亲子教师等
青海海北州职业技术学校	网站上没有学前教育专业培养目标的介绍
广西壮文学校（广西民族中等专业学校）	网站上没有学前教育专业培养目标的介绍

从抽样调研中的中职学校看，中职学校的主要培养目标是培养学前教育专业的人才，主要是幼儿园教师。在培养目标的定位上，从几所明确培养目标的中职学校来看，主要体现为以下几个特点：一是重视技能型学前教育人才的培养；二是以就业为导向，重视学生实践能力的培养；三是以培养一线幼儿园教师为主。例如，肇庆市工程技术学校将就业前景描述为学生毕业后主要从事幼儿园教学和组织管理工作、小学艺术课程的教学工作，或成为企事业单位的文艺骨干。

总体而言，具有学前教育传统的中职学校在培养目标定位和人才培养上都比较成熟，形成了自己的一套理念和模式。以成都市洞子口职业高级中学为例，该校成立于1985年，创办的第一个专业就是学前教育。目前该专业是成都市市级重点专业，招收对象是初中应往届毕业生。对于该专业的学生，学校注重四个方面的培养，第一是文化基础，第二是专业技能，第三是特长发展，第四是职业精神和职业态度。对学生的要求，该校强调八个字：明德——教师的基本职业道德，修身——教师的行为示范，勤学——教师的文化综合素养，强能——教师的专业技能。培养模式为"一二三"模式，即一种精神——吃苦耐劳精神，两个证书——毕业证和职业资格证（保育员资格证、幼儿教师资格证），三个阶段——见习、实习和顶岗实习。

通过对学校主页上学校及课程介绍的查询，我们发现一些没有明确培养目标的中职学校对学校的学前教育专业进修就业前景的描述几乎都提到了"幼师的市场需求非常大""就业前景广阔"等方面。例如，黑龙江科技职业学校虽没有清晰呈现培养目标，但从就业方向和岗位两方面作出了说明。广西壮文学校（广西民族中等专业学校）从国家对学前教育重视的宏观层面和该校所在地区幼儿教育事业迅速发展的现状两方面入手，描述了学前教育专业的广阔前景：国家进一步加强对幼儿园的管理，提高幼儿教育的质量，促进幼儿教育事业发展。近年来，该校所在地区幼儿教育事业发展迅速，而具备从事幼儿教育工作的教师却十分紧缺，获得幼儿教师资格证的中专毕业生成了市场上的"抢手货"，供不应求。

(2) 培养层次

在培养层次上，中职学校参与教师教育培养主要集中于学前教育专业人才的培养。一般而言，中职学校设置的培养层次有两种，即三年制中专层次和五年制大专层次。五年制大专层次学前教育专业人才的培养模式主要是与省内各种层次的相关院校的相关专业进行合作培养。例如，杭州市人民职业学校的五年制大专分别与浙江师范大学幼儿师范学院、嘉兴学院和杭州职业技术学院进行合作。广西壮文学校学前教育专业（三年制）的毕业生可以在毕业当年直接报广西幼儿师范高等专科学校。另外，成都市洞子口职业高级中学的学历层次如下：第一是中职，毕业生毕业后获得中职毕业证；第二是鼓励学生通过专科自考，获得专科文凭；第三是目前正在探索的3+3模式，学生通过高考进入高职院校。目前学校一个年级招收300人，一半的学生会参加自考，只有40人左右选择3+3模式。

2014年部分中职学校的学前教育专业学生占比如表1.29所示。

表1.29　2014年部分中职学校的学前教育专业学生占比

学校名称	学前教育专业学生占比（2014年招生计划数）	备注
肇庆市工程技术学校	10.3%	21个专业
杭州市人民职业学校	21.4%	省级示范专业，5个专业
青岛开发区职业中专	6.3%	特色专业，15个专业
黑龙江科技职业学校	17.6%	精品专业，15个专业

续表

学校名称	学前教育专业学生占比（2014年招生计划数）	备注
广西壮文学校	23.8%	自治区示范专业，12个专业
新疆艺术学院附属中等艺术学校（新疆艺术学校）	29.9%	14个专业
青海海北州职业技术学校	26.7%	五个校重点专业之一，14个专业

总体上看，抽样调查的中职学校的学前教育专业在各中职学校中都具有相对重要的作用。招生人数占比主要反映出以下几方面的情况。

一是在那些具有悠久学前教育传统的中职学校中，学前教育专业招生占比较高，如杭州市人民职业学校。该校历史悠久，创办于1957年，是杭州市教育局直属省级重点职业学校、国家德育科研先进实验学校、全国百佳艺术教育单位、首批国家级语言文字规范化示范学校、浙江省文明单位、浙江省巾帼文明示范岗、浙江省首批艺术教育特色学校、杭州市文明学校、杭州市德育先进学校、杭州市人民满意学校。学前教育专业已成为浙江省省级示范专业。

二是在某区域内对幼儿教师培养具有举足轻重作用的中职学校的学前教育专业招生占比较高。例如，新疆艺术学院建于1958年，是中等职业艺术教育基地，面向新疆和西北五个省份招生。该校设有舞蹈表演、音乐、美术绘画、艺术设计、社会文化艺术、播音与节目主持、服装展示与礼仪、民族乐器修造、音乐教育、美术教育、双语学前教育11个专业，36个专业方向。音乐、舞蹈、美术等传统骨干专业办学历史悠久，"双师型"教学力量雄厚，拥有全新疆艺术领域水准较高和高级专业技术职称较多的各民族优秀艺术专业教师。青海海北州职业技术学校比较集中地凸显了目前民族地区中职学校办学的情况。该校于2003年在州委、州政府关于整合教育资源的决定下，由原州民师、州卫校、州职校、州电大和州劳动就业培训中心合并组建而成。学前教育专业是学校的重点专业，目前每年招收150至250名中专学历的学生，其中50名由联办学校（烟台第一职业技术学校）培养。

三是以区域性就业市场为导向的中职学校的学前教育专业招生规模有限。例如，青岛开发区职业中专始建于1981年，是一所国家级重点职业学校、国家中等职业教育改革发展示范校立项学校。该校的专业建设根据经济发展方式的转变、产业的升级、企业的技能型人才的需求及社会和市场的需求来调整。因此，该校开设的专业多为适应开发区建设发展的应用型专业，目前有机电技术应用、数控加工技术、汽车运用与维修、焊接技术、电子技术应用、会计、物流管理、商贸日语、商贸韩语、幼儿教育、多媒体应用技术等16个专业。其中,机电技术应用、数控加工技术、计算机网络技术应用、会计4个专业为青岛市骨干专业,幼儿教育专业为特色专业。随着社会和国家逐渐重视学前教育,为了满足社会需求,青岛开发区职业中专于1987年开设了幼师(学前教育)专业,历时几十年的发展,为开发区学前教育事业输送了数千名幼儿教师,做出了突出贡献。又如,黑龙江科技职业学校与黑龙江职业技术教育中心、哈尔滨幼儿教育职业学校、哈尔滨市现代护理卫生学校一同隶属于黑龙江职业技术教育中心。学校开设的专业主要是社会紧缺和热门的专业。再如,肇庆市工程技术学校的学前教育专业并非是该校传统专业。该校的前身是农业学校,后来随着用人市场需求的变化,加之学前教育专业的发展前景比较好,该校的学前教育专业在2002年左右开始招生。

(3)培养质量

总体而言,中职学校培养的学前教育专业人才技能性较强,专业性较弱。在目前幼儿教师紧缺的情况下,中职学校并不能很好地培养高质量的幼儿教师。中职学校学前教育专业的生源主要是应届初中毕业生,并且多为女性。由于目前社会上幼儿教师的缺口较大,一些中职学校看准了学前教育专业招生的大好形势,纷纷开设学前教育专业并开始招生。然而,生源质量难以保证。主要存在以下几个问题。

首先,生源数量匮乏,质量较差。学前教育专业目前招生很困难。针对这一情况,学校希望能够升格,并获得政府的政策支持,以期找到较好的生源。在一些民族地区,招生政策基本上是只要符合基本条件就可以。例如,广西壮文学校的音乐与舞蹈专业实行单独招生,需要面试;学前教育专业不需要面试,符合基本条件就可以。此外,初中毕业后,大量的学生更愿意继续接受普通高中教育,接受中职教育者并不多。以青海海北藏族自治州为例,在这一地区接受普通高中教育者和接受中职教育者的比例是27:1。很少会有人主动接受中职教育。学校每年需要动员全校教师挨家挨户对未能考取普通高中的学生家庭做动员工作,"捡漏"的结果必然是中职招生质量差。主要原因如下:一是目前社会就业对学历要求较高,中职院校的毕业生就业难;二是学前教育专业职后待遇较差。

其次,性别比例失衡。从学前教育的招生情况看,男生比例极低。他们在就业中更加困难,几乎都会转行。重要原因如下:一是因为用人单位认为男性教师缺乏耐心;二是目前幼儿园的教师几乎都是女性,如果招聘男员工,会因为独立安排宿舍等增加办学成本；三是文化背景要求男性当家做主，幼儿园教师的收入无法吸引男性教师。

最后，年龄区间跨度较大。例如，新疆艺术学院的学前教育学生年龄最小为13岁，最大为26岁。

但是，在经济相对发达的东部沿海地区，中职学校对学前教育专业的生源要求相对较高。以杭州市人民职业学校为例，杭州市人民职业学校招生分为两类，即三年制职高和五年一贯制大专。三年制职高的生源分为两部分，即提前招生和中考招生。该校2010年至2014年三年制职高招生及相关经费数据如表1.30所示，五年一贯制大专招生及相关经费数据如表1.31所示。

表 1.30 杭州市人民职业学校 2010—2014 年学前教育三年制职高招生及相关经费数据

年份	招生计划	提前招生	中考招生	中考录取分数线	第二批普高分数线	学费	生均经费
2010	80	40	40	350	365	2000	2500
2011	80	40	40	380	365	2000	2800
2012	80	40	40	360	360	免学费	3000
2013	90	45	45	360	350	免学费	3000
2014	90	60	30	350	355	免学费	4000

表 1.31 杭州市人民职业学校 2010—2014 年学前教育五年一贯制大专招生及相关经费数据

年份	合作院校	招生规模	提前招生	中考招生	录取分数线	第二批普高分数线	学费	生均经费
2010	浙江师范大学	90	0	90	362	365	4000	2500
2011	浙江师范大学	90	0	90	411	365	4000	2800
2011	嘉兴学院	45	0	45	388	365	3600	2800
2012	浙江师范大学	90	0	90	403	360	免学费	3000
2012	嘉兴学院	45	0	45	368	360	免学费	3000
2013	浙江师范大学	90	0	90	416	350	免学费	3000
2013	嘉兴学院	45	0	45	400	350	免学费	3000
2014	浙江师范大学	90	0	90	405	335	免学费	4000
2014	嘉兴学院	45	0	45	380	335	免学费	4000
2014	杭州科技职业技术学院	40	0	40	360	335	免学费	4000

杭州市人民职业学校从2001年开始和浙江师范大学合作，开展五年一贯制大专层次的学前教育；2011年和嘉兴学院合作开展五年一贯制大专层次的学前教育；2014年和杭州科技职业技术学院合作开展五年一贯制大专层次的学前教育。该校的五年一贯制大专招生要求考生提前进行面试。面试包括口语、音乐、舞蹈、美术和特长展示5项。2015年，杭州市人民职业学校五年一贯制大专和浙江师范大学制订了70个计划，和嘉兴学院制订了40个计划，和杭州科技职业技术学院制订了35个计划。参与提前面试的共有1121名学生。因此，无论从分数线还是面试报名情况来看，杭州市人民职业学校的五年一贯制学前教育是十分受欢迎的。

杭州市人民职业学校相关负责人认为主要有两点原因：一是杭州市政府对学前教育非常重视；二是杭州市大力发展学前教育后兴建了许多幼儿园，这样的就业形势让学前教育专业受到欢迎。现行的二孩政策致使社会对学前教育教师的需求仍能保持相当长的一段时间，因此专科层次的学生毕业之后就业压力仍不会太大。但是，杭州市学前教育教师逐渐本科化的趋势相当明显，这将会对杭州市人民职业学校今后的招生等相关工作产生影响。

在课程上，中职学校主要涉及公共课和专业课两大内容。在专业课上，开设学前教育专业的中职学校基本上都涉及了幼儿保教的各个方面。

青岛开发区职业中专专业课程体系紧贴"夯实专业基础，提升专业能力"的培养目标，以培养学生的素质和能力为主线，增加人文类课程，加大专业课比重，构建学前教育专业三大模块，即技能模块（说、唱、弹、跳、画），专业德育模块（学生活动、道德养成）和综合应用模块（见习、实践）。在办好教学的同时，幼师部全体教师依据"针对性、实用性、实践性"等原则，积极探索，进行教学内容改革，编写了校本教材4本，开发了一门区精品课程——《幼教手工》。

黑龙江科技职业学校开设的学前教育专业课程主要如下：幼儿教育心理学、幼儿卫生保健、幼儿园教育活动设计与指导、幼儿教师口语、幼儿舞蹈、幼儿文学、幼儿英语、乐理、幼儿舞蹈、美术、手工（玩具制作）、书法、钢琴等课程。

肇庆市工程技术学校开设的学前教育专业课程主要如下：音乐（钢琴、乐理、视唱练耳、唱歌），舞蹈（基本功、幼儿舞蹈、民族民间舞蹈等），钢琴（幼儿歌曲的弹唱、钢琴曲），美术与书法（简笔画、色彩、素描），幼儿手工（剪纸、折纸、贴画、废物利用等），计算机基础，幼儿英语，幼儿卫生学，幼儿心理学，幼儿教育学，课堂设计，听话与说话，阅读与写作，普通话等。

河南省商务中等职业学校开设的学前教育专业课程主要如下：幼儿卫生与保健、幼儿心理健康、学前教学法、幼儿园活动设计与指导、幼儿园管理实务、现代教育技术、音乐、舞蹈、钢琴、美工等。

广西壮文学校在课程的比例方面，理论课一般占30％左右，实践实训课一般占40％～50％，此外还有特色课程。该校的主要课程有教育学、心理学、教学法、各科的学科教学法等。教育实习被安排在第五学期。因为该校的学制是三年制，所以该校在课程设置上侧重学生教学技能的培养，减少了理论学习的比重。广西壮文学校有三个师范专业，分别是学前教育专业、壮语文专业、民族音乐与舞蹈专业。其中，民族音乐与舞蹈专业（歌手班）办得比较好。2003年以后，壮语文专业停止招生，但专业还保留，进行壮汉双语教师培训。全区有35个县有壮汉双语实验学校，总共大概有100所实验小学。广西壮文学校的壮语文专业是1982年开始办起来的，为广西全区的壮汉双语实验学校输送了大量毕业生。本校还与各地合办学前教育专业，如与玉林艺术学校合办，然后由壮文学校派教师去上课。

青海海北州职业技术学校的课程设置参考教育部颁发的《关于制定中等职业学校教学计划的原则意见》和《中等职业学校重点建设专业教学指导方案》来制定，注重实用性，教授更多技能型的东西。

在课程设置上，民族地区的学前教育专业问题较为突出。例如，青海海北州职业技术学校的语言类教学占用的资源和时间较多。由于中职学校的学前教育主要是为民族地区的学前教育培养教师，因此为了培养民汉兼通的教师，在校生无论母语为何种语言，都需要学习藏文和汉文两种语言。此外学生由于英语基础差，语言学习投入精力多，因此相应地在学科知识上就会有所不足。

相比较而言，一些具有悠久学前教育传统的中职学校，以及东部沿海地区的中职学校在培养学前教育教师方面表现得更为专业，在课程设置上对教师专业知识和技能等方面的考虑更为深入。下面仅以杭州市人民职业学校为例进行说明。

五年一贯制的学生前三年在杭州市人民职业学校接受教育，其课程为高中阶段学历教育课程；后两年进入高等院校接受学前教育专业教育。因此学生在杭州市人民职业学校较少接触教育类课程。根据《杭州幼儿师范学院学前教育专业五年制（师范）教学计划》（2014年修订），五年制学前教育专业课程分为五部分：公共必修课、学前教育必修课、选修课、教育实践课、课外活动。其中文化课课时占比45%。根据教学进程计划表，前三年学生主要学习高中文化基础课程及部分学前教育专业基础课(如教师口语、音乐、舞蹈、美术)，其余学前教育课程将于后两学年在杭州幼儿师范学院学习。

三年制培养的课程体系分为公共基础课、核心课程和专业方向课程。专业方向又分成三种：保育方向、早教方向和高职升学方向。三年制学生在高三将会分流，一部分进入就业班，另一部分进入升学班以准备参加高考。就业班具体的课程结构如图1.11。

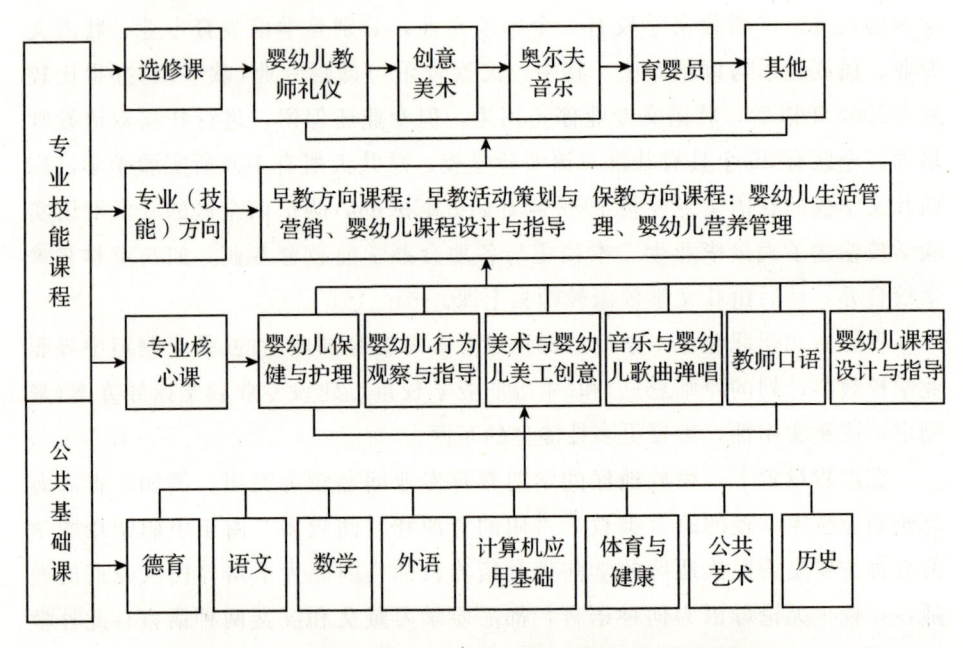

图1.11 杭州市人民职业学校三年制职高就业班课程结构

课程实行学分制，三年总学分不得少于170学分。军训、社会实践、入学教育、毕业教育等社会综合实践活动以1周为1学分，共5学分。公共基础课总计69学分，专业核心课总计65学分，专业选修课总计14学分，专业方向课(早教、保育)8学分，顶岗实习30学分，总计191学分。

中职学校学前教育专业主要突出对学生实践技能的训练。肇庆市工程技术学校教学以实操训练为主，让学生成为专才，区别于其他层次的学前教育专业。成都市洞子口职业高级中学在教学上注意说、唱、弹、跳四项基本技能的培养，主要依据2014年9月教育部颁发的《中等职业学校专业教学标准

（试行）》，对课程标准、课程设置、学生的职业资格作出了明确要求。在实践上，成都市洞子口职业高级中学分见习、实习和顶岗实习三个阶段，在校的时间是两年半，到行业实践半年。顶岗实习期间，带班班主任每个月必须到学生实习的学校去进行一次指导。该校实行顶岗实习的准入制，即实习前，学校会从四个方面，即文化基础、专业技能、特长发展和职业态度考查学生是否合格，不合格者不予推荐实习。

因此，中职学校的教学往往以实践为导向，注重学生实践操作能力的培养，教学与实践相互结合。在教学实践方面比较有特色的探索模式是校企合作模式。

以杭州市人民职业学校的学前教育专业为例，该校积极探索校企合作模式。该模式有以下三个特征。

一是求新，校企合作的途径——专业指导委员会指导功能的强化。2010年5月，杭州市人民职业学校牵头成立了杭州市中职学前教育专业指导委员会，委员会由相关的中职学校校长、杭州市知名幼儿园的园长、杭州市婴童行业协会秘书长等组成。2011年11月，杭州市人民职业学校作为龙头学校组建了杭州市人民职校教育集团。集团成员有本科院校（浙江师范大学杭州幼儿师范学院）、高职学校、职业学校、幼儿园、行业协会、企业、培训机构等19家。这样的教育集团模式为校企合作、共谋发展迈出了新的步伐，对学前教育专业的发展起到了极大的促进作用。

二是求实，实训教学体系——实训基地建设的规划与完善。杭州市人民职业学校将实训教学体系建设作为提高教学质量的重要途径。学校根据培养目标，用以下方式探索构建有效的中职学校学前教育专业实训教学体系：加强校内实训中心建设，包括育婴师实训中心、幼儿园环境创设实训中心、幼儿园综合活动实训中心、音乐专业技能实训中心、教师口语实训室、专业理论实训室；加强培训中心建设；加强校外实训基地建设，选择办学条件较好的幼儿园作为学前教育专业学生的实训基地，与实训基地保持长期稳定的合作关系。

除了实训基地建设外，学校还要整体规划，有目的、有计划、系统地开展学前教育专业学生实训活动。表1.32是五年一贯制学前教育专业（与浙江师范大学、杭州幼儿师范学院合作）校外实训规划表，表1.33是三年制学前教育专业校外实训规划表。

表 1.32 杭州市人民职业学校五年一贯制学前教育专业（与浙江师范大学、杭州幼儿师范学院合作）校外实训规划表

学期	时间	实践内容	目的	作业要求
第一学期	一天	参观幼儿园	1. 了解幼儿园的物质环境 2. 了解幼儿园教育工作的特点	写观后感《我的幼儿园印象》，字数不少于500字
第二学期	一天	新生入园见习	1. 了解新生入园的焦虑表现及原因 2. 学习教师做好新生入园工作的策略	记录新生入园的焦虑表现及教师采用的策略、方法
第三学期	四周	1. 幼儿园各年龄班级活动见习 2. "六一"儿童节活动见习	1. 了解各年龄段幼儿身心发展的特点 2. 了解教师根据该年龄段幼儿的特点对幼儿园一日活动的设计和组织 3. 学习"六一"儿童节的活动组织	完成实践报告一份。

表 1.33 杭州市人民职业学校三年制学前教育专业校外实训规划表

学期	时间	学科	实践内容	目的
第一学期	一天	幼儿园卫生保健	保育员工作见习	1. 初步了解幼儿教养工作的内容、形式和办法，加强对幼儿教育工作意义的认识，培养热爱幼儿教育工作的感情 2. 明确保育工作的重要意义、工作内容和工作职责
第三学期	一天	幼儿园教育活动设计与实践	健康领域见习	1. 了解不同年龄段幼儿生理发展的基本特点 2. 了解幼儿园不同类型健康活动的特点和基本环节
第三学期	一天	幼儿园教育活动设计与实践	语言领域见习	1. 了解不同年龄段幼儿语言发展的特点 2. 了解不同类型语言活动组织的特点与基本环节 3. 观察幼儿教师言语表达的方式和特点
	一天	社会领域见习	社会领域见习	1. 了解不同年龄段幼儿社会性发展的基本特点 2. 了解幼儿园不同类型社会活动的特点和基本环节

续表

学期	时间	学科	实践内容	目的
第三学期	一天	育婴员	早教机构或幼儿园托班的活动见习	1. 观察和了解幼儿的身心发展规律和特点 2. 初步了解幼儿园或早教机构教育工作的内容、方法和基本流程 3. 观察并学习对幼儿进行生活照料、保健与护理、教育
第四学期	一天	幼儿园教育活动设计与实践	科学领域见习	1. 了解不同年龄段幼儿智力发展的特点 2. 了解不同类型科学活动组织的特点与基本环节
	一天	幼儿园教育活动设计与实践	艺术领域见习	1. 了解不同年龄段幼儿生理发展的基本特点 2. 了解幼儿园不同类型艺术活动的特点与基本环节
	两周	幼儿园教育活动设计与实践	综合实训	1. 观察幼儿园的保教工作，了解幼儿的作息制度及幼儿一日活动常规 2. 观察和了解保育员的工作内容、程序和要求，掌握保育员照料和护理幼儿日常生活的操作方法 3. 在幼儿教师的指导下，设计并组织幼儿园五大领域的教育活动，尝试组织幼儿一日活动
第五、六学期		1. 就业班实习 2. 高职班实习	顶岗综合实训	1. 学习幼儿的教养工作，初步获得组织幼儿教育、教学的方法，培养从事学前教育工作的实际能力 2. 进一步熟悉学前教育的全面工作，加深对学前教育工作的理解 3. 增强热爱学前教育工作、热爱幼儿的情感

三是求精，校—园交融模式——"工作坊"机制的探索。杭州市人民职业学校对学生提出"职业实践能力＋专业素养"的要求。学校通过扩充发展（请进来）与校本培养、高校进修与企业锻炼、项目突破与技能突围、全面培养与重点培养的"四结合"方法，形成教师培养培训长效机制。该模式主要有以下两点。一是组建教学共同体，杭州市人民职业学校与幼儿园组建教学共同体，探索"师带徒"的教学共同体模式；同时学前教育的任课教师进入幼儿园开展观摩，指导学生开展实践或接受幼儿园骨干教师的专业指导。二是校—园共

建"工作坊",探索建立一体化教学机制。"工作坊"即现场教学基地,让课堂从学校搬到了幼儿园。校、园双方和师生四位一体,在真实的情境中开展教学,进而构建以学生为中心、以工作任务为载体的一体化课程体系。

(4) 就业从教

就业方面目前有几种突出的现象。

首先,幼儿园教师的学历要求不断提高,就业人数下降。

由于学历层次较低,部分学前教育专业的学生往往在毕业后只能进入工作条件相对比较差的地方幼儿园,且部分为私立幼儿园。杭州市幼儿园教师学历层次出现了本科化倾向,因此,近年来杭州市人民职业学校就业班的人数呈下降趋势,并且就业班中有相当比例的学生参加高考进而升学。根据杭州市人民职业学校2014届毕业生的统计数据,三年制学前教育专业毕业生103人,其中升学79人,就业23人,另有1人待业。由此可见,杭州市人民职业学校直接培养早教、保育专业人才的规模逐步缩小,倾向于为更高学历学前教育教师的培养打好基础,这也对其培养目标、课程设置等环节造成影响。

有研究者通过对佳木斯地区中职学校学前教育专业的调查发现,学前教育专业学生的就业率普遍居高不下,但真正走入社会能对口就业的毕业生往往不到30%。就业形势严峻主要体现在以下几方面。一是当前中职学校学前教育专业招生规模不断扩大。部分中职学校完全没有开设学前教育专业的条件或是硬件设施并不具备,就盲目追求学生入校数量,最终导致音乐教学质量的下降,整体毕业生音乐学习质量和综合音乐技能素质同样呈现下降趋势。二是市场竞争激烈,就业形势严峻。部分高校毕业生在现实压力之下,降低岗位期望值,以寻求合适工作,给中职学校学前教育专业学生就业带来压力。三是用人单位门槛提高。随着市场经济和经济社会的现实需求,越来越多的高校同样开始转变教育理念,重视培养学生的实践能力,尤其是部分高职院校毕业生,由于其实践能力比较强、就业心态稳定,导致中职学校毕业学生毫无优势可言。[1]

其次,校企合作,开拓"订单式"就业模式。

肇庆市工程技术学校采取"订单式"人才培养的模式,秉持"高技能胜过高

---

[1] 张亚南:《中职院校学前教育专业学生音乐学习倦怠现状调查与对策研究——以佳木斯地区为例》,硕士学位论文,哈尔滨师范大学,2014。

学历"的理念，与用人单位直接对接。学生在第三年时顶岗实习，主要面向珠三角或附近的私立幼儿园，就业率均在90%以上。中职学校一般和民办幼儿园里的一名在职教师有联系，确定安排实习学生的数量，这些实习学生一般都会留在实习学校了。

再次，大中专"3+2"学历提升通道较为成熟。

为了解决中专师范生的教师资格问题，广西壮文学校开始跟师范院校联合，实行"3+2"的办学模式。学生在该校学习三年，然后到师范院校学习两年，如到玉林艺术学院、广西幼儿专科师范学校。另外，毕业的时候学校会引导学生通过培训参加脱产学习或函授学习，为进入幼儿专科学校做准备。中专文凭由广西壮文学校颁发，后两年由大专学校颁发，学生中专毕业后进入大专学校，需要参加入学考试，合格即可被录取。能够毕业的中专学生基本上都可以进入。

最后，真正进入公办幼儿园的中职学校毕业生比例较低。

例如，在肇庆市工程技术学校学前教育专业为第二大专业，第一大专业为畜牧兽医。学前教育专业就业率达到95%，学生多就业于肇庆、佛山、东莞等地的私立幼儿园。

教师资格证获得方面目前主要存在两方面的问题。

一是由于学前教育市场近年来持续"升温"，一些没有通过评估、尚未取得办学资质的中职学校也在开设学前教育专业，严重影响毕业生质量。因为就现状而言，专业审批不需要经过省教育厅，只需直接备案即可。备案评估主要是提高教师教育培养机构的意愿。没有资质的中职学校还在招收学前教育专业，表明目前的监督还没到位。

二是在一些经济发达地区，幼儿教师的资格和准入门槛随着市场要求的提高而提高，中职学校学前教育专业毕业生无望获得教师资格证书。杭州市人民职业学校相关负责人表示，浙江省于2011年实行教师资格考试改革试点，根据《浙江省2011年中小学和幼儿园教师资格考试简章》，报考幼儿园教师的考生须具备大专以上学历。从2012届开始，杭州市人民职业学校毕业生若想取得教师资格证书，须考取大专文凭才能参与教师资格考试。此外，一些学校对学前教育专业学生的毕业还有一些要求。以河南省商务中等职业学校为例，学前教育专业的学生同时获得以下证书方可毕业：毕业证书，计算机等级证书，一般基本功等级证书（包括普通话等级证书、三笔字等级证书、简笔画等级证书），专业基本功等级证书（包括儿童简笔画等级证书、玩教具制作等级证书、幼儿歌曲弹唱等级证书、形体与舞蹈等级证书），职业技能证书（学前儿童教师职业资格证书）。

一般而言，中职学校参与教师教育的只有学前教育专业，因此，一般都采取独立设置学前教育专业或幼师部的治理模式，所有课程资源和授课教师都归于学前教育专业。

在公共资源方面，全国不同地区和省份的中职学校差异显著。以河南省商务中等职业学校为例，校内除了配备基本的音乐、美术、舞蹈教学的设施设备（如钢琴教室、舞蹈教室、画室）外，还需要一些基本的设备，如幼儿园仿真教室、奥尔夫音乐教室。在校外实习基地建设方面，学校与各个类型的幼儿园，特别是省、市示范幼儿园建立长期合作关系，使中心幼儿园成为学前教育专业学生的见习实习基地、学前教育专业教师的科研和培训基地、师范院校科研成果的转化基地、"双师型"教师的培养基地。

青岛开发区中等职业学校幼师部拥有专用的琴房、美工技能室、画室、舞蹈教室、心理辅导室、机房等校内实训室。在向幼儿园不断输送幼儿教师的过程中，开发区中等职业学校和各大幼儿园建立了良好的合作关系。现在，该校幼师部的学生实习基地达到十几个，既圆满实现了该校"1+1+n"的人才培养模式，又为学生的实习实训提供了广阔的天地。

杭州市人民职业学校对学前教育专业配置的公共资源比较充分，主要配备了校内实训室和校外实习基地。校内实训室配备幼教实训室、育婴实训室、音乐实训室、舞蹈实训室、美术实训室、手工实训室。校外实习基地坚持长期规范建设的原则，选择在专业上具备较强指导力量的幼儿园和早教中心，能够满足中职学校教学改革及新型人才培养模式的要求，完成幼儿保育和教育等核心技能的训练，发挥学校综合实习和顶岗实习的作用。

成都市洞子口职业高级中学对教师的要求比较高，该校教师多数是从华东师范大学、重庆师范大学、四川师范大学和西南大学等师范学校毕业的本科生或者研究生。该校还要求所有教师每年要进入幼儿园进行跟岗学习两个月。此外该校还从幼儿园聘请优秀教师或幼儿园退休教师，在顶岗实习前一年为学生每周上两节课，每个月请不同的幼儿园园长做专题讲座。

杭州市人民职业学校共有学前教育教师33人，其中专业技能课教师25人，专业理论课教师8人；35岁以下15人，35~50岁15人，50岁以上3人；研究生学历6人，本科学历26人；有幼儿园从教经验的教师6人，幼儿园教师兼职聘任4人。

青岛开发区中等职业学校学前教育专业有教师 24 人，其中专业教师 15 人，实习指导教师 8 人，"双师型"教师达到 100%；有省教学能手 1 人、青岛市教学能手 2 人、青岛市优秀教师 1 人。教师们多次获得青岛市各类奖项和荣誉。在 2014 年青岛市技能大赛中，幼师部学生获得一等奖一名，获得青岛市中小学生艺术节绘画一等奖一名，《花赞》获得青岛市中小学生艺术节舞蹈一等奖。

广西壮文学校教师教育类教师有 6 人，其他专业教师有 30 多人。

青海海北州职业技术学校教师教育师资统计如表 1.34 所示。

表 1.34 青海海北州职业技术学校教师教育师资统计表

教师培养类型	教育类课程师资队伍									
	合计专兼职教师（人）	教育学和教育基础（人）	学科教学法（人）	性别（人）		年龄结构（人）			学历层次（人）		有基础教学经历的（人）	基础教育教师兼职聘任（人）
				男	女	50岁以上	35~50岁	35岁以下	博士研究生	硕士研究生	本科		
学前教育	17	2	10	7	5	5	7	0	0	12	2	5

中职学校目前的经费来源主要是财政拨款。例如，青海海北州职业技术学校的学生在该校学习期间，免收学费、教材费、住宿费、取暖费，并可在前两年享受共计 3000 元的国家资助；在联办学校学习期间，免收学费、教材费，前两年可享受青海省给予的每年 3200 元的补助，第三年享受 2200 元的生活补助，另外还可享受当地根据规定给予的生活补助。

3. 中职学校教师培养二级机构的管理体制

由于在中职学校中，参与教师培养的仅为学前教育专业，因此，在各省份、各地区的中职学校中，学前教育专业的内部管理模式与该校的学前教育传统、该校的发展定位等有关。具有学前教育传统的中职学校一般依托教务处并结合实训部进行管理，如杭州市人民职业学校。学科专业门类比较丰富的中职学校一般专门成立学前教育系或幼师部进行管理，如青海海北州职业技术学校由于在教学和管理方面效仿高等院校的模式，无法满足地区职业学校的要求，因此在长期的实践中探索出了一些行之有效的管理模式，如职业院校由于各专业之间的差异较大，因此将专业放权到各部管理，学前教育专业由学前教育部具体负责。广西壮文学校中专和高中的师资是分开的，在管理上分教学部门和教研部门，其他的部门是合在一起的。

(二)高职高专院校

1. 高职高专院校教师培养整体现状

图 1.12 表现了高职高专院校的性质，从这 60 所高职高专院校的前身来看，16 所院校具有培养教师的背景，如师范学校或教育学院，约占总数的 26.67%。17 所院校无培养教师的背景，但合并了师范学校或教育学院，约占总数的 28.33%。总体来说，从这些院校的前身与合并的学校来看，有 33 所院校具有培养教师的背景或合并了师范学校或教育学院，约占总数的 55.00%。27 所高职高专院校无培养教师的背景且没有合并师范学校或教育学院，即没有任何教师培养的历史与经历，却培养了学前与初等教育的师资，约占总数的 45.00%。这说明，有近一半的不合格的高职高专院校在培养教师。若要提高教师培养的质量，则需减少这一部分院校的数量与比例。

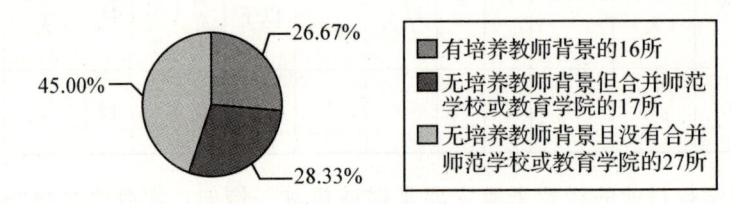

图 1.12 高职高专院校的性质

其中除去近年教育专业没招生、网站有问题及学校网页未显示招生数据的 9 所院校外，余下的 53 所院校中，有 52 所院校都开设了学前教育或初等教育专业，约占总数的 98.11%。在这 52 所院校中，有 38 所院校不仅开设了学前教育或初等教育专业，还开设了其他教育专业(如各科教育)，但是各高职高专院校能否确保这些教育专业的开办质量，需要我们深入调查。

高职高专院校招收师范生的比例分布如图 1.13 所示。

从招收师范生的比例上看，2015 年招收师范生的比例在 0~10%、10%~20%、20%~30%、30%~40%、40%~50%、50%以上院校的数量分别是 11 所、21 所、10 所、4 所、4 所、2 所。其中招收师范生的比例为 10%~20%的高职高专院校最多，其次是招收师范生的比例为 0~10%的高职高专院校。

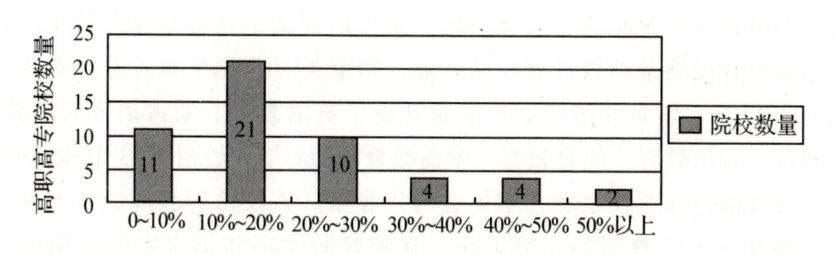

图 1.13　高职高专学校招收师范生的比例分布

2. 高职高专院校的培养目标、招生机制、培养质量

(1) 培养目标

高职高专院校的培养目标一般是综合性应用型人才，具有师范背景的学校通常培养学前阶段与小学阶段的教师，涉及的学科主要是语文、音乐、美术。

例如，镇江市高等专科学校是1992年经教育部批准成立的一所综合性公办普通高校，面向全国12个省份招生，同时承担地方中小学教师培养和继续教育工作。学校的发展目标是成为环境优美、条件优良、质量上乘、特色鲜明、富有竞争力和吸引力的综合性应用型院校。镇江市高等专科学校丹阳师范学院设置的专业有学前教育、小学教育、美术教育、音乐教育等。

冀中职业学院是经河北省人民政府批准、教育部备案、保定市政府举办的全日制公办普通高等职业院校。学院的前身为河北定州师范学校，2002年与定州市计算机师范学校合并升格为保定师专定州分校，2006年7月经教育部和省政府批准升格改建为冀中职业学院。学院开设了学前教育、会计电算化、建筑、机电、汽车、计算机、旅游等26个专业，涵盖文学、理学、工学、管理学、教育学等学科，在校生6000余人，以实现"师范性和职业性"为双重培养目标。学前教育专业具有百年传统。该专业的培养目标是培养拥护党的基本路线，德、智、体、美等全面发展，热爱幼儿教育事业，具有科学的儿童观、教育观及现代教育理念，具备现代幼儿教育基本理论素养和相应教育技能，能够适应现代幼儿教育事业发展，具有良好的实践能力、终身学习能力和创新能力，能在幼教机构、早期教育领域、幼儿园语言教学领域、幼儿园管理领域工作的高技能应用型专门人才。

黑龙江民族职业学院是国家民族事务委员会与黑龙江省人民政府共建的现代化民族高校，是黑龙江省唯一一所"省部共建"高职院校，也是全国第一所"省部共建"民族高职院校。学校开设有38个专业（专业方向），是黑龙江省普通高等教育少数民族预科教育基地。蒙古语言文学教育专业是黑龙江省唯一能培养少数民族基础教育教师的专业，师范类专业学生报考专升本的通过率达50％以上。黑龙江民族职业学院开设了英语教育、蒙古语言文学教育、语文教育、音乐教育、体育教育、学前教育(2014年开始招生)6个师范专业，隶属于民族语言与教育系和艺术体育与传媒系。该校培养教师的基本理念是培养能够胜任小学教师的一般工作，有较好的文字和语言实际运用能力的教师。

杭州科技职业技术学院是杭州市人民政府主办的一所普通高等职业院校，1999年12月开始筹建，2009年2月经浙江省人民政府批准、教育部备案正式建院。学校与创办于1978年的杭州广播电视大学实行"两块牌子、一套班子"的管理体制。学校紧密结合杭州区域经济社会发展需求，不断优化专业布局，培养高素质应用型技术人才。该校的学前教育(师范)专业是市重点扶持专业、市特需专业，培养目标是培养适应区域经济和社会发展，具有良好的思想道德和职业素养，有较强的沟通表达能力和团队协作能力，掌握学前教育基本理论知识和开展学前教育活动的实践能力，能胜任幼儿园及早教机构的教师工作，具有实践反思、创新和可持续发展的身心健康的幼儿园及早教机构的教师。学生毕业后主要面向各类幼儿园、早教机构，从事学前教育工作。学前教育专业开设的主干课程有学前儿童卫生与保健、学前儿童心理学、学前教育学、幼儿园课程、幼儿园教育活动设计与指导(健康、社会、语言、科学、艺术五大领域)、幼儿行为观察与指导、幼儿游戏与指导、教师口语、音乐、舞蹈、美术、学前教育研究方法等。

(2)招生机制

据统计，2015年高职高专院校招收师范生的总数为26541人，招生总人数为157667人，这些学校招收师范生占招生人数的总比约为16.83％。两类高职高专院校参与教师培养规模的比较如表1.35所示。

表1.35 两类高职高专院校参与教师培养规模的比较

高职高专院校	学校数目与比例		招收师范生总数与比例	
有培养教师背景或有合并师范学校和教育学院	29所	55.77％	15416人	58.08％
无培养教师背景且没有合并任何师范学校和教育学院	23所	44.23％	11125人	41.92％
总数	52所		26541人	

由表1.35可知，有培养教师背景或有合并师范学校和教育学院的高职高专院校与无培养教师背景且没有合并任何师范学校和教育学院的高职高专院校学校的数量与比例分别为29所与55.77%、23所与44.23%，招收师范生总数与比例分别为15416人与58.08%、11125人与41.92%。这说明，两类高职高专院校参与教师培养的规模前者略大，但若要进一步提高教师培养的质量，应该要增大有培养教师背景或有合并师范学校和教育学院的高职高专院校的培养教师的规模，即增加招收师范生人数及比例，减少无培养教师背景且没有合并任何师范学校和教育学院的高职高专院校招收师范生的人数及比例。

(3)培养质量

近些年高职高专批次录取的生源质量下滑。根据阜阳职业技术学院的调研数据，从2014年起学前教育专业部分招生通过自主招生的方式录取；2012年以前，该校师范生的生源质量较好，普遍高于非师范生，但这几年随着高职高专录取分数线的大幅下滑，生源质量一般。在师范生占比方面，小学教育专业占比从2010年到2019年逐年下滑，从18.9%降到了10%；学前教育专业趋于稳定，占比为7.5%左右。

至2015年6月，黑龙江民族职业学院的在校师范生占比约为18.3%，各师范专业学生人数占所在学院学生数的比例在1.5%(蒙古语言文学教育、体育教育)至13%(小学教育)，学前教育专业是该校师范专业中招生最多的专业。自2010年以来，学院师范专业每年的招生人数基本保持稳定状态，在16～50人。2014年小学教育专业招生人数相对较多，为161人；蒙古语言文学教育专业招生人数最少，为16人。在招生录取批次上，6个专业为高职高专录取。师范生的录取分数线平均高出黑龙江省专科分数线91分，该校尚未开展学校自主录取工作。

从2014年开始高职高专院校的小学教育与各科专业停招，扩大了学前教育专业的招生。以表1.36所示的江苏省学前教育专业的招生为例，在专科层次中，高职高专院校(不包括师专)的招生规模接近20%。

表 1.36 2014 年江苏省学前教育专业招生情况统计表

院校（招收本科生）	本科招生数	院校（招收大专生）	大专招生数	备注
南京师范大学	18	南京特殊教育师范学院		1. 这是 2014 年招生申报计划数，与 2013 年相比，省内总计划略有减少（2014 年总计划为 10668 人，其中本科 7872 人，专科 2796 人，比 2013 年减少 236 人） 2. 江苏省 2014 年专科招生停招了小学教育专业和中学各学科专业，适当扩大了学前教育专业
南京晓庄学院	100	泰州学院	15	
南京第二师范学院	120	苏州市职业大学	30	
常州工学院	100	连云港师范高等专科学校	239	
苏州科技学院	32	扬州市职业大学	170	
常熟理工学院	64	徐州幼儿师范高等专科学校	785	
南通大学	53	南通师范高等专科学校	170	
盐城师范学院	115	应天职业技术学院	180	
江苏师范大学	40			
徐州工程学院	80			
淮阴师范学院	117			

高职高专院校培养的学生基本能够胜任小学与幼儿园的教学工作。根据阜阳职业技术学院调研数据，大多数用人单位比较满意学生的工作能力，只是在基础素养培育方面需要进一步加强。该校超过半数的学生从事教师这个行业。该校有学前教育专业专兼职教师 32 人，专职教育类课程教师 8 人；小学教育专业专兼职教师 28 人，专职教育类课程教师 9 人。经费方面，该校的学费为每生 3200 元，生均教育经费 7200 元。

杭州科技职业技术学院学前教育专业的师范生与本校其他专业的学生相比，招生分数线较高。表 1.37 所示的是该校 2014 年各专业招生分数线。

表 1.37 2014 年杭州科技职业技术学院各专业招生

科类	专业	最高分	最低分	平均分	招生人数
艺术文科	艺术设计（室内设计方向）	326	303	307.4	21
	艺术设计（景观设计方向）	307	300	303.0	42
	广告设计与制作	321	300	303.6	42
	装饰艺术设计	305	300	302.3	21

续表

科类	专业	最高分	最低分	平均分	招生人数
艺术理科	艺术设计(室内设计方向)	307	297	302.3	15
	艺术设计(景观设计方向)	309	290	295.4	30
	广告设计与制作	311	291	296.6	30
	装饰艺术设计	297	290	293.8	15
文科	学前教育(师范)	403	377	385.4	47
	会计	387	377	380.7	30
	财务信息管理	387	369	373.6	30
	国际商务	378	369	372.8	17
	建筑经济管理	390	368	373.7	26
	房地产经营与估价	378	367	372.2	26
	城镇规划(建筑设计方向)	376	367	371.2	10
	计算机类(按大类招生)	392	367	372.8	70
	会展策划与管理	380	367	372.3	35
	酒店管理	377	367	372.1	35
	财务会计类(中外合作办学)(会计)	366	348	356.0	25
	旅游管理类(中外合作办学)(酒店管理)	361	344	347.9	25
理科	学前教育(师范)	398	346	358.5	52
	会计	381	354	360.9	30
	财务信息管理	360	343	349.5	40
	国际商务	358	343	350.4	18
	建筑经济管理	389	338	346.7	40
	房地产经营与估价	363	338	344.2	40
	城镇规划(建筑设计方向)	352	338	343.3	23
	计算机类(按大类招生)	367	338	344.8	75
	会展策划与管理	369	339	345.1	37
	酒店管理	351	338	342.5	38
	建筑工程技术	359	338	344.1	66
	建筑装饰工程技术	356	338	345.7	35
	机电一体化技术	360	338	342.9	65
	应用电子技术(物联网方向)	365	338	343.2	39
	财务会计类(中外合作办学)(会计)	346	328	335.0	25
	旅游管理类(中外合作办学)(酒店管理)	332	319	324.1	25

续表

科类		专业	最高分	最低分	平均分	招生人数
单考单招	机械类	模具设计与制造	566	512	533.6	90
		精密机械制造	566	509	519.9	90
		建筑设备工程技术	551	509	523.0	45
	计算机类	计算机类(按大类招生)	504	430	449.9	100
	建筑类	市政工程技术(道路桥梁方向)	527	455	476.9	92
		市政工程技术(轨道交通方向)	531	447	474.9	48
	旅游服务类	会展策划与管理	539	477	492.6	45
		旅行社经营管理	501	374	473.6	95
	电子与电工类	电气自动化技术	549	476	502.5	50
		应用电子技术(物联网方向)	591	475	504.4	50
	商业类	连锁经营管理	523	462	485.4	90
	工艺美术	艺术设计(室内设计方向)	539	511	520.6	37
		装饰艺术设计	525	507	511.7	36
	学前教育	学前教育(师范)	561	513	527.7	100
	汽车	汽车电子技术	537	479	496.6	90

杭州科技职业技术学院教育学院的渊源可以追溯到创办于1916年的浙江省严州师范学校和1928年由陶行知参与指导创办的浙江省湘湖师范学校。学院开设的学前教育(师范)专业现为学校重点建设专业、杭州市重点扶持专业,招收师范类学前教育、学前教育(艺术方向)、学前教育(定向培养)、学前教育(中新合作)学生。

教育学院秉承陶行知先生"学做真人、教人求真"的教育思想,坚持"育人为本、实践取向"的基本理念,以行知文化为引领,传承百年师范精神和爱满天下的师爱文化,积极引导学生学会学习、学会做事、学会共同生活、学会生存。学院的培养目标是培养具有良好的职业道德,掌握系统的专业知识和专业能力,具有实践反思能力的学前教育和儿童艺术教育的高素质专业人才,为杭州市(特别是三区四县市)及全省的学前教育机构、儿童艺术教育机构提供专业人才,特别是为农村地区定向培养幼儿园教师,如表1.38所示。

表1.38 杭州科技职业技术学院2014年面向杭州市萧山区、余杭区和五县(市)定向培养农村幼儿园教师招生计划

区、县(市)	专业名称	学制	招生计划	学费标准(元/年)
萧山区	学前教育(师范)	三年	30	6000
余杭区	学前教育(师范)	三年	30	6000
桐庐县	学前教育(师范)	三年	25	6000
淳安县	学前教育(师范)	三年	30	6000
建德市	学前教育(师范)	三年	20	6000
富阳市	学前教育(师范)	三年	20	6000
临安市	学前教育(师范)	三年	30	6000
合计			185	6000

在课程与教学方面，学院配有专业琴房和声乐、民乐、舞蹈、美术、手工等专业实训室，建有儿童卫生保健实训室、儿童心理实训室、行知园(模拟幼儿园实训室)及现代化的综合实践信息平台。学院成立了合唱队、民乐队、舞蹈队、手工社等学生社团，为学生实践能力的培养和训练提供了丰富的学习和发展空间。

黑龙江民族职业学院的调研数据表明：在师范生就业方面，近五年师范专业毕业生从教人数所占比例偏低，2010—2014年录取的师范专业的学生总人数为871人，毕业生从教总人数为149人，进入目标学段，其中在有正式编制的学校工作的有2人，在社会机构，如民办、社会培训机构工作的有147人，总体从教就业率为17%。表1.39反映了该校2014年师范类专业学生从教人数，其中就业最好的师范专业是音乐学，达到43%，英语教育、语文教育、蒙古语言文学教育从教率在11%～13%，体育教育从教就业率较低，为2%。5个专业的学生皆在社会机构工作，而没有在有正式编制的学校工作。2010年以来，英语教育专业进入农村工作的师范生有8人，占英语教育专业总毕业人数的4%。2015年该校的语文教育和英语教育已停止招生，从2014年开始招收学前教育专业师范生，人数相对较多，一般每年招收160名师范生。

表1.39 黑龙江民族职业学院2014年师范类专业学生从教人数汇总表

专业(专科)		英语教育	蒙古语言文学教育	语文教育	音乐教育	体育教育
2014年毕业生人数		56	19	38	30	42
2014年毕业生从教方向	有正式编制的学校	0	0	0	0	0
	社会机构	7	2	5	13	1
从教人数比例(%)		13	11	13	43	2

在师范生的人才培养方面，各专业的总学分数平均为138学分，其中教育实践类课程38学分，约占总学分的27%，突出了专科师范专业对师范生从教技能的训练。

在师范专业师资队伍方面，专职教育类课程教师（学科教学法教师）30人，专职教育类课程教师16人，专职学科教学法教师12人。男教师12人，女教师18人。教师年龄结构为50岁以上教师4人，35～50岁教师10人，35岁以下教师16人。教师学历结构为博士研究生1人，硕士研究生11人，本科18人。曾经有基础教学经历的教师19人，聘请基础教育兼职教师（人事编制在中小学）7人。

黑龙江民族职业学院从2010年以来学生学费没有增长，6个师范类专业的学费差异较小，生均学费为3800元/年。学校对本科学生教育经费的投入较高，生均办学经费从2010年的10195元增加到2014年的11550元，学校对师范专业生均投入经费是学生学费的3倍左右。

学校对师范专业的管理体制是各师范专业分散在各个院系，学校并未考虑建立教师教育学院这样一个统筹师范生的学院或部门，因为师范专业的学生在学校总人数中所占比例较小，仅为18%。教育类课程的任教教师来自民族语言与教育系。该校在制定教师培养模式、课程结构、配备师资时，已经参照了若干专业标准，如教育部的教师专业标准、教师教育课程标准，并接受教师教育专业的质量评估。

黑龙江民族职业学院在教师培养的制度保障方面建立了督导体制和见习体系，积累的办学经验包括以下两个方面。第一，适时调整人才培养体制。面对本科师范教育的竞争压力，黑龙江民族职业学院适时调整人才培养体制，实现三大转型：一是民族教育由师范教育向民族预科教育转型，民族师范教育由培养少数民族中小学教师向培训少数民族中小学校长及双语教师转型；二是音、体、美等师范教育向少数民族艺术传承与创新转型；三是普通专科师范教育向学前教育转型。该校于2014年首次招收学前教育专业学生147人，培养具有民族文化艺术素养的学前教育人才，为"民族文化艺术教育从娃娃抓起"打下师资基础。第二，建立合作培养机制。教育类专业与中小学建立了"校、校合作"人才培养模式；学前教育专业与幼儿园建立了"校、园合作"人才培养模式。

乌鲁木齐职业大学设有三大类教师教育专业，分别是小学教育、学前教育和音乐教育。其中音乐教育和小学教育英语师范生占学院所有学生的比例为22%～50%，也就是说不到一半的人是师范生。其中2010年，小学教育英语的师范生才占23%。可见，教师教育专业囊括在培养机构之中，教师教育专业的师范性很有可能被专业性挤压。乌鲁木齐职业大学教师培养的状况如表1.40所示。

第一部分 中国教师教育体系的现状

表1.40 乌鲁木齐职业大学教师培养的状况

| 教师培养专业 | 师范生招生机制 ||| 经费 || 课程总学分数 | 教育类课程 || 承担培养工作的二级学院 || 毕业生数 | 就业去向 |||
	招生规模	招生批次	是否自主招生	生源质量（高出各批次分数线分均分）	学费	生均教育经费		总数分数	实践类课程学分数	学院名称	师范生占学院学生数比例		从教人数（正式入编）	进入培养目标段任教人数	进入农村地区任教人数
小学教育（2010）		专科	否		2900	2900				师范学院	100%	162	30	小学教师	30
小学教育（2011）		专科	否		2900	2900				师范学院	100%	180	33	小学教师	33
学前教育（2010）		专科	否		2900	2900				师范学院	100%	140		幼儿园教师	65
学前教育（2011）		专科	否		2900	2900				师范学院	100%	160	47	幼儿园教师	45
音乐教育（2010）	40	零	否		5500		109	15	6	艺术学院	30%	0		小学教师	
音乐教育（2011）	40	零	否		5500		109	15	6	艺术学院	30%				
音乐教育（2012）	50	零	否		5500		109	15	6	艺术学院	32%	33	8	8	4

• 175 •

续表

教师培养专业	师范生招生机制			经费		课程总学分数	教育类课程		承担培养工作的二级学院		毕业生数	就业去向		
	招生规模	招生批次	是否自主招生	生源质量(高出各批次分数线分数均分)	学费	生均教育经费		总学分数	实践类课程学分数	学院名称	师范生占学院学生数比例		从教人数(正式人编)	进入培养目标段任教人数	进入农村地区任教人数
音乐教育(2013)	50	零	否		5500		109	15	6	艺术学院	32%	40	9	8	3
音乐教育(2014)	60	零	否		5500		109	15	6	艺术学院	34%	40	6	6	2
小教英语(2010)	106	专科一批	否	50	3500		2607	2260	1219	外国语	23%	400		小学教师	
小教英语(2011)	86	专科一批	否	50	3500		2607	2260	1219	外国语	29%	425			
小教英语(2012)	126	专科	否	50	3500		2607	2260	1219	外国语	37%	400			
小教英语(2013)	99	专科	否	50	3500		2607	2260	1219	外国语	47%	210			
小教英语(2014)	100	专科	否	50	3500		2607	2260	1219	外国语	44%	250			

就教师教育的师资而言，根据该校提供的数据，该校教师年龄集中在35～50岁，学历层次集中在硕士研究生和本科层次，小学教育和学前教育本科层次的教师多于硕士研究生层次的教师。有基础教育经历的教师，小学教育占近1/2，学前教育和小学教育英语占近1/3。小学教育音乐专业的教师都有基础教育经历，拥有丰富的经验和技能。同时存在的问题是小学教育音乐专业的教师基本都是兼职教师，这表明教师队伍极不稳定，也缺乏相应的学术性。

六、幼儿园教师培养

2010年，我国学前教育事业的发展迎来了春天，幼儿园教师这个群体也受到了越来越多的关注。2010年7月颁布的《国家中长期教育改革和发展规划纲要（2010—2020年）》（以下简称《纲要》）提出严格执行幼儿园教师资格标准，切实加强对幼儿园教师的培养，提高幼儿园教师队伍整体素质的发展要求。同年国务院下发了《国务院关于当前发展学前教育的若干意见》（国发〔2010〕41号），要求各地以县为单位编制实施学前教育三年行动计划。教育部会同财政部、发展改革委实施了8个国家学前教育重大项目。2011—2013年中央财政学前教育项目经费投入500亿元，带动地方各级财政投入1600多亿元。① 幼师"国培计划"投入11亿元，三年培训农村幼儿园教师29.60万名。② 截至2013年年底，学前教育三年行动计划各项目标任务圆满完成，在园幼儿增长了918万人，相当于过去10年增量的总和。③ 2014年，全国共有幼儿园20.99万所，比上年增加1.13万所；在园幼儿（包括附设班）有4050.71万人，比上年增加156.02万人；幼儿园园长和教师共208.03万人，比上年增加19.52万人；学前教育毛入园率达到70.50%，比上年提高3个百分点。④

---

① 人民网：学前教育三年行动计划收官在园幼儿增918万[EB/OL]，http://edu.people.com.cn/n/2014/0227/c1053-24479921.html，2014-02-07。
② 中国教育新闻网：教育部有关负责人就学前教育财政投入答记者问[EB/OL]，http://www.jyb.cn/china/gnxw/201406/t20140604_584355.html，2014-06-04。
③ 人民网：学前教育三年行动计划收官在园幼儿增918万[EB/OL]，http://edu.people.com.cn/n/2014/0227/c1053-24479921.html，2014-02-07。
④ 教育部：2014年全国教育事业发展大数据[EB/OL]，http://www.moe.edu.cn/jyb_xwfb/s7600/201508/t20150803_197298.html，2015-07-31。

"入园难"这个民生问题已经在全国范围内得到了不同程度的缓解。但是，如何全面解决幼儿园教师的供给与质量问题，从而让适龄儿童不仅"有学上"，还要"上好学"，仍然有很多矛盾没有解决。就教师质量而言，从源头——师资培养这个环节全面提高培养质量，可能是至关重要的一个环节。在国家政策的指导下，2013年培养幼儿园教师的高等院校和中等师范学校已达739所，在校生规模达53.7万人，比2010年增加了25.8万人，增长了近1倍。随着培养幼儿园教师的高校的增多，学前教育专业设置问题也随之而来。当前我国各级师范和职业院校存在专业设置的培养目标定位不准、层次不清晰、去向不明确等问题。① 分析学前教育专业师资培养的现状可以帮助我们更好地进行决策。

（一）幼儿园教师培养整体现状

就师资培养体系而言，目前学前教育专业在全国招生主要分为四个层次，即研究生、本科、大专和中专，本次现状分析主要涉及本科、专科和中专（见表1.41）。根据教育部公开的最新数据，全国共有285所普通高等学校在本科阶段开设学前教育专业，专业代码为040106，授予教育学学士学位。在全国31个省（自治区、直辖市）（不包括香港、澳门、台湾的相关资料）中，山东与河南开设学前教育专业的普通高校最多，各有21所；宁夏最少，只有1所。在专科阶段，全国共有388所高校开设学前教育专业，专业代码为660214。在这些省（自治区、直辖市）中，山东与河南在专科阶段开设学前教育专业的普通高校最多，各有31所和29所；宁夏和青海最少，都只有1所。② 在中专层次，幼儿师范学校曾经是学前教育专业师资培养的主体，曾经使用的专业名称包括"幼儿教育"等。2010年中职学校专业目录出台后，统一为"学前教育"，使用160100作为专业代码。2014年年底，教育部公布了第二批《中等职业学校专业教学标准》，其中涵盖学前教育专业。从全国范围而言，目前招收学前教育专业的中职学校开设最多的是河南和河北。

---

① 王迎兰：《当前学前教育专业培养目标设置中存在的问题及解决对策》，载《学前教育研究》，2011(11)。

② 本科和专科相关数据来源教育部高校招生阳光工程指定平台，http://gaokao.chsi.com.cn/，2015-06-24。

综上所述，山东、河南和河北目前是全国范围内学前教育专业的招生大省。这是一个以文科生和女性为主的专业，由于历史传统、职业声望和薪酬体系等综合原因，这是一个典型的女性职业，男性所占的比例极低。

表 1.41 学前教育专业基本情况一览表

学历层次	专业名称	专业代码（版本）	2013 年全国普通高校毕业规模（人）	高考文理科比例（理/文）	男女比例（男/女）	2013 年全国就业率区间
本科	学前教育	040106（2012 年版）	9000~10000	23%/77%	8%/92%	85%~90%
高职（专科）	学前教育	660214（2014 年版）	40000~42000	26%/74%	3%/97%	85%~90%
中专	学前教育	160100（2010 年版）	/	/	/	/

1. 院校数量稳中有降，培养重心偏低

（1）中专层次仍然是学前教育师资培养的重心，专科和本科比重偏低

根据教育部的数据，2010—2013 年，涉及学前教育师资培养的院校数量呈现稳中有降的趋势，主要原因在于专科层次招生院校数量减少，但是本科和中专层次的院校数量相对稳定（见表 1.42）。截至 2013 年，培养中专生的院校数量占比 85%，本科和专科合计占 15%（见图 1.14）。由此可见，中专层次仍然是学前教育阶段师资培养的重心。

表 1.42 学前教育专业不同培养层次的院校数量（单位：所）

培养层次	2010 年	2011 年	2012 年	2013 年
本科	229	204	219	239
专科	511	302	260	264
中专	2722	2904	2768	2783
合计	3462	3410	3247	3286

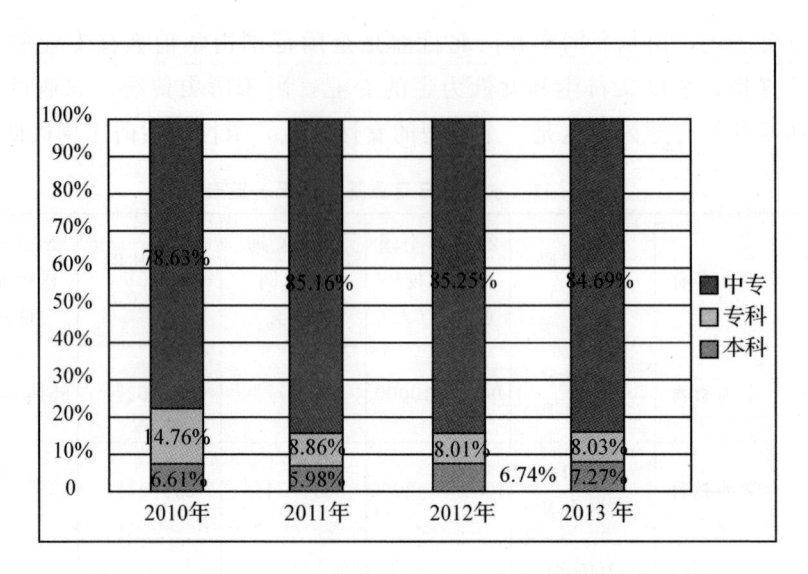

图 1.14　2010—2013 年学前教育专业不同培养层次的院校比例

(2) 学前教育专业学生数量增长迅速，但是以中职学校学生为主

2010—2013 年学生数量的发展趋势如图 1.15 所示。

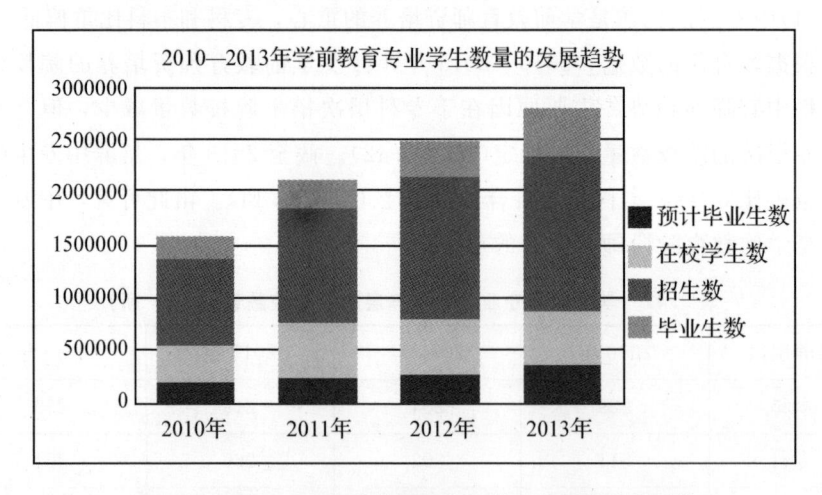

图 1.15　2010—2013 学前教育专业学生数量的发展趋势

2. 院校类型以中职学校为主体，职业高中占据绝对优势

在以中专培养层次为重心的培养格局下，中职学校无疑占据着数量上的绝对优势。截至 2013 年，参与学前教育阶段师资培养的院校中有 85% 为中职学校，另外的 15% 为普通高校。2010—2013 年不同院校层次的分布情况如表 1.43 所示。

表 1.43 2010—2013 年学前教育阶段师资培养机构中不同院校层次的分布情况(%)

院校层次	2010 年	2011 年	2012 年	2013 年
普通高校	20.16	14.16	14.32	15.06
成人高校	1.21	0.67	0.43	0.24
中职学校	78.63	85.16	85.25	84.69

对应不同的培养层次，普通高校主要承担的是本科和专科的人才培养。在这些培养机构中，本科阶段的大学和学院及专科层次的高职高专院校是培养的主体。在中专层次的中职学校中，职业高中所占的比重与 2010 年相比，一直在上涨，截至 2013 年，在中职学校中职高所占的比重约为 47%，如表 1.44 所示。

表 1.44 学前教育阶段师资培养机构中不同院校层次和类型的分布(单位：所)

层次	类型	2010 年	2011 年	2012 年	2013 年
普通高等学校	本科院校：大学	113	84	80	84
	本科院校：学院	292	230	245	269
	本科院校：独立学院	17	21	16	19
	专科院校：高等专科学校	73	45	45	51
	专科院校：高等职业学校	190	99	74	70
	其他机构：分校、大专班	13	4	5	2
成人高等学校	管理干部学院	4	2		
	教育学院	35	19	14	8
	广播电视大学	3	2		
	其他机构				
中等职业学校	调整后中等职业学校	505	501	527	515
	中等技术学校	329	414	408	432
	中等师范学院	205	193	123	110
	成人中专	160	136	133	132
	职业高中	1138	1287	1302	1298
	附设中职班		248	205	222
	其他中职机构	385	125	70	74
	合计	3462	3410	3247	3286

这种院校层次和类型的分布明显与国家的要求不符。《纲要》及"国十条"颁布以后，学前教育专业培养层次提高的趋向明显。截至 2010 年，我国只有 8 所幼儿师专。2011 年年初，教育部公示了 5 所升格为专科院校的中等幼儿师范学校，而且该年度全国也只升格了这 5 所专科院校。第一期学前教育三年计划完成后，教育部共批准升格了 9 所学校成幼儿师专。各省份也在积极探讨提升学前师范教育培养质量的途径，如贵州在第一期学前教育三年计划期间，先后扶持和指导了 3 所高职院校（专科学校）举办学前教育大专教育和 13 所师范院校开办学前教育本科专业，帮助 2 所师范学校升格为幼儿师范高等专科学校，加大了幼儿园教师的培养力度。① 可见，"国十条"中提出的"建设一批幼儿师范专科学校"的发展愿景已得到初步落实。

在政策指导下，2013 年培养幼儿园教师的高等院校和中等师范学校已达 739 所，在校生规模达 53.7 万人，比 2010 年增加了 25.8 万人，增长了近 1 倍。随着培养层次及院校专业化水平的提升，更加符合社会对幼儿园教师需求的毕业生的数量也得到了大幅提高。不同培养层次院校数及在校生数如表 1.45 所示。

表 1.45　不同培养层次院校数及在校生数

	院校数				在校生数			
	本科	专科	中专		本科	专科	中专	
			中师	其他中职			中师幼师	中专（中职）
2010 年	169	283	117	2182	33065	86166	158359	542089
2013 年		739				537000		

但是学前教育阶段师资培养的重心过低这个问题仍然没有得到解决，而且与 2010 年相比，情况变得更加严重。学前教育阶段的师资培养处于危机之中。

3. 院校主办者以县市级教育部门为主，层次过低

学前教育师资培养层次的重心偏低，以中等职业教育为主，中等职业教育的主办者一般为县市级教育行政部门。2011—2013 年学前教育师资培养机构主办者的分布情况如表 1.46 所示。

---

① 教育部官网：学前教育三年行动计划新闻发布会介绍材料[EB/OL]，http://www.moe.edu.cn/publicfiles/business/htmlfiles/moe/s7881/201402/164609.html，2014-07-27。

表 1.46 2011—2013 年学前教育师资培养机构主办者的分布情况（单位：所）

主办者	2011 年	2012 年	2013 年
部属高校	13	8	8
地方企业	5	7	6
省级教育部门	345	326	357
省级其他部门	63	64	68
地级教育部门	823	662	669
地级其他部门	185	366	180
县级教育部门	1423	1451	1463
县级其他部门	27	27	21
民办	526	519	514
	3410	3430	3286

4. 院校地区[①]分布不均衡局面没有得到根本改善

东部地区仍然在院校分布上占据优势。西部地区的院校数量在增长，但是主要以中职学校为主，层次比较低。就普通高校而言，2010—2013 年，东部地区和中部地区仍然在培养层次上相对占优势；就西部地区而言，学前教育师资培训机构的扩张主要以职业高中为主体（见表 1.47 和表 1.48）。

表 1.47 2010—2013 学前教育师资培养机构——普通高校不同办学类型的发展情况

	年份	东部	中部	西部	合计
本科院校：大学	2010 年	47	25	41	113
	2011 年	34	25	25	84
	2012 年	36	23	21	80
	2013 年	37	24	23	84
本科院校：学院	2010 年	117	70	105	292
	2011 年	80	61	89	230
	2012 年	75	70	100	245
	2013 年	87	78	104	269

---

① 本研究中对于不同地区的划分遵循了国家统计局 2011 年区域划分标准，东部地区包括北京、天津、河北、辽宁、上海、江苏、浙江、福建、山东、广东、海南，中部地区包括山西、吉林、黑龙江、安徽、江西、河南、湖北、湖南，西部地区包括内蒙古、广西、重庆、四川、贵州、云南、西藏、陕西、甘肃、青海、宁夏、新疆。

续表

	年份	东部	中部	西部	合计
本科院校：独立学院	2010年	7	7	3	17
	2011年	7	10	4	21
	2012年	2	9	5	16
	2013年	3	12	4	19
专科院校：高等专科学校	2010年	19	30	24	73
	2011年	15	16	14	45
	2012年	14	18	13	45
	2013年	16	18	17	51
专科院校：高等职业学校	2010年	65	56	69	190
	2011年	36	29	34	99
	2012年	23	27	24	74
	2013年	20	25	25	70
其他机构：分校、大专班	2010年	13	0	0	13
	2011年	4	0	0	4
	2012年	3	1	1	5
	2013年	2	0	0	2

表1.48 2010—2013年学前教育师资培养机构——中职学校不同办学类型的发展情况

	年份	东部	中部	西部	合计
调整后中等职业学校	2010年	378	29	98	505
	2011年	344	38	119	501
	2012年	334	41	152	527
	2013年	337	41	137	515
中等技术学校	2010年	152	102	75	329
	2011年	160	132	122	414
	2012年	144	131	133	408
	2013年	145	128	159	432

续表

	年份	东部	中部	西部	合计
中等师范学院	2010年	62	80	63	205
	2011年	56	68	69	193
	2012年	32	49	42	123
	2013年	25	46	39	110
成人中专	2010年	53	82	25	160
	2011年	44	67	25	136
	2012年	48	63	22	133
	2013年	45	66	21	132
职业高中	2010年	440	378	320	1138
	2011年	464	408	415	1287
	2012年	432	428	442	1302
	2013年	415	424	459	1298
附设中职班	2010年				
	2011年	74	94	80	248
	2012年	58	87	60	205
	2013年	67	87	68	222
其他中职机构	2010年	136	161	88	385
	2011年	58	57	10	125
	2012年	40	20	10	70
	2013年	42	22	10	74

(二)师资数量的现状分析

1. 学生数量增长迅速，但是集中在中专层次

2010—2013年，学前教育专业的学生数量增长迅速，毕业生人数增长了近42%，而在校生人数也增长了近44%，如表1.49所示。但是这种增长主要集中在中专层次，如表1.50所示。这种发展趋势与院校分布的趋势是基本一致的。

表 1.49 2010—2013 年学前教育专业学生数量的发展趋势

年份	2010 年	2011 年	2012 年	2013 年
毕业生数	200866	230978	280178	344364
招生数	332445	506835	512614	517497
在校学生数	819679	1106119	1335900	1462617
预计毕业生数	221569	272800	335790	462745

表 1.50 2010—2013 年不同学历层次学生数量的发展趋势

学历层次		2010 年	2011 年	2012 年	2013 年
本科	毕业生数	5086	5403	6279	8283
	招生数	12119	20048	22560	22990
	在校学生数	33065	48843	59707	73113
	预计毕业生数	5460	7385	8542	11160
专科	毕业生数	26196	28808	24031	28730
	招生数	28198	57123	50262	51436
	在校学生数	86166	117961	134349	155925
	预计毕业生数	28732	30036	32502	47010
中专	毕业生数	169584	196767	249868	307351
	招生数	292128	429664	439792	443071
	在校学生数	700448	939315	1141844	1233579
	预计毕业生数	187377	235379	294746	404575

2. 东部地区毕业生数量仍然占优势，中部地区和西部地区追赶优势明显

2010—2013 年尽管从毕业生数量来说东部地区仍然占据优势，但是中部地区和西部地区在招生数和在校学生数上已经和东部地区不相上下了，如表 1.51 和图 1.16 所示。

表 1.51 2010—2013 年不同地区学生数量的发展趋势

地区		2010 年	2011 年	2012 年	2013 年
东部	毕业生数	86910	96568	110645	136630
	招生数	141147	171662	165793	165247
	在校学生数	353339	415377	480295	502961
	预计毕业生数	97901	112217	137181	171406

续表

地区		2010年	2011年	2012年	2013年
中部	毕业生数	71656	85039	110016	121854
	招生数	103873	171359	179437	178878
	在校学生数	272867	381754	459103	489632
	预计毕业生数	77226	100516	122433	148616
西部	毕业生数	42300	49371	59517	85880
	招生数	87425	163814	167384	173372
	在校学生数	193473	308988	396502	470024
	预计毕业生数	46442	60067	76176	142723

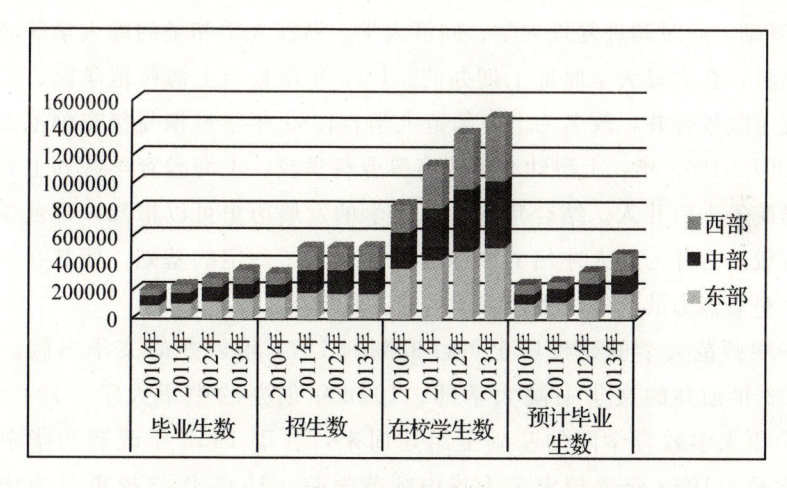

图1.16　2010—2013年不同地域学前教育学生人数分布趋势

(三)六所部属师范院校学前教育专业人才培养方案的文本分析

20世纪末，经高校管理体制改革，中国高等学校形成了中央政府和省级地方政府两级管理的新体制，其中少数关系到国家发展全局及行业特殊性强的高校仍继续由国务院委托教育部和其他少数部门管理。教育部直属高校指的是为了在探索改革上先行一步，在教学、科研和社会服务等方面发挥示范作用，由教育部直接管理的一批高等院校。其中，教育部直属的师范院校共有六所，分别为北京师范大学、东北师范大学、华东师范大学、华中师范大学、西南大学及陕西师范大学。

北京师范大学创建于1902年，其前身是京师大学堂师范馆，1908年开始独立设校，更名为京师优级师范学堂，1912年更名为北京高等师范学校，1923年学校更名为北京师范大学。北平女子师范大学、辅仁大学分别于1931年和1952年并入北京师范大学。北京师范大学主要以教师教育、教育科学和文理基础学科为特色，是国家重点建设的十所大学之一。

东北师范大学原名为东北大学，建校于1946年，是中国共产党在东北地区创建的第一所综合性大学，1949年定址于长春。1950年，根据国家教育事业发展的需要，改名为东北师范大学。由此可知，东北师范大学是从综合大学转变而来的，其专业人才培养模式及课程设置处于不断摸索改进的阶段。

华东师范大学成立于1951年，是以大夏大学(1924年)、光华大学(1925年)为基础，同时调进复旦大学、同济大学、浙江大学和圣约翰大学等高校的部分系科，在大夏大学原址上创办的。1972年学校与上海师范学院、上海体育学院等院校合并，改名为上海师范大学。1980年学校恢复华东师范大学校名。1997—1998年，上海幼儿师范高等专科学校、上海教育学院和上海第二教育学院等先后并入。结合华东师范大学的发展历史可以推知，师范学院等专门院校的合并为其人才培养和课程设置奠定了一定的基础，使其在关注培养学生科研能力的同时注重训练学生的实践技能。

华中师范大学的建校历史可以追溯到1871年创办的文华书院。学校在1903年创办的文华书院大学部、1912年创办的中华大学、1949年创办的中原大学教育学院的基础上组建而来，并于1952年改制为华中高等师范学校。1953年学校定名为华中师范学院，1985年学校更名为华中师范大学。

西南大学起源于1906年建立的川东师范学堂，学校在发展过程中几经改名、合并，并开设带有农科特色的专业院系。1950年，四川省立教育学院的教育、国文、外文、史地、数学等系与国立女子师范学院合并建立西南师范学院，农艺、园艺和农产制造等系与私立相辉学院合并建立西南农学院。1985年，西南师范学院和西南农学院分别改名为西南师范大学和西南农业大学。2005年7月，西南师范大学与西南农业大学合并组建成现今的西南大学，成为由教育部直属，教育部、农业部和重庆市重点共建的大学。因此，西南大学的学科专业设置带有一定的农科特色。

陕西师范大学创建于1944年，前身是陕西省立师范专科学校，1954年改名为西安师范学院；1960年与陕西师范学院合并，成立陕西师范大学；1978年划归教育部直属，成为中央部属高校，发展至今已成为一所在国内外有重要影响的综合性一流师范大学。陕西师范大学的前身带有一定的专科院校色彩，因此其人才培养模式可能更偏重技能技巧性课程的教授。

在部属师范院校开展师范教育改革的进程中，学前教育专业作为专业设置的重要组成部分也同样经历了漫长的变迁历史。

1952年，教育部颁发的《关于高等师范学校的规定（草案）》指出，高等师范学校的教育系应分设学校教育及学前教育等专业[1]，以培养在中等幼儿师范学校就业的专业教师。此后，北京师范大学、南京师范学院、西北师范大学、西南大学等高校都相继改革并开设幼儿教育专业。

1952—1976年，受政治局势的影响，幼儿师范教育严重受挫。高等师范学校的幼儿教育专业基本处于停止招生的状态，幼儿教师培养几乎停滞。

改革开放后，高校的学前教育专业才再次招生。此时，幼儿教师的职前培养机构主要包括幼儿师范学校、职业高中幼师班及高等师范学校。1978—1979年，北京师范大学等一批设有幼儿教育专业的高等师范院校相继恢复招生。随后，又有一些高等师范院校相继开设幼儿教育专业，如华东师范大学、陕西大学，招收高中毕业生，培养具有本科学历的幼儿园一线教师。[2]

专业培养方案作为人才培养方案的下位概念，体现了高校具体专业的定位。它既是人才培养模式的具体化，也是促进学校整体发展的有效途径。对专业培养方案的研究有利于我们清晰地认识高校持有的人才培养观念与培养模式，了解其人才培养现状，把握其发展趋势。

本部分选取教育部直属的六所师范院校，对其作了如下分析。

1. 培养目标

培养目标作为培养方案的重要组成部分，体现了高校具体专业人才的培养方向，不仅受到社会、政治、经济、文化等大环境的影响，而且是高校发

---

[1] 中国学前教育研究会：《百年中国幼教》，100页，北京，教育科学出版社，2003。
[2] 陈懿、王春燕：《60年来我国幼儿园教师教育的发展历程及展望》，载《幼儿教育（教育科学）》，2010(6)。

展现状、定位和理念等的体现。因此在研究高校培养目标的过程中，我们将培养目标与高校的发展现状相联系，展开了以下分析。

培养目标决定人才培养的方向，是高校制定人才培养方案时应当首先考虑的问题。只有人才培养的目标定位正确，制定的培养方案才会切实有效，具有一定的可行性。[①] 因此，人才培养目标是人才培养方案中最核心的因素。

从表1.52中我们可以看出，六所高校的培养目标各有不同。北京师范大学、华中师范大学和陕西师范大学都致力于培养专业人才，并给出了专业人才的范围。其中，北京师范大学的定位最高，希望将学生培养为"教育家、教育学家、教育发展专家、教育企业家等，成长为中国社会未来教育改革与发展的积极参与者和卓越领导者"。华东师范大学和西南大学对培养定位的表述虽然存在一定的差异，但均专注于培养学前教育工作者。相对而言，西南大学的培养面稍窄，较华东师范大学少了对服务机构工作人员的培养。东北师范大学的培养目标最具体，落脚于培养幼儿园教师。除此之外，只有华中师范大学提出要"为研究生教育输送优质生源"的培养目标。

表1.52 六所部属师范院校学前教育专业的培养目标

学校代码	学校名称	培养目标
10027	北京师范大学	培养具备扎实的人文、社会、教育与心理学等方面的基础知识和全面的学前教育工作专业知识与技能，适教乐教，具有先进教育理念和较强的教育教学实践能力，能在各种儿童教育机构、教育行政与科研部门及各级各类师资培训部门等从事儿童教育、教学科研、培训、管理、宣传和康复等工作的高级专门人才
10200	东北师范大学	培养热爱学前教育事业，具有现代教育理念和扎实的学前教育理论基础，较强的教育教学实践能力和研究能力，能在各级各类学前教育机构、科研机构和教育管理部门从事学前教育教学、科研和管理等工作的高素质学前教育专门人才

---

① 林成策：《高校新上专业论证与制定人才培养方案若干问题探讨》，载《当代教育科学》，2012(5)。

续表

学校代码	学校名称	培养目标
10269	华东师范大学	培养德、智、体全面发展，能够适应学前教育事业发展需要，能在托幼机构从事保教工作的教师、学前教育行政人员、教育科研机构的幼教研究人员及相关服务机构的儿童工作者
10511	华中师范大学	培养德、智、体、美等方面全面发展，具有创新精神和实践能力的从事学前教育工作的高级专门人才，包括培养高素质的幼儿教师、幼儿教育师资培训和儿童传媒工作者、儿童早期社会服务、管理和研究人员等，并为研究生教育输送优质的生源
10635	西南大学	培养具备良好师德修养、科学专业理念、扎实专业知识、突出专业能力、较强创新意识和能力，能在各类学前教育机构胜任保教、研究和管理工作的卓越学前教育专业人才
10718	陕西师范大学	培养热爱儿童教育工作，德、智、体、美全面发展，掌握扎实的学前教育专业理论知识和技能，具有优良的幼儿教育实践能力、优良的人文与科学养护素养，能够在各类托幼园所、学前教育培训机构、儿童社会教育机构、儿童文化事业单位承担教学、研究、保教及管理的复合型专门人才

（注：表中部属高校按教育部编制的学校代码排序。北京师范大学的培养目标来源于北京师范大学2018级学前教育专业本科生培养方案；东北师范大学的培养目标来源于东北师范大学2018级学前教育专业本科生培养方案；华东师范大学的培养目标来源于华东师范大学2018级学前教育专业本科生培养方案；华中师范大学的培养目标来源于华中师范大学2009级学前教育专业本科生培养方案；西南大学的培养目标来源于西南大学2018级学前教育专业本科生培养方案；陕西师范大学的培养目标来源于陕西师范大学2018级学前教育专业本科生培养方案）

六所部属师范院校的基本情况如表1.53所示。

表 1.53 六所部属师范院校的基本情况

学校名称	地理位置	学校定位	发展目标	高校综合排名	教育学科排名 国内	教育学科排名 世界	招生模式	办学类型	办学层次
北京师范大学	北京市	"985工程"、"211工程"	研究型高水平大学	12	1	42	普通类	中国研究型	中国一流大学
东北师范大学	吉林省长春市	"211工程"	世界一流大学	39	4	—	大类招生	行业特色研究型	中国高水平大学
华东师范大学	上海市	"985工程"、"211工程"	特色鲜明的高水平综合大学	27	2	400强	本科专业按照教育大类招生	中国研究型	中国一流大学
华中师范大学	湖北省武汉市	"211工程"、"985工程"教师教育优势学科创新平台"	世界知名的高水平研究型大学	30	5	—	本专业招收免费师范生和普通师范生两种类型	中国研究型	中国一流大学
西南大学	重庆市	"211工程""985工程优势学科创新平台"	综合性研究型大学	56	6	—	普通类	区域研究型	中国高水平大学
陕西师范大学	陕西省西安市	"211工程"、国家教师教育"985工程优势学科创新平台"	世界一流师范大学	83	8	—	普通类	区域特色研究型	中国知名大学

(注：表中部属高校的地理位置、学校定位和发展目标来自各高校的官方网站，综合排名、办学类型层次与层次数据采用《2015 中国大学评价》，国内教育学科排名数据采用教育部学位与研究生教育发展中心 2012 年的学科评估结果[1]，世界教育学科排名数据采用 2015 年 QS 世界高校学科排名结果)

---

[1] 学科评估[EB/OL]. http://www.cdgdc.edu.cn/xwyyjsjyxx/xxsbdxz/教育部学位与研究生教育发展中心，2015-04-30。

结合潘懋元教授提出的"教育的内外部规律"探究影响高校人才培养目标的原因，我们可以看出，一所大学专业人才培养目标的定位是其学校类型定位、层次定位、学科专业定位、服务面向定位的综合反映。学校结合自身特色和地域经济社会发展特征，制定学校发展总体战略目标，根据总体战略目标给学校人才培养目标定位，然后各专业在学校人才培养总目标指导下制定本专业人才培养方案。①

(1)类型定位

学校的类型定位不仅对整个学校的发展目标有深刻影响，还会影响到具体专业培养目标的制定。因此，在分析六所部属师范院校的培养目标之前我们应当对各校的类型有明确的了解。

高等教育层面的世界本科大学的发展模式可以简单分为自由型大学、研究型大学、社会服务型大学及创新型大学，分别对应人类社会的农业经济、近代工业经济、现代工业经济和知识经济四个阶段。相较于国外高校的发展模式，我国的发展模式有所不同。由于高校在落实自身人才培养、服务社会等基本功能的过程中还要承担教学、科研、管理等日常工作，因此，高校日常教学、科研所占的比例决定了一所高校的发展类型。例如，以科学研究为主的高校属于研究型高校，以教学为主的高校属于教学型高校。如果科研工作较教学工作多一些，可称其为研究教学型大学；如果教学工作较科研工作多一些，可称其为教学研究型大学。1977年以后，中国本科大学的发展模式主要有研究型、研究教学型、教学研究型和教学型四种。

北京师范大学和华东师范大学属于研究型大学。研究型大学提供全面的学士学位计划，致力于硕士研究生到博士研究生的培养与教育，以研究工作为主，以知识为最基本的生产要素，除了要发挥高校的基本功能外，还要承担技术创新、人才创新、知识创新等职能，通过培养大量创新型人才实现推动知识经济发展的目标。研究型大学作为中国最高层次人才培养和最新前沿科技研发的中心，以教书育人和科技研发为根本，拥有较高的人才和学术产出质量。

结合学校的培养目标与分类我们可以看出，北京师范大学作为研究型大学，在制定培养目标时重视对学生研究能力的培养，同样是研究型大学

---

① 杨玉浩、林楠：《基于培养方案的本科人才培养模式改革与实践》，载《山西财经大学学报》，2011，33(2)。

的华东师范大学则没有在培养目标中明确提出对学生研究能力的培养，只是简单提及要培养教育科研机构的学前教育研究人员，没有体现研究型大学的特点。

陕西师范大学、华中师范大学、西南大学及东北师范大学均为研究教学型大学。这类大学的主要任务是培养具有研究潜力的研究应用型人才，讲求科研与教学工作并重，并主张在研究中学习、在学习中研究，用科研促进教学，即在教学工作中突出创新精神的培养，通过不同层面的研究提高本科生的实践能力和理论思维能力，提高研究生的科研能力，提高教师的科研质量。

结合这四所研究教学型大学的特点及制定的培养目标我们可以看出，研究教学型大学讲求科研与实践能力并重，这一点在这四所大学的培养目标中均有类似表述，且东北师范大学和西南大学在培养目标中还明确提出了要培养学生初步的学前教育研究能力。

(2) 服务对象及承担的责任

学校之间在服务对象及承担的责任上存在一定差异，这会影响具体专业培养目标的制定。

受国家"科教兴国""人才强国"战略及教师教育发展趋势的影响，我国的高等师范院校既要承担培养优秀教师的重任，又要培养推动专业学术前进、实现高校自身发展的高层次研究型人才。例如，研究型大学担负着培养国家经济社会发展急需的高素质技术人才及推动社会经济发展的高层次杰出人才的双重任务。

以北京师范大学为例，它位于首都北京，除承担向全国各地输送优秀学前教育教师的任务外，还要引领专业发展方向，起到示范作用，体现我国学前教育的国际水平。它的服务对象不仅仅是国家学前教育专业的发展，还包括学科的国际发展前景，因此在制定专业培养目标时该校定位较高。再以东北师范大学为例，它的服务对象是整个东北地区的学前教育事业，旨在为地区发展输送优秀的教师，因此在培养目标的制定上显得较为务实。

(3) 价值定位

高校培养目标的设定在一定程度上体现了其秉持的教育教学观念及人才培养的态度。美国课程理论家泰勒(Taylor)早在1949年就在他的著作《课程与教学的基本原理》中提出了培养目标的三个来源，即学科专家的建议、学生需要和社会需求，这与传统教育价值观的三个流派(知识本位、学生本位、社会本位)不谋而合。基于此，我们对六所部属师范院校学前教育专业的培养目标价值取向进行了划分，如表1.54所示。

表1.54 六所部属师范院校学前教育专业培养目标价值取向划分

学校名称	知识本位	学生本位	社会本位
北京师范大学	扎实的学术基础，丰富的实践能力	赤诚的教育之爱、宽阔的国际视野和不竭的创新精神	适应经济全球化挑战和国家教育改革与发展需要，培养高素质教师、教育研究人员、教育技术工程师、教育管理人员、国际教育事务专门人才(教育外事人才)及教育产品研发和教育传媒服务等方面的专业人才，并最终成长为教育家、教育学家、教育发展专家、教育企业家等，成长为中国社会未来教育改革与发展的积极参与者和卓越领导者
东北师范大学	先进的学前教育理念和扎实的学前教育理论基础，较强的创新能力和学前教育实践能力，初步的学前教育研究能力	德、智、体、美全面发展	新型幼儿园教师
华东师范大学	——	德、智、体、美全面发展	适应学前教育事业发展需要，能在托幼机构从事保教工作的教师、学前教育行政人员、教育科研机构的幼教研究人员及相关服务机构的儿童工作者
华中师范大学	创新精神和实践能力	德、智、体、美全面发展	从事学前教育工作的高级专门人才，包括培养高素质的幼儿教师，幼儿教育师资培训和儿童传媒工作者，儿童早期社会服务、管理和研究人员等，并为研究生教育输送优质生源
西南大学	扎实的学前教育专业知识	优良的思想道德品质和基本的人文素养	具备胜任托幼机构教学、研究和管理工作的素质和能力的学前教育工作者
陕西师范大学	学前教育专业知识和能力	热爱儿童教育工作，德、智、体、美全面发展	能够在各类学前教育师资培养培训机构和托幼机构及各类儿童社会教育机构和儿童文化事业单位从事教学、研究、保教、管理工作的复合型专门人才

(注：文本来源于各高校的学前教育专业培养方案)

通过表 1.54 我们可以看出，除东北师范大学外，其他五所高校的培养目标均体现出较为明显的社会本位倾向；从学生本位角度着眼，除北京师范大学和西南大学外，其他四所高校均持全面发展的育人观；从知识本位角度着眼，除华东师范大学并未作出具体说明外，北京师范大学、陕西师范大学、东北师范大学和西南大学均体现出对基础知识与实践能力的重视，华中师范大学的培养目标并未涵盖基础知识。

2. 专业培养方案中的课程设置现状

专业培养方案与课程设置等是影响高校教育质量的相对重要因素。课程设置作为专业培养方案的重要组成部分，关系到方案的具体落实与实施。因此，对专业培养方案中的课程设置进行深入分析是反思其人才培养的重要途径。

在分析之前，我们首先将六所部属高校的学分学制、课程结构及对应的学分比例进行了简单的整理，如表 1.55 所示。

表 1.55 六所部属师范院校的课程结构及学分学制

学校名称	学分学制	课程结构	各类课程学分所占比例
北京师范大学	学制 4 年，159 学分	通识教育（学校平台课程、相关学科基础课程）	90 学分，占 56.6%
		专业教育课程（教育学科基础课程、教育学科专业课程、实践课程）	69 学分，占 43.4%
东北师范大学	标准学制 4 年，修业年限 3～6 年，150 学分	通识教育课程	49 学分，占 32.7%
		专业教育课程：专业基础课程，专业主干课程，专业教育系列课程（专业理论课程、艺术素养类、婴儿教养类、幼儿英语类、儿童传媒类、微型课程）	82 学分，占 54.7%
		生涯规划	15 学分，占 10.0%
		毕业论文	4 学分，占 2.6%
华东师范大学	学制 4 年，155 学分	通识教育课程（通识必修、通识选修）	51 学分，占 32.9%
		学科基础课程（师范生基础平台课、学科基础课）	14 学分，占 9.0%
		专业教育课程（专业必修、专业任意选修）	67 学分，占 43.2%
		教师教育课程（包括实习、师范生基本技能训练）	23 学分，占 14.9%

续表

学校名称	学分学制	课程结构	各类课程学分所占比例
华中师范大学	学制4年，160学分	通识教育（必修课、选修课）	55学分，占34.4%
		专业课程（必修课、选修课）	105学分，占65.6%
西南大学	学制4年，187.5学分	通识教育课程（通识必修课）	38学分，占20.3%
		教师教育课程（教师技能必修课）	9学分，占4.8%
		实践教学环节（实践必修课、专业必修课）	20学分，占10.7%
		学科基础课程（学科必修课）	32学分，占17.0%
		专业发展课程（专业必修课、专业选修课）	88.5学分，占47.2%
陕西师范大学	学制4年，164学分	通识教育模块（通识教育必修课、通识教育选修课）	47学分，占28.7%
		学科基础模块（相关学科基础课、本学科基础课）	20学分，占12.2%
		专业课程模块（专业必修课、专业限定选修课）	65学分，占39.6%
		教师教育模块（公共必修和选修）	15学分，占9.2%
		实践模块	17学分，占10.3%

（注：文本来源于各高校的学前教育专业培养方案）

结合表1.55我们可以看出，除东北师范大学额外提到学生修业年限为3~6年外，其他五所高校的学前教育专业均采取四年制本科的基本模式，但在学分总数上存在差异。其中东北师范大学学分总数最少，仅有150学分；西南大学学分总数最多，有187.5学分。

在课程结构分类上，六所部属师范院校高校也存在一定的差异。北京师范大学和华中师范大学的课程结构最简单，分为通识课程和专业课程。西南大学、陕西师范大学和华东师范大学的课程结构大同小异，分为通识教育课程、专业教育课程、学科基础课程和教师教育课程。区别于陕西师范大学和西南大学将实践课程单另为一个独立的课程模块，华东师范大学将其归入教师教育课程模块。东北师范大学的基本课程结构类似于北京师范大学和华中师范大学，涵盖通识教育课程和专业教育课程，但是不同于这两所高校的是它将生涯规划和毕业论文单独划分为两个独立的板块，分别计算学分和比例。

结合具体课程模块的学分数及比例我们可以看出，六所部属师范院校均开设通识教育课程，有推行通识教育的想法和意识，但除北京师范大学将大量的学分数划归通识教育课程外，其他高校都将大部分的学分数划归专业教育课程模块。综合已有观点，即推行通识教育的高校，其通识教育课程学分数应至少占到总学分数的25%左右①进行分析，我们可以发现，除西南大学的通识教育课程学分数不足总数的25%以外，其余五所高校均已超过基本标准。其中，北京师范大学的通识教育课程学分数甚至超过总学分数的一半，达到56.6%。由此可见，六所部属师范院校虽然在落实通识教育的进度和程度上存在差异，但均在推行通识教育，且已形成趋势。六所部属师范院校的课程分类如表1.56所示。

表1.56 六所部属师范院校的课程分类

学校名称	课程数及学分数	全校通识学前课程	教育专业通识课程	学前教育专业必修课程	学前教育专业选修课程 限选	任选
北京师范大学	课程数	20	16	9	8	（未标明）
	学分数	102	39	20	16	（未标明）
东北师范大学	课程数	12	11	38	30	（未标明）
	学分数	49	43	64	31	（未标明）
华东师范大学	课程数	13	12	17	49	（未标明）
	学分数	51	25	43	72	（未标明）
华中师范大学	课程数	19	7	16	35	（未标明）
	学分数	55	22	41	73	（未标明）
西南大学	课程数	18	23	11	32	（未标明）
	学分数	38	61	29	59.5	（未标明）
陕西师范大学	课程数	18	31	20	10	（未标明）
	学分数	47	90	38	20	7

（注：文本来源于各高校的学前教育专业培养方案）

将六所部属师范院校学前教育专业课程进行进一步的区分后可以得到表1.56。其中，通识课程细化为全校通识教育课程和专业通识教育课程。从表1.56中我们可以看出，北京师范大学、华东师范大学和华中师范大学设置的全校通识教育课程较多，划归的学分数也较多；东北师范大学基本持平；陕

---

① 张寿松：《大学通识教育课程论稿》，139页，北京，北京大学出版社，2005。

西师范大学和西南大学偏重专业通识课程。

将专业课程划分为必修课程和选修课程后我们可以看出，北京师范大学、陕西师范大学和东北师范大学专业必修课程较多，学分比重较大；西南大学、华东师范大学和华中师范大学专业选修课程较多，学分比重较大。此外，除陕西师范大学标明专业选修课程的标准学分数外，其余高校均未在培养方案中明确标注专业选修课程的课程数和学分数。

3. 通识教育与专业教育

（1）通识课程的分类

高等院校作为培养高层次专门人才的教育教学活动场所，承担着保存和传承人类文明成果、探寻真理、继承与更新文化价值观念的重任。它们传承的文明成果、真理和价值观念应是广义的、能被所有人学习和运用的，并非是狭义的、独属于某一专业的。

过去我国一直运用应试教育为国家选拔人才，用专业教育模式为国家培养人才，虽说这在一定程度上满足了特定历史时期国家和社会对人才的渴求，但是这一教育制度也广受人民群众诟病。以职业为导向的培养模式存在知识面狭窄、功利性和社会指向性过强等问题，严重约束了高校的发展，限制了学术自由，也不能满足现今知识时代对人才全面发展、终身学习的要求。于是，为了拥护高校自身的发展使命，促进个体发展，推动整个教育事业及国家的进步，高校必须寻求适宜的发展模式。

随着教育事业的发展，新的教育模式——素质教育应运而生，并逐渐取代应试教育走入我国的教育体系中。在已有的学术研究中，研究者将国内推行的素质教育与世界趋势的通识教育进行了对比，认为我国的素质教育是带有自身社会意识形态的教育模式。近年来，国内高校，以部分研究型综合性大学为代表，如北京大学、清华大学、复旦大学和浙江大学等，也开始逐渐引入并落实通识教育理念，探索通识教育的开展形式，部分高校已小有成果。

作为高等教育的基本单位，院系通识教育的落实必然受到高校整体教学观念、教育理念与价值观念的影响，可以说是整个高校通识教育落实情况的缩影。因此，通过对院系通识教育课程的研究，我们可以探索高校整体通识教育的推行现状。

由此，本研究聚焦于六所部属师范院校学前教育专业的培养方案，以通识教育课程和专业教育课程两个维度进行划分，通过对比分析其课程设置情况，总结六所部属师范院校的通识教育现状，分析六所部属师范院校的课程设置是否符合其教育发展模式。六所部属师范院校通识教育课程的分类如表1.57 所示。

表1.57 六所部属师范院校通识教育课程的分类

学校名称	通识教育课程分类
北京师范大学	通识教育课程：学校平台课程（思想政治理论、大学外语、军训与军事理论、体育与健康、信息技术、大学美育），相关学科基础课程（数学和自然科学、人文与社会科学、专业前置课程）
东北师范大学	通识教育课程：通修课程（思想政治理论课程、健康与体育课程、国防教育课程、交流与表达课程、数学与信息技术课程），通选课程（人文、社会、自然、艺术类课程）
华东师范大学	通识教育课程：通识必修（英语类、计算机类、思政类、体育类、数学统计类、其他通识必修），通识选修（自然科学系列、信息科学系列、语言基础系列、文艺体育系列、社会科学系列、人文科学系列、教师综合素质系列）
华中师范大学	通识教育模块：必修课、选修课
西南大学	通识教育课程：通识必修、通识选修
陕西师范大学	通识教育模块：通识教育必修课、通识教育选修课

（注：文本来源于各高校的学前教育专业培养方案）

由表1.57我们可以看出，六所高校均开设了通识教育课程。虽然具体分类不尽相同，但都可以大致归为通识必修课程和通识选修课程。其中，通识必修课程大同小异，均涵盖思想政治、大学英语、体育健康等基础内容，但选修课程的涵盖范围存在差异。

北京师范大学的通识课程分为学校平台课程和相关学科基础课程，涵盖自然科学和人文社会科学，且要求修取的学分数较多，为102学分；东北师范大学通识课程包括通修课程和通选课程，内容涵盖人文、社会、自然、艺术等领域，但要求修取的学分较少；华东师范大学的通识课程包括必修和选修两部分，其中通识选修课程分为文理两科，涵盖自然科学、人文社会科学教师综合素质等内容，要求修取的学分数较多；华中师范大学通识课程分为必修和选修两部分，涵盖理科和艺术类学科，要求修取的学分数较多；西南大学通识课程分为通识必修课程和通识选修课程，内容涵盖面较窄，由于学分过少，必修课过多，学生往往修完通识必修课后就已修满标准学分数，不必再修选修课程；陕西师范大学通识课程分为必修和选修两部分，仅涵盖基础课程，跨学科课程少。

综合考虑国家发展水平及社会意识形态等因素，我们拟选取发展现状、水平和地位类似或高于六所部属师范院校的高等院校，最后，我们以北京大学和武汉大学的通识教育课程分类为对比对象，分析六所部属师范院校的通识教育课程分类。

北京大学的通识教育课程分为数学与自然科学领域、社会科学领域、哲学与心理学领域、历史学领域、语言学与文学艺术领域。武汉大学的通识教育课程包括必修和选修两种，其中必修课程包括政治思想类、语言工具类、体育类和计算机类等，通识教育选修课分为人文科学领域、社会科学领域、数学与自然科学领域、中华文明与外国文化领域及跨学科领域五大类。①

通过对比我们可以看出，六所部属师范院校的通识教育课程分类范围仍显狭窄，对通识教育理念的理解仍有欠缺。

(2)通识课程学分及学时数

通过具体对比高校专业培养方案的课程设置我们发现，六所部属师范院校在课程划分和学分、学时的设置上存在差异，因此在将六所部属师范院校的学前教育专业课程重新划分为通识教育课程和专业教育课程的基础上，重新对各类对应的课程数、学分数与学时数进行了统计，得出表1.58。

表1.58 六所部属师范院校课程的学分与学时数

学校名称	通识教育课程					专业教育课程				
	课程数	学分数	学时数	占总学时数百分比	开设学期	课程数	学分数	学时数	占总学时数百分比	开设学期
北京师范大学	20	102	1664	60.80%	1~8学期	31	75	1073	39.20%	
东北师范大学	12	49	—		1~8学期	79	138			
华东师范大学	17	65	—		1~8学期	74	132	—		
华中师范大学	19	55	948	34.60%	1~8学期	54	126	1792	65.40%	2~8学期

---

① 袁芳：《师范大学通识教育课程设置研究——以东北师范大学为例》，硕士学位论文，东北师范大学，2013。

续表

学校名称	通识教育课程					专业教育课程				
	课程数	学分数	学时数	占总学时数百分比	开设学期	课程数	学分数	学时数	占总学时数百分比	开设学期
西南大学	18	38	636	21.50%	1～5学期	66	149.5	2323	78.50%	
陕西师范大学	22	55	873	33.00%	1～7学期	58	104	1773	67.00%	

(注：文本来源于各高校的学前教育专业培养方案)

结合表1.58中的学分划分情况进行分析，北京师范大学在通识教育课程上划分了102学分，不仅远远高于本专业专业教育课程的学分数，而且是其他高校通识教育课程学分数的2～3倍。在其余五所高校中，西南大学通识教育课程划分的学分数最少，仅有38学分，约是专业教育课程学分数的1/4。由此可见，不同部属师范院校在进行人才培养时各有侧重。结合专业培养目标我们可以看出，北京师范大学希望培养专业人才，西南大学注重培养学前教育工作者，培养领域范围的大小差异影响了高校的学分划分。

根据专业培养方案中各课学时数，整理各校通识教育模块与专业教育模块的整体学时数和所占比例，我们可以发现，除华东师范大学和东北师范大学没有标明各通识教育课程的学时数和学时数所占百分比之外，其余四所部属师范院校均有明确标注。其中通识课程学分数最多的北京师范大学学时数也最多，达到1664课时，占总课时数的60.8%，约为专业课程学时数的1.5倍；华中师范大学要求学生用948课时修完55学分的通识课程，学时数占总课时数的34.6%，约为专业课程学时数的1/2；陕西师范大学通识课程的学时数是873学时，占总课时数的33%，约为专业课程学时数的1/2；西南大学通识课程的学时数仅为636学时，占总课时数的21.5%，约为专业课程学时数的1/4。

结合具体的模块内容及学校发展目标和要求进行分析后我们不难看出，虽然北京师范大学和西南大学都实行的是大类招生，学生在前一至两年基本上都是学习一些通识课程，在第二年甚至第三年才开始根据自己的兴趣选择专业，修专业课程的学分，但是二者在通识教育课程的学分数上却存在较大的差异。北京师范大学通识教育课程的学分达到102分，而西南大学通识教育课程的学分仅为 38 学分，几乎是北京师范大学通识教育课程学分数的 1/3，并未达到落实通识教育的最低标准，没有显示出其大类招生为学生提供丰富基础知识的教育理念。其余四所高校由于采取的是直接进行专业招生，即学生进入校园后同时学习通识课程和专业课程，因此在学分分配方面仍旧较为偏重专业课。

对比六所部属师范院校通识教育选修课的选课规定我们可以看出，华东师范大学在培养方案中明确提出了各类别学生选修课程过程中应该注意的事项，如文科生必须在数学统计类四门课程中任选一门 2 学分的课程，并在自然科学、信息科学课程中修读 6 学分。华中师范大学指出学生至少要选修 12 学分，其中理科类不少于 4 学分，艺术类不少于 2 学分，其他 6 学分由学生自主选修。陕西师范大学、东北师范大学虽然没有在培养方案中明确指出，但在通识教育模块的选修课一栏标出了限定选修和任意选修课程的数目及选修的学分数。北京师范大学和西南大学则没有明确的选修说明。

通过对高校通识教育课程学时数的整理，我们可以看出各高校对通识教育课程的重视程度，并可由此推知学生在相关知识领域付出的努力及学习的深度和广度。

(3) 通识课程中必修课与选修课的比例

通识教育课程中必修课程与选修课程的比例可以反映高校给予学生的自主选择权的多少，也可以反映高校所能提供的通识教育课程的广度。国外推行通识教育已久，我国台湾地区也已引进通识教育多年，在必修课程和选修课程的比例上经过多年调整，经验丰富，可以借鉴。六所部属师范院校通识课程的学分数如表 1.59 所示。

表 1.59　六所部属师范院校通识课程的学分数

学校名称	必修通识课程学分数	选修通识课程学分数	两者比例
北京师范大学	72	30	2.4∶1
东北师范大学	39	10	3.9∶1
华东师范大学	39	18	2.2∶1
华中师范大学	43	12	3.6∶1
西南大学	38	——	——
陕西师范大学	39	8	4.9∶1

(注：文本来源于各高校的学前教育专业培养方案，比例保留至小数点后一位)

结合表 1.59 可以看出，西南大学的通识教育模块仅靠修完必修课程就可以达到基本学分要求，陕西师范大学的必修与选修通识教育课程比例最高，华东师范大学的课程比例最小。北京师范大学的通识教育课程学分数最多，但是课程比例仍有待调整。

通过与国内外其他高校的课程比例的对比我们可以看出，我国的通识教育课程仍以必修课程为主，选修课程开课较少，所占学分较少，学生的选择余地较小。

4. 专业课程设置与核心能力培养

高等师范院校的专业人才培养究竟应该如何定位一直是困扰学者的重要问题。师范类高校不仅承担着促进学术发展、培养研究型人才的责任，还承担着为一线教师队伍输送新鲜、优质血液以推动我国教育事业不断向前发展的历史重任。尤其是近年来国家推行免费师范生政策，使得部属师范院校的人才培养出现了转变。结合部属师范院校毕业生的就业情况我们可以看出，毕业生并非全部走上了一线教学岗位，一大部分从事着与专业相关的其他岗位，如相关的管理岗、研究岗等。

因此，高校在人才培养的过程中应该把握自己培养高层次专门人才的责任与义务，综合教师教育培养目标中有关"素质目标综合化"的表述，将人才培养的重点落在培养包含教师、教学研究人员及其他教育工作者在内的专业人才上，逐步实现人才培养由技术型向研究型的转变。

作为部属师范院校院系设置的组成部分，学前教育专业的人才培养不仅要为幼儿园一线输送优秀教师，而且应该立足于为学前教育相关领域培养专业人才。在人才培养的过程中学校不应局限于培养学生掌握一线教师应该具备的基本知识与能力，还要关注作为优秀学前教育领域人才所应具备的专业知识与能力。

结合六所部属师范院校有关培养目标的表述我们也可以发现，东北师范大学虽然明确指出培养的是新型幼儿园教师，但也表示要培养学生基本的学术研究能力等，其他五所部属师范院校均表示要培养学前教育工作者，其中北京师范大学和陕西师范大学等高校更是明确提出要培养专业人才。由此我们看出，部属师范院校的学前教育专业的人才培养不单纯以一线教师为目标，其落脚点在于培养优秀学前教育专业人才，因此在进行相关培养方案分析时，我们应结合学前教育专业人才的核心能力标准展开。

由于国内外现有的研究多采用穷尽式的举例法，对教师专业能力的界定尚未形成清晰的体系，无法说明学前教育专业人才应该掌握哪些能力。因此笔者在进行相关分析时，主要参照美国的学前教育专业人才的核心能力标准。在综合对比包括纽约州、弗吉尼亚州等在内的五个州有关学前教育专业人才应该具备的核心能力的表述后，笔者以纽约州的相关标准为依据，重新划分了六所部属高校的学前教育专业课程，并计算了每一个标准下所有课程的学分总数，如表1.60所示。

表1.60 六所部属师范院校专业课程与学前教育专业人才核心能力

纽约州核心能力标准	北京师范大学 课程数	北京师范大学 学分	东北师范大学 课程数	东北师范大学 学分	华东师范大学 课程数	华东师范大学 学分	华中师范大学 课程数	华中师范大学 学分	西南大学 课程数	西南大学 学分	陕西师范大学 课程数	陕西师范大学 学分
儿童成长与发展	1	3	2	3.5	4	8	—	—	1	3	2	5
与家庭和社区的关系	—	—	1	2	3	2	4	1	2	1	2
观察与评价	—	—	3	3.5	2	3	3	6	4	8	2	4
环境	—	—	1	1	1	1	1	2	—	—	—	—
课程	10	23	18	22	11	22	7	17	11	24	10	21
健康、安全与营养	1	3	1	2	2	4	1	3	2	4	1	3
专业能力	16	44	40	99	40	86	29	79	42	102	34	58
领导能力	—	—	—	—	—	—	—	—	—	—	—	—
行政与管理能力	2	5	3	6	2	4	5	15	3	6.5	3	4

（注：数据来源于各高校的学前教育专业培养方案）

在表1.60所示的纽约州核心能力标准中部分领域经过细化，拆分为若干个小维度进行课程划分。归类整理后，"儿童成长与发展"包括学前教育学、学前儿童心理学、儿童文学等基础课程，"与家庭和社区的关系"包括幼儿园与家庭共育、家庭教育学、教育社会学等课程，"观察与评价"包括教育研究方法、幼儿园教育质量评价、儿童行为观察等课程，"环境"包括幼儿园环境创设等课程，"课程"包括教学论、课程论、各领域教学法等，"健康、安全与营养"主要包括学前卫生学、幼儿保育学等，"专业能力"包括幼儿园教师应掌握的专业基础知识、基本技能的培训、多媒体技术的训练以及相关政策法规的解读等，"行政与管理能力"包括学前教育管理学等课程。

可以看出，六所部属师范院校都较重视学生专业能力的培养，在这一板块开设的课程数及划分的学分数最多。但是除北京师范大学外，其余部属师范院校均较偏重技能技巧性课程。此外，部属师范院校都没有开设与领导能力相关的课程，在"与家庭和社区的关系""观察与评价""健康、安全与营养""行政与管理能力"方面的课程也较为欠缺。例如，北京师范大学在"与家庭和社区的关系"上没有开设相关的课程，其余部属院校也仅仅开设了一两门家庭教育学、教育社会学等。在专业能力的培养上，北京师范大学也存在一定程度的欠缺，学生缺少的技能是不能通过见习与实习得到弥补和锻炼的。

由此可见，六所部属师范院校现有的学前教育专业人才培养方案还不能全面覆盖学前教育领域专业人士的核心能力，且在培养上并非以培养全面的专业人士为己任，专业课程的设置仍有待改进和补充。

5. 专业课程与教师专业标准

(1) 六所部属师范院校学前教育专业课程与我国幼儿园教师专业标准

随着我国社会政治经济的不断发展，教师教育大学化和专业化进程的逐步加快，以及各行业对所需人才的要求的逐步提升——从要求数量到要求质量、从要求学历到要求素质，教师队伍的素质问题逐渐成为社会关注的焦点。学前教育作为基础教育之基础，其教师队伍质量的提升与发展也得到了社会的广泛关注。

为建设高素质的幼儿园教师队伍，促进幼儿园教师的专业发展，推进其专业化进程，我国进行了一系列的相关改革。从师范教育到教师教育，教师的培养模式从封闭、定向走向开放、综合，原有的三级培养模式被打破，中师逐渐退出历史舞台，越来越多的综合性大学加入教师培养的队伍，承担起为一线培养优秀教师、为教育行业输送人才的历史重任。六所部属师范院校作为教师教育与培养的领军者，更应该为幼儿园教师队伍的建设贡献出一份力量。自2007年以来，国家在六所部属师范院校率先落实免费师范生政策，通过免除学费、提供生活费吸引有志投身教育的优秀学生，并要求他们毕业后回到生源地从事一线教育。通过这一政策，我们可以看出国家对提升教师队伍质量的态度，并认识到高校在高素质教师队伍建设过程中承担的重任。

随着教师培养平台的多元化、教师准入制度的建立、教育资源的日渐丰富及社会对高素质人才要求的提高，相关专业标准的构建迫在眉睫。但是长期以来，我国一直没有明确的幼儿园教师专业评判标准，虽然一线教师和领域专家都有各自的想法和观点，但始终没有成文。国内的不少研究者进行了针对性的研究，提出了有关专业标准的划分维度。有研究者指出，专业标准应强调专业基础，强化专业素质培养，还要注重专业知识与技能的传授。还有研究者将教师的专业标准划分为专业特质、专业知识、专业技能和专业沟通能力四部分。其中专业特质包括专业品质、价值观、人格和心理特征及专业伦理等；专业技能包括基本的书写技能和语言技能，计划、实施、评估及反馈教学活动的技能等。

在大量已有研究的基础上，为保证幼儿园教师队伍的素质水平，促进专业发展，教育部于2012年组织一线教师及相关行业领域专家共同商议，出台了《幼儿园教师专业标准（试行）》。这一文件作为我国对合格幼儿园教师专业素质的基本要求，指出幼儿园教师作为履行幼儿园教育工作职责的专业人员，需要经过严格的培养与训练，具备良好的职业道德，掌握系统的专业知识与技能。

《幼儿园教师专业标准（试行）》主要分为专业理念与师德、专业知识和专业能力3个维度，包含14个领域、62个点，充分体现了幼儿园教育的突出特点和保教工作的基本任务，强调了幼儿园教师必须具备的良好环境的创设与利用能力、幼儿一日生活的合理组织与保育能力、游戏活动的支持与引导能力、教育活动的恰当计划与实施能力等。在基本要求层面，这一文件充分反映了幼儿园教师必须具备的专业态度、知识与能力，如特别强调了幼儿园教师要将幼儿的生命安全与身心健康放在首位，具有相应的专业知识和能力，要掌握和尊重幼儿身心发展的年龄特点和个体特点，重视生活对幼儿健康成长的重要价值，重视环境和游戏对幼儿发展的独特作用，掌握幼儿园环境创设、一日生活安排、游戏与教育活动、班级管理的知识与方法等。

六所部属师范院校受免费师范生政策及教师教育大学化趋势的影响，成为幼儿园教师的重要培养主体。因此，在分析其人才培养时，我们有必要结合幼儿园教师专业标准，探寻其人才培养是否满足社会对幼儿园教师的基本要求。

因此我们按照《幼儿园教师专业标准（试行）》及对其的解读中涉及的按维度和领域重新划分的六所部属师范院校学前教育专业培养方案中已有的专业课程，经过统计，做成了表1.61。

表 1.61 《幼儿园教师专业标准（试行）》与六所部属师范院校专业课程

维度	领域	北京师范大学 课程数	北京师范大学 学分	东北师范大学 课程数	东北师范大学 学分	华东师范大学 课程数	华东师范大学 学分	华中师范大学 课程数	华中师范大学 学分	西南大学 课程数	西南大学 学分	陕西师范大学 课程数	陕西师范大学 学分
专业理念与师德	（一）职业理解与认识	4	10	3	6	2	5	3	7	4	7.5	5	7
专业理念与师德	（二）对幼儿的态度与行为	—	—	—	—	1	2	—	—	1	1	—	—
专业理念与师德	（三）幼儿保育和教育的态度与行为	—	—	—	—	—	—	—	—	—	—	—	—
专业理念与师德	（四）个人修养与行为	—	—	—	—	—	—	—	—	—	—	—	—
专业知识	（五）幼儿发展知识	1	3	2	3.5	4	8	—	—	1	3	2	5
专业知识	（六）幼儿保育和教育知识	2	5	12	14.5	6	9	1	3	4	8.5	1	3
专业知识	（七）通识性知识	5	18	18	40	18	36	20	58	22	53.5	13	27
专业能力	（八）环境的创设与利用	1	3	2	3	3	4	4	10	2	5.5	1	2
专业能力	（九）一日生活的组织与保育	—	—	—	—	—	—	—	—	—	—	—	—
专业能力	（十）游戏活动的支持与引导	1	3	7	7	4	6	4	9	2	4	4	5
专业能力	（十一）教育活动的计划与实施	10	23	12	17.5	11	22	7	17	10	21.5	10	21
专业能力	（十二）激励与评价	—	—	3	3.5	2	3	3	6	4	8	2	4
专业能力	（十三）沟通与合作	—	—	1	2	2	3	2	4	1	2	1	2
专业能力	（十四）反思与发展	6	13	8	41	10	32	5	12	8	27	9	16
	其他	—	—	1	1	1	1	—	—	5	8	5	5

（注：数据来源于各高校的学前教育专业培养方案）

我们结合《幼儿园教师专业标准（试行）》解读中提出的详细维度，将六所部属师范院校的课程重新归类划分后可以得出，六所部属高校均开设有论述国家教育方针政策的课程，但是缺乏有关儿童生存发展权利的法律法规的课程。

华中师范大学欠缺有关幼儿园教师职业认知、态度与道德的课程；北京师范大学和陕西师范大学开设专业导学课以引导学生认识学前教育专业；北京师范大学、西南大学、陕西师范大学和东北师范大学开设了德育原理等课程培养学生基本的职业道德；在学前教育价值的传授方面，除东北师范大学和华中师范大学外，其余四所高校均开设有学前教育学等课程以实现基本知识的传输。

在培养学生掌握"与同事、家庭和社区关系"方面知识的过程中，北京师范大学缺乏相关课程，其余五所高校也只开设了家庭教育学、教育社会学等基础课程，并未培养学生与教师或保育员合作协调和适应、完成并认可团队工作、与同事建立良好的合作关系以充分实现家园共育的能力。

六所部属师范院校均设有教导学生营造积极精神氛围和人际环境，深入理解幼儿园游戏兼具的自然性和教育性的课程，但并未设置有关重视环境和游戏对幼儿发展的作用，让幼儿在游戏中获得快乐和发展及提供适宜的活动材料和资源等方面的课程。此外，北京师范大学、西南大学及陕西师范大学都没有开设有关创设探索性物质环境的课程。其中，北京师范大学还缺少教导学生创造和保障幼儿开展游戏的条件的课程。

在教导学生如何对幼儿做出客观全面的了解和评价这一方面，北京师范大学存在课程的缺失。此外，北京师范大学、陕西师范大学和华东师范大学还缺乏教导学生如何有效地将评估结果运用于日常保教工作中的课程。

六所部属师范院校都较为重视培养学生制订合理的阶段性教育活动计划的能力及结合不同领域的特点支持幼儿学习活动的能力，并注重有关幼儿卫生保健与安全知识的传授。但六所部属师范高校均缺失教导学生因人施教，实施有效指导，坚持保教结合原则，关注幼儿生活细节，了解幼儿学习与发展的基本方法，寓教育于生活之中并专注教育契机，做到在日常生活中保护幼儿的安全及重视幼儿的健康，在教育教学工作中遵循幼儿的学习特点的课程。除西南大学和东北师范大学外，其余四所部属师范院校在培养学生把握幼儿园教育目标、任务和基本原则方面存在课程缺失。除东北师范大学外，部属高校均未开设与"幼儿园教育方法、内容、途径"相关的课程。华东师范大学和华中师范大学还缺乏教导学生选择教育活动主题、明确教育目标的课程。

幼儿园教育作为基础教育之基础，需要与0~3岁及小学阶段完成衔接，但是六所部属师范院校的现有课程设置中仍缺少相关课程，尤其是陕西师范大学和华中师范大学。其余四所高校虽然有与之相关的课程，但多为选修课程或对0~3岁的教育规律作简单描述，并未进行深入的教学和指导，涉及有效衔接的课程更是少之又少。鉴于近年来围绕"幼小衔接、幼儿园小学化"等问题展开讨论与研究的热潮日益兴起，高校应该开设相关课程，及时进行科学指导。

考虑到幼儿园教师工作的特殊性，教师在日常工作中不仅要传授知识，还要关注幼儿的身心健康。其中生命安全尤为重要，幼儿是尚未成熟的生命个体，还不能很好地保护自己，对他们进行生命安全教育具有一定的必要性。但是六所部属师范院校的课程设置中，仅有西南大学和华东师范大学强调学生要了解如何进行生命安全教育，其余四所部属师范院校均存在课程的缺失。

结合表1.61我们可以看出，六所部属师范院校缺乏教导学生建立科学合理的一日生活制度流程、了解幼儿独特性和优点的相关课程。华中师范大学虽然开设了基础心理学的课程，但是忽视了有关幼儿心理发展规律知识的教导。除华东师范大学和东北师范大学开设了有关学前儿童融合教育的相关课程以关注儿童发展的年龄特征与个体差异外，其余四所部属师范院校均未开设相关课程，这与现今提倡的融合教育的综合趋势不符，有待改革。

针对幼儿发展中的常见问题，除陕西师范大学和华东师范大学开设了特殊教育课程外，其余四所部属师范校均存在课程缺失的问题，这与现今国际上提倡的幼儿园教师应该具备基本的特殊教育知识不符，需改进。

六所部属师范院校均较为重视学生人文科学知识的培养，但在自然科学知识的传授方面显得较为薄弱。此外，除北京师范大学外，其余五所部属师范院校均较为重视学生艺术素养的培养，开设有艺术及相关技能技巧训练的课程。同样，除北京师范大学外，其余五所部属师范院校均开设有现代信息技术课程，教导学生运用现代信息技术丰富、改善课程教育方式。六所部属师范院校均未开设培养学生亲和力、个性修养、形成健康的心理状态、乐于学习的品质的课程，也没有教导学生如何倾听幼儿、提高与幼儿互动的能力和水平的课程，使得学生在实践教学过程中很难快速适应教学环境，完成教育教学任务。在培养学生的研究、反思能力方面，六所部属师范院校均开设有相关课程，种类也较为丰富多样，可见无论是研究型大学还是研究教学型大学，都十分重视这类能力的培养。

由于简单的课程数并不能完全体现一所高校对某一领域的重视程度，因此我们将课程数转化为对应的学分数进行分析。我们可以看出，六所部属师范院校的绝大部分学分都划分在通识性知识板块，凸显了部属高校落实通识教育的趋势，但各部属师范院校在其他的专业知识与技能培养上仍各有短板。虽然高校开设的课程涉及各个领域，但是划分到每个领域的学分数并不多，部分领域仍存在学分数过低的问题，如划归到"对幼儿的态度与行为"和"游戏活动的支持与引导"等多个板块中的学分数仅为个位数字，仍有待调整。

结合六所部属师范院校的人才培养定位我们可以看出，北京师范大学致力于培养研究型人才，因此专业技能型课程相对较少，其余部属师范院校的培养目标是培养专业领域的相关人才，因此实践技能的课程开设较多。但是综合考量免费师范生政策下部属师范院校的人才培养指向，我们可以看出，六所部属师范院校现有的课程设置还不能完全符合幼儿园教师的专业标准，也不能满足社会对建设高素质幼儿园教师队伍的需求，所培养的人才还需提升专业理念与师德，并加强专业能力的训练。

(2)六所部属师范院校学前教育专业课程与美国幼儿园教师专业标准

美国学前教育专业培养规格一般与权威专业组织全美幼儿教育协会颁布的《幼儿教师职业准备标准》(以下称为"NAEYC标准")相一致，因此本文在进行国际比较时，参照全美幼儿教育协会的相关标准进行划分，如表1.62所示。

表1.62 NAEYC标准与部属师范院校学前教育专业课程

NAEYC 能力标准	北京师范大学		东北师范大学		华东师范大学		华中师范大学		西南大学		陕西师范大学	
	数量	学分	数量	学分	数量	学分	数量	学分	数量	学分	数量	学分
了解幼儿的发展与学习	3	9	4	6.5	7	14	2	6	4	10	4	10
构建家园关系及园所与社区之间的关系	—	—	1	2	2	3	2	4	1	2	1	2
合理运用评估方式	—	—	3	3.5	2	3	3	6	4	8	2	4

续表

NAEYC 能力标准	北京师范大学		东北师范大学		华东师范大学		华中师范大学		西南大学		陕西师范大学	
	数量	学分	数量	学分	数量	学分	数量	学分	数量	学分	数量	学分
运用教与学促进幼儿的学习与发展	10	23	18	22	11	22	7	17	11	24	10	21
成为学前教育领域的专业人才	17	46	43	105	42	89	35	93	44	106	36	60

（注：文本来源于各高校的学前教育专业培养方案）

结合全美幼儿教育协会提出的教师专业标准进行课程划分后我们可以看出，六所部属师范院校的大部分课程和学分都集中在培养学生成为学前教育领域的专业人才上，但是具体分析课程后可以看出，六所部属师范院校的人才培养偏重于幼儿园教师的培养，如多所高校都开设有技能技巧性质的课程。

北京师范大学没有开设教导学生构建家园关系、园所与社区之间的关系及合理运用评估方式的课程，其余五所部属师范院校在这两门课程上开设的课程数及划归的学分数也较少。部属师范院校对家园合作、家庭与社会环境对幼儿的影响力及评价对幼儿的作用的重视程度还有待提升。

作为幼儿园教师，了解幼儿的发展与学习是开展活动并完成教育计划的基础，但是现行六所部属师范院校课程设置中针对这一板块开设的课程数目和划归的学分数仍较少，需要增加。

在运用教与学促进幼儿的学习与发展方面，六所部属师范院校开设的课程数和划归的学分数相近，可见六所部属师范院校对学前教育阶段教师教学能力的培养态度是一致的。

6. 教育见习与实习的组织形式及学分

学分的安排及教育实习、见习的频次高低体现了高校对专业实践的重视程度，也能够体现学校的发展定位和目标。有研究者指出，师范院校的实践环节应当多元化和丰富化，不仅要为学生提供丰富的实践机会，充足的实践时间，还要有多样的实践指导。① 但是纵观六所部属师范院校现有的实践环

---

① 《教师教育课程标准》专家组：《教师教育课程标准的国际比较研究》，载《全球教育展望》，2008(9)。

节安排，总体仍显薄弱。六所部属师范院校的教育见习和实习如表 1.63 所示。

表 1.63　六所部属师范院校的教育见习和实习

学校名称	教育见习开展学期	教育见习学分	教育实习开展学期	教育实习学分
北京师范大学	—	—	第 1~8 学期均有	4
东北师范大学	第 2~4 学期	3	第 7 学期	10
华东师范大学	第 6 学期	2	第 7 学期	6
华中师范大学	第 3、5、7 学期	2	第 7 学期	6
西南大学	—	—	第 6 学期	8
陕西师范大学	第 1~6 学期	1	第 7 学期	4

（注：文本来源于各高校的学前教育专业培养方案）

这里结合表 1.63 分析六所部属师范院校在教育实习与见习的频次和学分安排上存在的差异。

北京师范大学和西南大学并未安排教育见习，陕西师范大学的教育见习频率最高，但是学分最少；华中师范大学和华东师范大学的教育见习学分数虽然一样，但是频率不等，前者安排了三个学期的教育见习，后者只有一个学期开展教育见习，且时间安排较靠后。东北师范大学虽然教育见习学分数最多，但见习次数与华中师范大学持平，不同于华中师范大学隔一个学期开展一次见习活动的形式，东北师范大学采用连续三个学期进行教育见习的模式。

北京师范大学是六所部属师范院校中教育实习次数最高的，每个学期都有教育实习的安排弥补了教育见习的缺失，但学分数相对较少。其余五所部属师范院校的实习次数相同，都是只有一个学期开展教育实习，其中，除西南大学的教育实习安排在第 6 学期外，其余四所部属师范院校的教育实习均安排在第 7 学期，即教育见习环节结束之后。五所部属师范院校中，东北师范大学的教育实习学分数最多，西南大学次之，华东师范大学和华中师范大学再次之，陕西师范大学最少。

综合部六所属师范院校的见习、实习次数的安排我们可以看出，西南大学的次数最少，学生缺少在实践中践行教育理念、磨炼自己组织教学活动、开展有效互动的能力，有待改善。

结合六所部属师范院校的类型定位进行分析我们可以看出，北京师范大学和华东师范大学虽均为研究型大学，以教育科研为主，但是在教育实习、见习的学分数和频次上并未减少，体现了师范大学的基本职责。在教育实习的频次安排上，华东师范大学明显少于北京师范大学，但在学分安排上，华东师范大学则是北京师范大学的1.5倍。

其余四所部属师范院校作为研究教学型大学，在研究和教学中偏向后者，重点在于培养优秀的教师，其中陕西师范大学在教育实习和见习的频次上明显多于同类型的其他三所大学，但在学分安排上则较少，其中学分安排最多的是东北师范大学，比陕西师范大学多出8学分。西南大学的教育实习虽然所占学分数较多，但是频次较少。

结合学校的发展目标和定位进行分析：研究教学型大学旨在培养复合型人才，即研究能力和实践能力并举的人才，因此在学分安排和频次安排上都应当有所增加。但通过对比六所部属师范院校我们可以看出，作为研究教学型大学的陕西师范大学虽然在频次安排上较多，但学分安排较少；华中师范大学、西南大学的学分安排也只是与华东师范大学持平，没有体现高校自身发展定位和特点；西南大学的实习频次有待增加，以凸显自身办学定位。

第二部分 中国教师教育体系的问题与发展建议

一、省级教师教育外部管理的现状、问题与发展建议

教师教育机构内部管理已经受到关注，并且取得了一定的研究成果。但是教师教育管理机构的现状及存在的问题却很少受到关注。随着教师教育大学化及综合性大学参与教师教育的推进，教师教育管理机构的职能也在不断发生变化。

教师教育外部管理主要体现在国家层面的教育部与省级层面的教育厅的教师教育组织结构的设置及其职能。在国家层面，教育部教师工作司统筹管理整个国家的教师教育事业。在省级层面，教育厅统筹管理省域内的教师教育事业。这些机构的设置及其职能划分会影响教师教育资源的有效配置与管理的有效协调，最终影响教师教育质量的提升。随着教师教育大学化及师范教育向教师教育话语体系的转变，教育部已经调整了教师教育管理机构，把原来的师范教育司调整为教师工作司。那么在省域内教师教育组织结构的设置是什么？其教师教育职能是如何配置的？这样的职能设置存在何种问题？未来的教师教育管理机构该如何调整？本部分运用访谈法对全国15个省份的教育厅的教师教育管理机构进行了调查研究，试图为改革教师教育管理体系提供政策建议。

(一)教师教育外部管理的现状

教师教育外部管理的组织结构为教育厅各个处室。目前各教育厅在教师教育组织结构方面存在差异,具体表现为两种模式,一种是传统的分散式教师教育管理模式,即教师教育职能分散在相关处室;另一种是现在的集中式教师教育管理模式,即教师教育职能集中在师范处或者教师工作处。前者的代表为河南省教育厅(见表2.1),后者的代表为山西省教育厅(见表2.2)。

表2.1 河南省教育厅教师教育管理结构[①]

省厅	处室	教师教育职能
河南省教育厅	人事处	教育系统的表彰奖励工作;规划并指导教育行政管理人员及教师队伍建设;配合有关部门研究提出全省各级各类学校的编制标准;协调、指导全省教育系统职称评聘、岗位设置和工资福利工作,负责省属高等学校、机关及厅属单位职称评聘、岗位设置和工资福利工作;指导全省教育系统人才队伍建设
	发展规划处	编制高等学校年度招生计划,统筹高等学校和省属中等职业学校设置工作,负责高等学校和省属中等职业学校设立、撤销、更名、调整工作
	职业教育与成人教育处	指导职业院校教育教学改革、职业培训和专业、课程与教材、实习实训基地、"双师型"教师队伍建设
	高等教育处	指导本科高等学校专业、课程、教材、教学实验室及图书馆建设,负责高等教育人才队伍建设和教师培训工作
	教师教育处	拟定教师教育工作的政策及指导性教学文件,负责中小学教师师德建设工作;统筹全省师范教育改革与发展,指导中小学教师的培养和培训工作,规划和指导全省教师培养培训基地建设;负责全省公费师范生、特岗教师、中小学教师援疆工作;负责教师资格制度有关实施工作;配合全省中小学教师队伍建设工作
	学位管理与研究生教育处	负责全省高等学校和科研机构的学位管理工作,统筹规划全省学位与研究生教育的发展与建设,指导全省研究生的培养教育工作,组织开展学位与研究生教育质量评估工作,指导高等学校学科建设与管理工作

---

① "河南省教育厅-机构设置-处室之窗"[EB\OL], http://www.haedu.gov.cn/jg-sz/cszc.html, 2015-06-24。

表 2.2 山西省教育厅教师教育管理结构①

省厅	处室	教师教育职能
山西省教育厅	人事处	统筹协调全省教育系统省级学会协会工作,牵头管理全省教育系统省级表彰奖励工作
	教师工作处	规划、指导全省各级各类学校教师队伍建设,牵头拟订全省教师教育和教师管理政策法规,宏观指导全省教师教育和教师管理工作,负责全省教师资格制度实施工作,指导全省教师师德、职称改革、交流聘任、培养培训、表彰奖励、编制、待遇工作,指导全省中小学校长队伍建设,指导教师培训机构、师资培训基地建设

传统的分散式教师教育管理模式是目前较为流行的管理模式。这种教师教育模式除了涉及师范处之外,还涉及人事处、发展规划处、职业教育与成人教育处、高等教育处、学位管理与研究生教育处等相关处室。

山西省教育厅曾一度撤销了师范处,教师队伍建设和管理的相关职能被划分到高等教育处、人事处、发展规划处、职业教育处、中小学教师继续教育办公室等各个处室,如本科教师教育院校划在高等教育处,师范高专和中师划在职业教育处,教师职后培训归中小学教师继续教育办公室管理,教师职称管理职能划在人事处,院校的合并、筹建和升格由发展规划处审批。这种"分头管理"的模式造成的最大问题就是缺乏统筹,没有牵头单位在宏观上推进教师队伍建设和教师教育改革,涉及教师队伍建设的诸多政策不能有效对接,教师教育的改革与发展缺乏统一的规划、指导和督导,许多国家层面的教师教育改革因主管部门的缺位而没有得到精准的落实。针对这些问题,2014 年 11 月,山西省教育厅正式设立教师工作处,将原来分散在各部门的职能进行了重新整合,为教师的培养、培训、管理和服务等职能的相互衔接、有机结合提供了平台,为山西教师教育的改革与发展建立了政府层面的牵头、统筹和指导机构。

(二)教师教育外部管理的问题

随着教师教育大学化的推进,教师教育作为大学的功能之一将逐渐成为

---

① "山西省教育厅—机构设置—处室机构职能"[EB\OL],http://www.sxedu.gov.cn/JGSZ/textpic_show.asp?p_id=348,2015-06-24。

"新常态"。因此,教师教育的管理也不可避免地涉及多个部门。那么,教师教育外部管理对教师教育院校会产生何种影响?

1. 分散式的教师教育管理模式使得教师教育管理碎片化

目前大多数教育厅的教师教育管理处于分散化模式。这种管理模式使得教师教育管理碎片化,具体表现为教师教育分散在各个处室,各个处室之间存在交叉,当然也存在职能模糊的情形。因此,在教师教育管理过程中,部门之间会出现互相推诿和权利利益之争。

分散式的教师教育管理模式导致管理碎片化。遇到相关部门之间工作重叠时,我们要靠个人关系来进行协调。如果遇到"明白人"或者个人关系比较好,就会互相支持和协调;如果个人关系不好,就不好协调,甚至会相互拆台。(某地教育厅师范处处长,电话访谈,2015—06—24)

因此,这种分散化的教师教育管理模式必然导致管理的碎片化,管理的科学性和规范性就会大打折扣。这种碎片化的教师教育管理组织结构导致教师教育管理要依靠这些机构领导的重视,领导对教师教育的重视程度越高,教师教育的质量就越有保障。因此,机构领导需要在机构调整方面整合部门之间的管理权利,使得教师教育管理更为规范和科学。

2. 分散化的教师教育管理模式使教师教育在高等教育中被边缘化

教师教育作为高等教育的组成部分,当然要按照高等教育的发展逻辑。大学的基本功能是教学、研究和服务社会。这些功能致力于"求真"的价值追求,在高等教育中体现为学术的价值追求。高等教育评价具有明显的学术倾向,具体表现为评价高等教育主要依据发表学术科研论文的数量和期刊层次、科研项目、科研经费等。而教师教育具有很强的实践性,从事教师教育者很难在国际高水平杂志上发表学术论文,也很难申请到国家自然科学基金、国家哲学社会科学基金等科研项目。因此,教师教育作为高等教育的组成部分,在高等教育中处于边缘地位。高等教育处在分配高等教育资源时自然就容易忽视或者淡化教师教育。统筹全省的发展规划处的职能也需要考虑用稀缺的、有限的教育资源获得较大的社会效益和经济效益。因此,发展规划处在进行全省教育资源规划时,也容易忽视教师教育。

总之,教师教育还不是国家、社会关注的重要攻关领域,它的专业性地位仍然受到学术界的质疑。教师教育专业很难像医学、法律专业等为大学带来丰厚的经济利益和学术荣耀。另外,教师育人工作的长期性和滞后性及学生成才的复杂性使得教师工作很难做到立竿见影,正所谓"十年树木,百年树人"。因此，大学在走向高水平的过程中越来越淡化教师教育，分散化的教师教育模式更不利于教师教育在大学中立足。

3. 分散化的教师教育管理模式不利于教师教育资源的整合

分散化的教师教育管理模式不利于整合教师教育资源，典型的是省级教育管理机构在教师教育数据库建设和教师教育质量监测体系方面缺乏制度建设。

(1)教师教育数据库建设滞后

调研发现，各省份在教师教育数据库建设方面十分滞后，调研组很难收集到较为全面的数据，因此很难把握全省教师教育的基本数据资源。教师教育数据库建设的滞后不利于教育行政部门调控教师教育工作，也不利于教师教育机构自身的建设。

开放化是当下教师教育的基本特征之一，也是不可逆转的趋势。在开放化的教师教育背景之下，教师教育资源配置渠道难免多样化。这种资源配置的多样性与复杂性使得教师教育的资源不能有效地配置。教育行政部门的职责在于宏观引导、管理与评估。但是调研发现，各省份缺乏统一的教师教育数据库，不能对全省的教师教育进行有效的宏观引导、管理和评估。

(2)教师教育质量监测体系不完善

教师教育资源缺乏整合表现为缺乏全省教师教育的质量保障管理体系。有效的教师教育管理评估是保障教师教育质量的有效途径，特别是在当前教师教育开放化、大学化的趋势下，教育行政部门的主要任务在于宏观的质量监测。

当前的教师教育中也存在着一些零星的教师教育质量评估项目，如与国培、省培相关的质量评估，但是这些评估的标准大多是在经验的基础上结合自己的实际情况制定的，而缺乏国家级、省级的教师教育质量监测体系。如何从条件绩效(人力资源与管理、物质资源与管理、教育环境)、过程绩效(教学素质、教学态度、教学组织与方法、教学效果、实践内容、实践途径及实践效果)和结果与质量控制绩效(教师角色认知、教师知识获得、教师技能形成、教师职业道德养成、教师发展、教师社会化及教师的社会认同或社会声誉)等方面系统地监测和保障教师教育的质量，成为摆在教师教育管理行政部门面前非常急迫的问题。

(三)教师教育外部管理的发展建议

教师教育的外部管理主要体现在为教师教育机构提供宏观的指导、质量的监控和政策的支持。为此,省级教育机关需要从专业机构设置、质量监测和标准体系三个方面构建专业的教师教育外部管理制度。

1. 集中教师教育管理职能,建立教师工作处

鉴于目前教师教育管理职能被分散或者被削弱的现状,调研组建议各省的教师教育管理机构成立专门的教师工作处,统筹管理全省的教师教育工作。教师工作处的职能范围包括:教师队伍建设规划指导、教师队伍建设标准体系、教师培养、教师培训、中小学幼儿园校长管理与培训、高校青年教师专业发展、教师资格、教师职称改革、教师聘任与交流、教师编制与教师待遇、教师表彰与奖励、师德建设。教师工作处部门设置如图2.1所示。

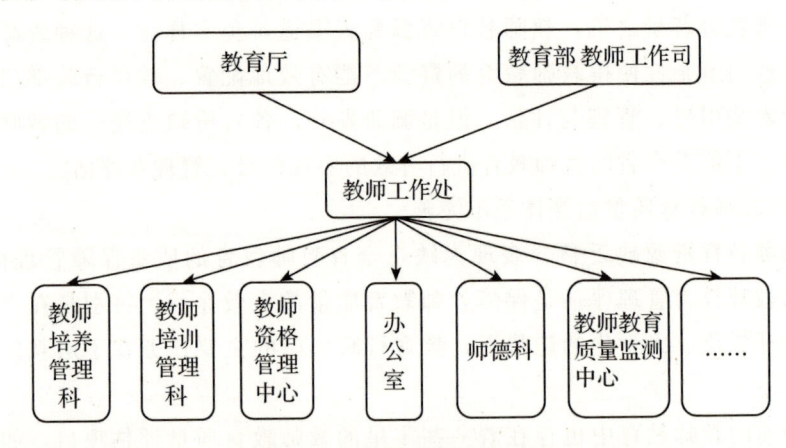

图 2.1　教师工作处部门设置

2. 建立教师教育质量监测中心,科学决策教师教育事业

规范教师教育机构的办学行为需要建立国家级及省级的教师教育质量监测中心。教师教育质量监测中心可以依托教师教育机构建立。在这方面,浙江省走在了全国的前列。2014年8月,浙江省成立了全国首家教师教育质量监控中心。这个质量监控中心委托浙江师范大学管理,具体业务接受省教育厅的指导。质量监控中心下设办公室,办公室由浙江师范大学负责组建,主要负责教师教育质量监控的日常事务。质量监控中心聘请教师教育专家成立教师教育质量监控专家组,承担教师教育质量监控的指导、检查、评估和咨询等工作。

教师教育质量监控中心是专门为加强中小学教师和幼儿园教师培养与专业发展培训质量管理，统筹、指导和实施对全省教师教育的质量监控，检查和评估教师教育实施质量所搭建的工作平台。它的主要目的和任务包括以下几个方面。

第一，细化、落实教育部、省教育厅关于教师教育质量管理的政策和规定，检查各地、各有关单位对教师教育质量管理工作的落实情况。

第二，对中小学教师培养培训实施过程进行监控，定期或不定期地对全省教师教育工作进行检查和评估。

第三，发布全省教师教育质量监测年度报告。

第四，统筹、指导有关高校和各地教师培训机构，对教师教育质量进行科学管理。

第五，开展和组织对教师教育质量监控问题的研究，为教育行政部门提供教师教育质量管理的政策咨询和技术支持。

第六，省教育厅交办的其他任务。

因此，在目前教师教育发展存在的分散化、缺乏监管的情况下，构建省域内的教师教育质量监测机构对保障教师教育质量具有十分重要的意义。教师教育质量监测机构可以依托专业的教师教育机构组建，这样可以充分发挥教师教育机构的专业监测评估优势。

3. 加强教师教育宏观管理，建立以标准为依据的教师教育管理体系

教师教育管理的趋势是给地方教育行政部门赋权，地方政府对教师教育机构的管理主要是教师教育的宏观管理。这种宏观管理体现为建立以标准为依据的教师教育管理体系。这种体系包括以下几个方面。

第一，制定教师教育招生标准。省级教师教育管理机构需要制定本省的教师教育招生标准，要建立以本科分数线为主要基准的高等院校教师教育专业招生体系。

第二，制定教师教育机构资质认证标准。随着教师教育机构的多样化、开放化发展，省级教师教育管理机构需要制定机构资质认证标准，对达不到办学要求的教师教育机构进行限期整改，确保教师教育机构的基本办学门槛。

第三，制定教师教育实践基地标准。教育行政部门需要与当地政府、教师教育机构三方构建"大学—政府—中小学幼儿园"的教师教育实践基地，基于此构建以师范生教学实践标准、教学实践机构标准、教研员和指导教师的指导标准为内容的教师教育基地标准。

第四，制定教师荣誉制度标准。荣誉制度建设是进行教师激励的重要环节，制定教师荣誉制度标准是教育行政机关的职责。省教育厅教师工作处有责任承担起本省教师荣誉制度标准研制的责任。

第五，制定职称晋升标准。职称晋升是教师最关心的问题，也是教师专业发展的核心体现。省教育厅教师工作处在职称晋升标准的制定及完善方面应该起领导作用。

二、各类院校教师教育体系存在的问题与发展建议

(一)师范大学

对师范大学教师教育体系的发展建议有以下几个方面。

第一，在教师培养目标设置中，建议参考教育部颁发的《中学教师专业标准(试行)》，关注专业理念与师德，关注中学生身心发展的特征，重视培养师范生有关教学设计、教学实施、班级管理和教育活动组织、反思与发展等方面的能力。

第二，在教师教育课程设置中，建议还未参考教育部颁发的《教师教育课程标准(试行)》的师范大学重新思考如何调整课程设置。

第三，建议加深对教师教育课程设置的理解。当前，师范大学的教师教育课程设置不应该再局限于开设了哪几类、哪些课程，各类课程所占的比率是多少，而应该转向关注课程的本质及课程的组织方式，即课程的结构性整合。教师教育课程的整合性与关联性问题成为判断教师教育有效性的一个核心要素。

第四，建议改革教师教育课程的内容。传统的课程内容是向师范生传授"去情境化的知识"和学科知识，建议课程内容转向促进师范生学习的"实践中的学科知识"。

第五，建议改革培养教师的教学方法。当前已形成的共识是中小学教师在教学中要采用多样化的方法与策略来促进学生的学习。同样重要的是，大学教师在教学中也要采用多样化的方法与策略来促进师范生的学习，使师范生学会如何教学、如何学习。

第六，建议改革师范大学传统的集中式实习模式，转向分散—渐进式模式；建议改革师范大学传统的送去—接回式的实习生指导模式，转变为跟踪

指导模式。一些师范大学在完成了教育实践环节的改革后，需要进一步思考课程与实习的关联性，即将重点转向如何将见习、实习有效地与课程结合在一起，如何将见习、实习与实习基地的教育、教学情境结合在一起，如何将大学学术知识与中小学实践知识结合在一起。师范生在实践中要学习如何应用理论，同时在实践中逐渐丰富实践性知识，这些是解决理论与实践双向脱节的有效方法。

第七，建议修正过去关于"教师知识层级化"的误导。教师教育的体系设计中存在这样的假设：高中、初中、小学和幼儿园教师所需要的知识是层级化的，即前面的教师需要的知识水平高于后面的教师，这样的思想需要被改变。各师范大学要整合丰富的人力资源为教师培养服务，包括国家级突出贡献专家、国家级教学名师、国家"百千万人才工程"教师、国务院特殊津贴享受者、省级名师、省级突出贡献专家、省政府特殊津贴享受者等，让更多的教师形成自己是教育者的身份认同。

第八，依据社会与个人发展需求，调整人才培养目标。高校人才的培养方向与质量在很大程度上取决于具体课程的设置及培养目标的设定，其中专业培养目标的设定会影响专业课程的选择和安排。当前高校的人才培养目标定位普遍存在同质化倾向。而高校的培养目标是其人才培养理念的展现，受到内外多重因素的影响，因此其制定过程需要综合考虑不同高校在发展历史、所处地位、师资力量、生源层次、政策支持等方面的差异。培养目标的同质化体现出高校培养理念淡薄的问题，即在目标制定过程中相互借鉴和参考，未能有效结合自身实际发展情况，直接导致专业人才培养的目标定位趋同，造成人才培养模式的单一。此外，由于一些学校并未将制定专业培养方案的过程落到实处，目标设立未有效结合高校自身的实际发展现状、发展定位、类型特点等，导致专业培养方案的目标与学校的发展实际相脱离，缺乏针对性和实际操作性；人才培养目标与课程设置存在明显的脱节问题，难以直接指导实际教学活动的开展。因此，师范大学应结合自身情况及社会需要，设立恰当的培养目标，尤其是部属师范大学的人才培养定位应具有一定高度、学术性和示范性，发挥榜样示范作用。

第九，推进专业人才培养改革，重视课程与教学建设。课程设置应符合专业发展需求，与培养目标相适应，并丰富实践课程与指导。有研究者指出，师范院校的实践环节应当丰富、多元化，不仅要为学生提供多样的实践机会、充足的实践时间，还要提供适宜的实践指导。结合部属师范院校现有实践环节的设置情况可以进行相应的丰富，如实现教育见习与实习的并重，聘请具有丰富教学经验和较高教育理论水平的教师作为指导教师，在实践过程中进行经验与理论两个方面的指导，确保学生教学能力的提高、理论知识的应用、专业水平的发展。

(二)师范学院

整体而言，根据调研的情况，师范学院的教师培养有必要在以下方面作出改进。

第一，师范学院在教师培养方面的传统优势没有得到足够的强化，基本上仍然处于维持现状的状况。教师教育专业课程比较丰富，实践性也较强，但是除小学教育和学前教育专业外，师范学院对教师培养的学段划分不够敏感，开设的面向初中、高中学生不同特点的专业课程较少。师范学院学生就业方面的"错位"现象比较突出，面向中学培养的学生去小学从教，往往不熟悉小学生的特点，不能胜任小学的教学工作。

第二，师范学院表现出了向综合性大学发展的意愿和趋势。由于师范学院往往是当地综合性最强的高等教育机构，甚至是最高学府，有责任满足地方经济和社会发展的需求，因而表现出了较强的综合化的发展趋势和意愿。例如，2015年4月，喀什师范学院更名为喀什大学。如何针对不同地区、不同特征的师范学院开展分类指导，避免师范学院一窝蜂地向综合大学发展，削弱教师教育的功能是当前较为迫切的问题。从国家政策的角度而言，教师教育管理机构应视不同的需求和发展现状合理引导师范学院的发展方向。对于综合化特征和趋势已经较为明显的师范学院，相关管理机构在允许其转型为综合性大学的同时，应强化对教师教育的专业要求，在院校评估中把教师教育专业发展的学科和资源状况作为重要的评估指标，避免在综合化的过程中削弱教师培养的职能。仍然以师范专业和师范生为主的师范学院可借鉴"教育大学"的模式，控制非师范专业的设置与招生，加大师范专业的资源投入，控制师范专业的招生规模，集中力量办好师范专业，培养好教师。

第三，妥善解决师范学院中教师职前培养与职后专业发展项目之间的资源争夺问题。师范学院是当地教师专业发展服务的主要提供者，这就在师范学院内部造成了师资和教学资源方面的争夺。由于教师专业发展项目的经济回报和社会影响力都较高，而师范学院的师资甚至教室资源有限，这就在一定程度上导致师范生培养的资源被挤占，培养质量降低。因此，在政策上，教师教育管理机构应该有意识地引导师范学院控制师范生的招生规模，确定合理的师范生招生规模与教师专业发展项目招生规模的比例，切实保障培养和培训的质量。

(三)中师学校

在20世纪末对师范学校层次和布局的调整中，中师教育被认为在逐渐消亡。但是通过调研，我们发现有些中师学校正在积极回应这次调整，虽然举步维艰，但还坚强存在，其中不乏一些还在尽职尽责、推陈出新地培养着优秀的学前师资和小学师资的学校，其毕业生也被用人单位认可和聘用。面对这样的局面，我们需要思考是否真的要完全取消中师教育，如果不是，在政策上又该如何保障有品质的中师教育继续发挥其不可替代的功能呢？如果是，那么如何继承和发扬中师所富有的成功经验、优良传统和专业价值取向呢？以下几点是我们的思考。

第一，对具有百年历史和师范教育传统、发展良好的中师学校予以特殊扶持，以保持其师范专业的特色和品质。

从调查和网页资料中，我们发现一些具有百年历史的中师学校的培养目标、课程设置、专业设计、招生和就业各个环节和一切举措都在为培养优秀的师资着想和服务，因此，学校本身所拥有的百年师范传统、价值取向、文化底蕴、人力资源都会聚合在在校学生身上。当学生带着这些品质和素养走上工作岗位时，他们就会受到用人单位的一致认可和接纳。对于这样的学校，各级政府应该想方设法维系它们独有的师范专业特色和品质，为它们的生存和发展开辟一些特殊通道，给予政策倾斜。例如，虽然国家规定报考教师资格证国家考试的最低学历是本科，但是对于这些中师学校的学生能否采取类似特区教师资格证考试的措施，让这些学校的毕业生能够暂时归入教师队伍中，不过要增加附加条件，如必须在生源所在地对口任教三年，并且在三年内完成专升本的学历提升，三年之后参加教师资格证国家考试，考试通过后，国家级的教师资格证替换特区教师资格证。

第二，对现有的中师学校进行资质评估。

基于第一条建议，我们需要进一步对现有的中师学校的资质进行科学合理的评估，去伪存真、去粗存精。教师教育管理机构要从学校定位、课程、教学、教师及学生招生和就业各个方面进行评估，清除不合格的学校，以保证真正有品质和能力的中师学校专心、专注地为当地或者生源所在地培养合格甚至优秀的幼儿园教师和小学教师。中师学校也可以承担起当地幼儿园教师和小学教师的培训职能，延续很多中师学校现在的操作，建立职前培养和职后培训一体化的机制，可以择优选定职前培养的实习基地和实习导师。中师教师跟进教师培训和学校科研的实践举措也可以反哺到职前培养过程，更好地连接理论与实践。

对于为了生存没有把更多精力放在师范教育上的中师学校，教师教育管理机构可以考虑将其并入相关职业学校或者由其他性质的学院或者学校接管。

第三，建议中师学校将其培养目标定位在为地县级城镇的学前和小学教育培养师资。

在中师学校求学的学生，少有考研究生和留在大城市的愿望，他们毕业后就会回到他们赖以生长的地区。因为他们对那里的生活环境和教育环境非常熟悉，也会很快适应，能够在那里安心工作。

教育部提出 2012 年实现区域内义务教育初步均衡，到 2020 年实现区域内义务教育基本均衡。这样的目标正需要提高农村教育质量才能实现。提升教育质量，首先要提升教师的质量。中师学校投资少、见效快，受到农村家庭的普遍青睐，一些家庭经济条件困难的优秀初中毕业生会自然而然地进入中师求学，毕业后再回馈家乡。

第四，提升社会对中师毕业生的关注度和认可度。

要想改善社会特别是学术界及政府对中师的印象，需要中师学校本身做出卓越的贡献，就像它们曾经为中国基础教育做出的巨大人才贡献一样，并且需要展现出它们在某些地域、某些专业、某些学段中不可替代的地位和功能；同时更需要各相关部门相互沟通，在体制上、经济上和政策上给予中师学校及其学生以关注和支持，尤其是政府的行动会带动社会的判断和认知转向。

（四）综合性院校

在现实中，综合性院校的教师教育专业和非教师教育专业之间缺乏双向交流，各自为教，各自为学，"两张皮"现象极为严重。在某些学者和管理者眼里，他们认为教师教育专业和非教师教育专业相互交叉的内容甚少，没有必要进行过多的交流。教师教育专业被视为师范院校的产物，非教师教育专业被视为综合性院校的产物，甚至对综合性院校设置的教师教育专业不屑一顾，即使偶尔召开一些会议进行交流，也仅仅停留在一些理论层面上，并没有进行深入的探讨，难以促进两者的共同发展。因此综合性院校在内部培养、管理和二级机构布局方面还需要进一步探索。

1. 重视师范生的培养质量

目前一些综合性院校虽然还在举办教师教育，但在具体的学校发展中较为关注理工科的发展，师范教育被边缘化，培养功能弱化，即学校注重学术性，忽视师范性，不注重师范生质量。一些综合性院校把教师教育放在次要的位置，其关注的焦点依然放在重点学科建设、实验室建设、科研成果、硕博点、学校综合排名等方面，对教师教育的发展不太重视，仍然把综合性院校的学术性作为衡量学科专业水平的重要尺度。更有甚者认为举办教师教育的层次不高不会影响学校的知名度和办学水平。一些综合性院校举办教师教育是为了迎合国家的政策，增加学校专业门类，并没有意识到国家对教师质量的要求及教师教育对学校本身的促进作用。

综合性院校要充分发挥其重视高深学问和学科综合的办学优势，强化教师培养的基础性和学术性，同时克服其轻视实践性和职业引导的不足，加强教师培养的定向性和实践性。

2. 积极探索多元化的教师教育培养模式

目前我国的普通高校学制一般为 4 年，因此综合性院校的师范生的学习可以分为两段，学校可以此理念为基础将教师教育培养模式分为"3＋1"模式、"4＋1"模式，但从目前的发展来看，综合性院校试办的"4＋2"培养模式较受欢迎。

在"4＋2"模式中，学生既可以是来自本校或其他非师范院校志愿从事教育工作的毕业生，也可以是向社会公开招收的来自教育、教学一线的具有本科学历的中小学教师和其他教育工作者。他们经过 2 年左右的教育课程培训，会成为专业后劲十足且具有足够的教育教学实际能力的教育专业硕士。事实上，现在许多独立设置的师范院校都已开始了这方面的实践，这种模式一般招收具有一定实践经验的各学科中小学教师，针对性比较强，较受用人单位和社会的欢迎，在中国具有极大的市场。北京师范大学目前也正在应届毕业生中试点这种模式，对试点学生和教师的调查结果显示，"4＋2"模式很受他们的欢迎。

3. 设置有效的教师教育课程

当前综合性院校在整体的学科体系上显示出较强的优势，但在师范教育方面注重理论知识的传授，弱化实践。师资的培养、教师专业化水平的提高最终要落实到课程体系和教学内容的改革上来。首先，在综合性院校中师范生的培养必须由专门的教育机构来组织实施，以此来确保教师教育专业化水平的不断提高；其次，学校要改变教师教育中"老三门"的教育专业课程体系，加大教育学科课程和实践课程的比重，形成富有特色的专业教育知识体系；再次，在教学方法上，教师要改变"教师讲，师范生听"的知识授受模式，倡导"从认识走向探究"的课程教学模式；最后，学校要把教师教育改革和中小学教育改革结合起来，建立以学校为基地的连续性教育实习制度，逐步延长教育实习至半学年，合理安排教育实习内容，把教育实习理解为观察—体验—教育见习—教育实习—教育总结等几个连续又有特点的阶段，在实际的专业环境中提高教育实习的效果。

4. 明确内部教师教育机构管理构架

从当前的综合性院校来看，教师教育只是立足于教科院或者师范学院，具体的专业课程培养还分散在各个专业院系，这就造成以下几个问题。首先，分散的培养使得学生无法对教师行业产生职业认同，或者职业认同不强。尤其是在当前教师工资待遇比较低的形势下，学生在最后作选择时一部分会选择其他职业，剩下的选择教师职业的一些人也是迫于无法就业。其次，由于师范生的人数比较少，分散的培养会使具体的学科院系将师范生边缘化。再次，分散的培养使学科教学法教师与教育学理论教师之间无法交流、沟通，不能及时了解学生的学习需要。因此，综合性院校应该成立专门的教师教育机构，如教育学院或者师范学院，将师范生培养纳入其中综合管理，对教育学院或师范学院进行合理定位，使其成为整个学校专业系统中的重要组成部分而不是被边缘化的机构。另外，学校对教师教育要进行合理定位，明晰其管理归口，正确处理好教育学院或师范学院与其他院系之间的关系，尤其是处理好人、财、物的合理分配关系。最后也是最重要的一点，学校要坚持以质量为核心的教师培养目标，协调好学科课程和师范课程之间的关系。

（五）职业师范院校

1. 院校内部培养模式应走向集中化

目前在职业师范院校内部，师范生的培养较为分散。一般而言，师范生都放在各个院系进行培养，在课程管理上，学科教学法与教育实习由于和各个专业联系较为紧密，因而分散在各个院系进行。教育学、心理学等课程集中在教育学院或职业教育学院进行，普通话、教育信息技术等课程由教务处等另外的部门来负责。目前的培养模式虽然有利于各个学院培养的师范生形式较好的专业素养,但在同一个院系当中,将师范生和非师范生合并起来培养不利于体现师范教育的专业性。从整个学校来讲,几乎所有的院系和多个职能部门都参与到教师的培养中,不利于资源的统筹与协调。因而,为体现职业教师教育的专业性,为更有效地整合和利用资源,职业师范院校内部应成立专门的教师教育学院或职业教师教育学院,将所有的师范生集中起来培养。学校在课程的开设上应以教师教育学院或职业教师教育学院为主,整合各个学院和部门的相关资源。

2. 应提升师资队伍整体素质

由于我国职业教育教师的地位不高,在职称评定、科研项目申报等方面都与普通高等教育教师有所区别,因此,与普通高等院校相比,我国职业师范学院的师资较为缺乏,而且质量较差。尤其在职业师范院校的师范教育中,此种状况尤为明显,兼具专业素养、实践能力和师范素养的优秀教师非常缺乏。与此同时,职业师范院校中的人才流失尤其是骨干教师与应用型专业课教师的流失严重影响了职业师范教育的发展。因而,职业师范院校应该建立较为严格的师资选拔标准,建立教师专业发展的机制,通过提高待遇、扩展职业上升空间等吸引并留住优秀的人才。

3. 建立职业教师教育的学科体系

在我国现行的教育体系与学科设置中,教师教育并不是一个独立的学科,因而也缺乏统一且完整的学科体系。职业师范教育是教师教育的重要组成部分。但在我国的特殊背景下,职业教育、职业教师教育、职业教育教师培养一直处于较为尴尬和弱势的境况。因而,在建立教师教育学科体系的过程中,职业师范院校应该在深入的实践调研和理论研究的基础上建立职业教师教育的学科体系,使职业教师教育拥有独立的学科理论基础和发展空间。

(六)中职学校

我国当前中职层次的教师教育主要集中于学前教师的培养,这里仅从中职学校发展的角度提出建议。

1. 控制中职层次学前教育师资培养规模,提升培养质量

由于当前学前教育师资普遍缺乏,再加上国家重视职业教育,很多中职学校大规模扩张。但是各方面的资源难以保障,学校的培养质量存在问题。长此以往,学前教育人才市场良莠不齐,恶性竞争,这对于学前教育和学前教育师资的培养都是不利的。以广西为例，广西的第二期学前三年攻坚需要几万名幼儿园教师，但是大量的民办幼儿园招不到专科以上的师资，招收的主体就是中专师资。因此，几乎所有的中职学校都在办学前教育专业，但是有些中职学校是非师范类的，办学质量难以保证。以肇庆市为例，中职学校在学前教师培养中占据了量的优势，但是生源差，师资水平不够高，学生毕业后没有资格参加教师资格证考试，获取教师资格证。以2014年学前教育专业毕业生为例，怀集教师进修学校262人，怀集县职业技术学校115人，封开县教师进修学校300人，封开县职业技术学校120人，肇庆工程技术学校310人。肇庆市共有17所中职学校培养学前教育教师，而肇庆学院2014年仅有106名学前教育专业毕业生。

2. 加大政府对学前教育办学机构的统筹，制定并执行学前教师教育机构标准

调查结果显示，一些地方政府管理体制不顺，政策体系欠佳。例如，广东省2014年开始实行中职学校开设学前教育专业备案，省级管理机构进行统一评估，肇庆市17所学校有学前教育专业，但只有8所参加了评估，最后只过了2所。而根据我们的调研，怀集县、封开县职业学校和教师进修学校虽不具备资质，但仍在招生办学，这其中缺失政府的督导管理。

3. 应实行行业准入和就业准入制度，有效保障毕业生的质量

第一，中职师资学历水平不高，学校应提升开设学前教育专业的办学层次。在中职学校中，教师教育者无法完全满足教学需求，人才引进困难。以青海省海北州职业技术学校为例，一方面教师学历水平总体不高，由于工作安排满，每周教学高达20课时，因此很难有机会外出培训或提升学历；另一方面由于编制不足，当地教育资源匮乏，因此学校多年未能新进教师，即便从校外聘请教师也存在难度。从文工团等单位聘请的舞蹈教师在教学方法上存在短板。2013年从对口支援该省份6个州的6个发达省市中确定的6个职业教育集团以"一对一"的方式对口支援该省份藏区的中职学校，虽然对专业发展起到了重要作用，但支援教师流动性大，教师教育连续性存在不畅的状况。

第二，在访谈中广西壮文学校的负责人表示，关于中专层次的学前教育办学及中专毕业师范生的教师资格如何获得的问题，第一种方法是建议把一些达到专科水平的学校升格为专科学校；第二种就是中专学校跟具有专科以上办学资格的师范院校联合办学，毕业的时候给学生颁发专科文凭。否则将来广西学前教育的师资学历将会成为广西一个非常棘手的问题。

第三，中职学前教育专业生源良莠不齐，应在培养环节增强教师教育专业性，在就业环节实行就业准入制度。杭州市人民职业学校近年来逐步扩大五年一贯制学前教育的招生，和高等院校合作，成为中职学前教育专业培养的倾向性模式。实践教学对学前教育专业尤为重要，因此这种中职衔接高校的模式强调实践教学体系的一贯性、系统性。浙江师范大学、杭州幼儿师范学院、嘉兴学院、杭州科技职业技术学院分别和杭州市人民职业学校制定了五年一贯制学前教育专业学生前三年的实践规划。学校应与对口基层教育单位加强合作，注重基层单位的实践需要，注重师培过程中实践元素的落实，一方面让幼儿园里有经验的教师和园长参与到学校的教学中，另一方面为学生提供长时间的顶岗实习机会。以成都市洞子口职业高级中学为例，该校实行顶岗实习的准入制，即在实习前学校会从四个方面，即文化基础、专业技能、特长发展和职业态度，考查学生是否合格，不合格者不予推荐实习。就业准入从三个方面对毕业生进行考核，第一个是单向的德育考核，这贯穿于学生的整个在校期间。第二个是公共基础课、专业技能课和专业理论课，从这三个方面对学生学业进行考核。第三个是要求学生拿到两类证书，一类是通用技能证，学生在校期间要取得三个证，包括计算机等级证书、普通话证和书法等级证书；另一类是专业技能证，包括保育员证、幼儿教师资格证等。

第四，中职层次缺乏教师教育文化，学校应丰富学前教育专业课程中的教师教育文化内涵，并理顺教师培养和从业资格获取的关系。由于中职层次在校学习期限短，因此毕业生的学科知识和教育理论底蕴不足，专业发展后劲不足。由于浙江省教师资格考试要求学前教师资格申请者须达到大专及以上学历，因此该省中职学前教育专业学生出现分流，其中大部分流向高等教育，仅有少部分进入早教机构、保育机构工作。由此可见，在浙江省，中职学前教育在一定程度上成为高等教育中学前教育的"预科"，这种"预科"更注重学生文化课的教育。在当前教师质量要求不断提高、教师资格考试逐步开展的情况下，中职类教师教育单位面临升格的需求和压力。在访谈中我们了解到，在中职学校举办学前教育专业，毕业生虽然就业前景很好，但面临不能获得教师资格证的问题，这让培养单位非常困扰。因此，中职学校应与地方师范院校实现资源整合，实行"3＋2"幼儿园和小学教师教育模式，在保留原有中职学校教师教育模式优良传统的基础上融合地方教师教育院校先进的教育和培养理念。

(七)高职高专院校

高职高专院校整体上不是以师范专业人才培养为优势的，而是以职业技术为主的，整体上参与教师培养的比例不高。但其院校层次决定了其生源的质量，最主要的问题是生源质量较差，学生主动学习的能力弱，就业率低。造成这些问题的原因是报考该校师范专业的学生高考分数低，普遍对学习有抵触心理。特别是对于没有师范背景的高职高专院校，我们建议取消师范专业的招生，虽然目前学前教育专业的需求量大，但生源的质量差。

从培养的去向看，高职高专院校主要面向农村教师，服务缺乏师资的偏远农村地区，特别是为了满足音、体、美等紧缺薄弱学科专业对师资的迫切需要。例如，冀中职业学院具有百年师范背景，在适度承担学前教育专业人才培养任务的基础上可承担一定的音、体、美等紧缺薄弱学科的师资培养任务，以"免费培养、定向就业"的模式，为农村乡镇或村小培养输送"留得住、用得上"的音、体、美专业师资。

附 录

1. 国家教师资格考试问卷

国家教师资格考试合格人员调查问卷

亲爱的同学/老师：

您好！本问卷旨在了解您对教师资格考试的准备过程及看法，请选择每题中最符合您的实际情况的选项，在其代号上画√。问卷不记名，答案无对错之分，数据仅用于学术研究，请不必有顾虑，不要有遗漏。

教育部普通高校人文社会科学重点研究基地北京师范大学教师教育研究中心

第一部分：基本信息

1. 性别_____ 年龄_____

生源地（籍贯省份）_____ 院校所在省份_____

2. 毕业院校类别：（1）师范大学（2）师范学院（3）中师（4）综合性大学（5）综合性学院（6）高职高专（7）中职

3. 所在院系_____ 就读专业_____

4. 是否师范生：是/否

5. 学习过的教育类课程：□没学过□教育学□教育心理学□发展心理学□学科教学法□其他（请注明）_____

第二部分：备考方式（请在适当的标号前打"√"）

1. 您是师范生吗？（前面已有）	□是□不是
2. 您是完全通过自学通过教师资格考试的吗？	□是□不是
3. 您有没有在课外参加过教师资格考试辅导？	□有（答4、5） □没有（不答4、5）

续表

4. 您参加的教师资格考试辅导班是由谁开办的？（多选）	□学校 □社会机构 □私人 □其他
5. 您获知教师资格考试辅导班的渠道是什么？（多选）	□传单 □网络 □他人介绍 □其他
6. 您有没有做过教师资格考试习题？	□有（答7）□没有（不答7）
7. 您获取教师资格考试习题的渠道是什么？	□网络资源 □他人介绍 □其他
8. 您有没有做过教师资格考试预测试题？	□有 □没有
9. 您有没有为教师资格考试而参加面试辅导或试讲训练？	□有 □没有
10. 您在试讲时有没有得到其他教师的指导或反馈意见？	□有 □没有
11. 您有没有为教师资格考试的事与他人讨论/交流？	□有 □没有
12. 您与他人讨论/交流的主要内容是什么？（多选）	□练习面试 □讨论习题 □预测试题 □其他
13. 您在备考时有没有阅读过教材教参之外的教育类书籍？	□有 □没有
14. 您花了多长时间准备教师资格考试？	□1个月以下 □1~3个月 □3~6个月 □6个月以上

序号	以下是有关教师资格考试的感受与想法，请您根据自己的实际状况，在表格右侧相应的序号上打"√"。	非常不同意	比较不同意	一般	比较同意	非常同意
1	我认为有教学经验能让我更容易通过面试。	①	②	③	④	⑤
2	即使没有实际教学经验，我也可以通过面试。	①	②	③	④	⑤
3	我认为要想通过考试不一定要学习教育类课程。	①	②	③	④	⑤
4	我认为把大纲上规定的知识点背会了就能通过考试。	①	②	③	④	⑤

第二部分：对考试的看法

序号	以下感受与想法，请您根据自己的实际状况，在表格右侧相应的序号上打"√"。	非常简单	比较简单	难度适中	比较难	非常难
1	从总体上来看，教师资格考试题目难度	①	②	③	④	⑤
2	我认为教师资格考试笔试题目难度	①	②	③	④	⑤
3	我认为教师资格考试面试题目难度	①	②	③	④	⑤

序号	以下感受与想法，请您根据自己的实际状况，在表格右侧相应的序号上打"√"。	非常不同意	比较不同意	一般	比较同意	非常同意
1	我认为教师资格考试科目分为科目一、科目二、科目三和面试是合理的。	①	②	③	④	⑤
2	教师资格考试科目涵盖了教师素养的各个方面。	①	②	③	④	⑤
3	教师资格考试科目设置与教师专业标准相吻合。	①	②	③	④	⑤
4	教师资格考试内容与我之前在学校所学的相关知识基本吻合。	①	②	③	④	⑤
5	教师资格考试笔试题目更注重理论知识的考查。	①	②	③	④	⑤
6	我认为教师资格考试的笔试内容考查的是知识点的记忆。	①	②	③	④	⑤
7	教师资格考试笔试不能考查出真实的教育教学能力。	①	②	③	④	⑤
8	教师资格考试笔试试题的案例和情景设置切合实际。	①	②	③	④	⑤
9	教师资格考试的考查范围太广。	①	②	③	④	⑤
10	教师资格考试某些笔试试题内容太偏，因此没有必要。	①	②	③	④	⑤
11	教师资格考试的面试不能完全反映课堂的实际情况。	①	②	③	④	⑤

续表

序号	以下感受与想法，请您根据自己的实际状况，在表格右侧相应的序号上打"√"。	非常不同意	比较不同意	一般	比较同意	非常同意
12	教师资格考试成绩不能完全反映我的教学水平/能力。	①	②	③	④	⑤
13	教师资格考试中有超出考试大纲的题目存在。	①	②	③	④	⑤
14	总体来看，教师资格考试题型设置科学合理。	①	②	③	④	⑤
15	教师资格考试实行先笔试后面试的考试形式设计合理。	①	②	③	④	⑤
16	我认为面试的形式能够反映真实的教学情境。	①	②	③	④	⑤
17	教师资格考试面试的评分标准符合教师的专业标准。	①	②	③	④	⑤
18	教师资格考试的评分标准不合理。	①	②	③	④	⑤
19	教师资格考试的评分标准不清晰。	①	②	③	④	⑤

第三部分：专业水平

序号	以下感受与想法，请您根据自己的实际状况，在表格右侧相应的序号上打"√"。	非常不同意	比较不同意	一般	比较同意	非常同意
1	我对教育事业充满热爱。	①	②	③	④	⑤
2	我非常注重自身的专业发展。	①	②	③	④	⑤
3	我认为教师应该高度重视学生的身心健康。	①	②	③	④	⑤
4	我认为教学应当重视对学生好奇心和求知欲的呵护。	①	②	③	④	⑤
5	我认为教学应当注重学生的身心发展规律。	①	②	③	④	⑤

续表

序号	以下感受与想法，请您根据自己的实际状况，在表格右侧相应的序号上打"√"。	非常不同意	比较不同意	一般	比较同意	非常同意
6	我会非常有耐心地对待每一个学生。	①	②	③	④	⑤
7	我善于调节自己的情绪，始终保持平和的心态。	①	②	③	④	⑤
8	我会在工作时间之外主动学习各种知识。	①	②	③	④	⑤
9	我的知识面比较广，对自然科学和社会科学知识都有广泛了解。	①	②	③	④	⑤
10	我非常清楚在教学中应当怎样使用信息技术。	①	②	③	④	⑤
11	我具有丰富的关于我任教学科的知识。	①	②	③	④	⑤
12	我熟悉我所教的学科内容中蕴含的主要思想和方法。	①	②	③	④	⑤
13	我对所教学科与其他学科的联系有深入的了解。	①	②	③	④	⑤
14	我很清楚我所教的学科与学生日常生活的联系。	①	②	③	④	⑤
15	我知道不同年龄段学生的认知规律。	①	②	③	④	⑤
16	我知道学生思维能力的发展特点。	①	②	③	④	⑤
17	我知道怎样帮助学生形成良好的道德品质。	①	②	③	④	⑤
18	我知道不同年龄段的学生容易出现的心理问题及其原因。	①	②	③	④	⑤
19	我知道怎样培养学生的学习兴趣。	①	②	③	④	⑤
20	我了解学生在学习具体的某个知识点时的认知特点。	①	②	③	④	⑤
21	我知道怎样为每堂课选择合适的教学资源。	①	②	③	④	⑤
22	对于具体的学科内容，我知道应该选择什么样的教学方法或策略。	①	②	③	④	⑤
23	我总是能够设计科学合理的教学计划。	①	②	③	④	⑤

续表

序号	以下感受与想法，请您根据自己的实际状况，在表格右侧相应的序号上打"√"。	非常不同意	比较不同意	一般	比较同意	非常同意
24	我在进行教学设计过程中，总是能够合理地利用有关的教学资源。	①	②	③	④	⑤
25	我能够根据学生的差异设计教学。	①	②	③	④	⑤
26	我能够在教学中很好地贯彻课程标准。	①	②	③	④	⑤
27	我能够有效地防止和矫正学生的不良习惯。	①	②	③	④	⑤
28	我能恰当地使用启发式、探究、讨论等多种教学方式。	①	②	③	④	⑤
29	我能够有效地把信息技术整合进课堂教学。	①	②	③	④	⑤
30	我能够根据学生的反应及时调整教学计划。	①	②	③	④	⑤
31	我能在课堂上引发学生独立思考。	①	②	③	④	⑤
32	我能够引导学生进行自我评价。	①	②	③	④	⑤
33	我总是能够运用多种方式对学生进行评价。	①	②	③	④	⑤
34	我可以跟学生展开良好的沟通。	①	②	③	④	⑤
35	我能够有效地跟学生家长进行沟通。	①	②	③	④	⑤
36	我能够及时反思自己的教育教学工作。	①	②	③	④	⑤
37	我能敏锐地发现值得研究的问题，并开展相应的研究来促进我的教育教学。	①	②	③	④	⑤
38	我能够使用适当的教育研究方法。	①	②	③	④	⑤
39	我能快速有效地处理突发事件。	①	②	③	④	⑤
40	我能在班级中开展效果较好的德育工作。	①	②	③	④	⑤

问卷到此结束，感谢您的配合！

2. 在职教师调查问卷

亲爱的老师：

您好！本问卷旨在了解您对师范教育的看法和您的专业发展情况，请选择每题中最符合您的实际情况及学校的选项，在其代号上画"√"。问卷不记名，答案无对错之分，数据仅用于学术研究，请不必有顾虑和不要有遗漏。

教育部普通高校人文社会科学重点研究基地北京师范大学教师教育研究中心

第一部分：背景与经历（请在适当的□内打"√"）

1. 性别：□男 □女　民族：□汉族　□少数民族（请注明）：_____
2. 入职初始学历：□博士　□硕士　□本科　□大专　□中专及以下
　　　　　　　　□其他_____

　毕业院校：□师范大学　　□师范学院　　□中师　　□综合性大学
　　　　　　□综合性学院　□高职高专　□中职

　专业：□师范专业　　□非师范专业

3. 目前最高学历：□博士　□硕士　□本科　□大专　□中专及以下
　　　　　　　　□其他_____

　毕业院校：□师范大学　　□师范学院　　□中师　　□综合性大学
　　　　　　□综合性学院　□高职高专　□中职

4. 在学校里的职位（可多选）：□校长　□副校长　□主任　□年级组长
　　　　　　　　　　　　　　□教研组长　□备课组长　□普通教师
　　　　　　　　　　　　　　□班主任　□其他_____

5. 教学经验（总计）：_____年；教学经验（在目前学校）：_____年

6. 您所在的学校：□国家级示范校　□省级示范校　□市级重点
　　　　　　　　□区/县级重点　□普通校　□其他

　学校性质：□公立学校　　□私立学校　　□转制学校　□其他

7. 您目前任教学段与年级：□小学_____年级　□初中_____年级
　　　　　　　　　　　　□高中_____年级

8. 您共教_____个班，平均每班学生数_____人，平均每周上课_____节，每天批改作业_____小时。

9. 您目前所教授的科目（若适用）：□语文　□数学　□英语　□物理
　　　　　　　　　　　　　　　　□化学　□历史　□政治　□地理
　　　　　　　　　　　　　　　　□体育　□信息技术　□科学
　　　　　　　　　　　　　　　　□思品　□音乐　□美术
　　　　　　　　　　　　　　　　□校本课程　□其他_____

10. 您的职称：□未评职称　　□小教三级　　□小教二级　　□小教一级
　　　　　　　□小教高级　　□中教三级　　□中教二级　　□中教一级
　　　　　　　□中教高级　　□正高教师

11. 您是否获得过以下荣誉称号（若无，则无需填写）：
□特级教师　　□省级骨干/学科带头人　　□市级骨干/学科带头人　　□区级骨干/学科带头人

12. 您到目前共承担_____次公开课，最高级别为：□校级　□区级　□市级　□省级　□国家级

您所参加过的教学比赛最高级别为：□校级　□区级　□市级　□省级　□国家级

您参加教学比赛获奖最高级别为：□校级　□区级　□市级　□省级　□国家级

13. 您每天平均在校工作时间_____小时，在家工作时间（如备课、写反思）_____小时。

　　　您每周平均参加各类教研活动时间_____小时，参加各类会议时间_____小时

14. 您每学期平均参加继教学分培训_____学时，校本培训_____学时，参与迎评、督导等事务工作_____次。

15. 您的月收入：□2000以下　　□2001~3000　　□3001~5000
　　　　　　　□5001以上

在当地处于：□较低水平　□中等偏下　□中等水平　□中等偏上　□较高水平

第二部分（若您是非师范专业毕业生，请跳转至第三部分填写）

题号	以下是有关工作的感受与想法，请您根据自己的实际状况，在表格右侧相应的序号上打"√"。	非常不同意	比较不同意	一般	比较同意	非常同意
1	我热爱目前从事的教育工作。	①	②	③	④	⑤
2	我认为我适合当老师。	①	②	③	④	⑤
3	再次选择的话我仍然会当老师。	①	②	③	④	⑤
4	教师的工作很有价值。	①	②	③	④	⑤
5	师范教育让我对教育事业充满热爱。	①	②	③	④	⑤
6	师范教育使我非常注重自身的专业发展。	①	②	③	④	⑤

续表

题号	以下是有关工作的感受与想法，请您根据自己的实际状况，在表格右侧相应的序号上打"√"。	非常不同意	比较不同意	一般	比较同意	非常同意
7	在师范院校的学习让我认识到应该重视学生的身心健康。	①	②	③	④	⑤
8	师范教育让我注重学生的全面发展。	①	②	③	④	⑤
9	学科专业课的学习能够使我有扎实的学科知识功底。	①	②	③	④	⑤
10	心理学课程使我知道不同年龄段学生学习的特征。	①	②	③	④	⑤
11	有关教育教学理论的课程能够有效指导我的教育教学活动。	①	②	③	④	⑤
12	心理学课程让我知道不同年龄段的学生容易出现的心理问题。	①	②	③	④	⑤
13	学科教学法课程让我知道如何教好一门课。	①	②	③	④	⑤
14	在师范院校的学习让我知道如何开展教育科研。	①	②	③	④	⑤
15	教学论课程使我能够设计科学合理的教学计划。	①	②	③	④	⑤
16	教学论课程让我能够根据学生的差异设计教学。	①	②	③	④	⑤
17	信息技术类课程让我能够有效地把信息技术整合进课堂教学。	①	②	③	④	⑤
18	在师范院校的学习让我能够用恰当的方式评价学生。	①	②	③	④	⑤
19	在师范院校的学习让我能有效地和学生良好沟通。	①	②	③	④	⑤
20	在师范学校的学习让我能够有效地管理学生。	①	②	③	④	⑤
21	在师范院校的学习让我能对工作中发现的问题展开研究。	①	②	③	④	⑤

续表

题号	以下是有关工作的感受与想法,请您根据自己的实际状况,在表格右侧相应的序号上打"√"。	非常不同意	比较不同意	一般	比较同意	非常同意
22	师范院校设置的课程之间衔接紧密。	①	②	③	④	⑤
23	师范生所学的教育类课程相较于学科专业(如数学、汉语言文学等)课程比例过低。	①	②	③	④	⑤
24	师范生培养中理论性课程比重太大而实践性课程比重太小。	①	②	③	④	⑤
25	整个师范教育课时总量太多,让我觉得学业压力比较大。	①	②	③	④	⑤
26	师范院校开设的教育类课程门类太少,不足以满足我的需求。	①	②	③	④	⑤
27	教育类课程中,老师经常让我们进行讨论与展示。	①	②	③	④	⑤
28	教育类课程中,老师大都照本宣科。	①	②	③	④	⑤
29	教育类课程中,老师侧重对教学理论的灌输而缺乏案例分析等切合实际的内容。	①	②	③	④	⑤
30	教育类课程中,老师的讲授内容常常很陈旧,很少涉及新的教育相关的新闻、事件或政策。	①	②	③	④	⑤
31	在教育实践(见习、实习等)中,师范院校的指导老师给予的指导很少。	①	②	③	④	⑤
32	我在师范院校学习教育类课程时作业方式过于单一。	①	②	③	④	⑤
33	我很少和师范院校里的师范生同学交流学习感悟。	①	②	③	④	⑤
34	在师范院校学习教育类课程时,记知识点是最有效的学习方式。	①	②	③	④	⑤
35	在师范院校学习教育类课程时,我不仅仅只完成课程作业,而且会主动寻找教育类书籍、期刊等资料学习。	①	②	③	④	⑤

续表

题号	以下是有关工作的感受与想法,请您根据自己的实际状况,在表格右侧相应的序号上打"√"。	非常不同意	比较不同意	一般	比较同意	非常同意
36	在教学实践(见习、实习等)中,我与师范院校指导老师的讨论交流很少。	①	②	③	④	⑤
37	在师范院校学习时,我常常会反思所学到的东西。	①	②	③	④	⑤
38	我在师范院校学习教育心理学时没有主动用实例来巩固新知。	①	②	③	④	⑤
39	我在师范院校参与的科研活动对我的教育科研有很大帮助。	①	②	③	④	⑤
40	我总是应付教育类课程的作业。	①	②	③	④	⑤
41	我在师范院校中学习时,课程考试内容大都侧重知识点的记忆。	①	②	③	④	⑤
42	我在师范院校中学习时,只要考前突击就能拿不错的成绩。	①	②	③	④	⑤
43	我的所有教育类课程中,采用过程性评价的课程太少了。	①	②	③	④	⑤
44	学校的教育实习标准过于宽松,不利于师范生教学技能的锻炼。	①	②	③	④	⑤

第三部分

序号	以下是有关工作的感受与想法,请您根据自己的实际状况,在表格右侧相应的序号上打"√"。	非常不符合	比较不符合	一般	比较符合	非常符合
1	我力图关爱每个学生的成长。	①	②	③	④	⑤
2	我能尊重学生,给予他们独立思考,自主发挥的空间。	①	②	③	④	⑤
3	在教育教学中,我能与学生建立平等和谐的师生关系。	①	②	③	④	⑤
4	我愿意投入时间与精力,提升自己的专业知识和能力。	①	②	③	④	⑤

续表

序号	以下是有关工作的感受与想法，请您根据自己的实际状况，在表格右侧相应的序号上打"√"。	非常不符合	比较不符合	一般	比较符合	非常符合
5	我不仅仅教给学生如何学习，还努力地教学生如何做人。	①	②	③	④	⑤
6	我经常回想我上过的课。	①	②	③	④	⑤
7	我经常与同事讨论教学中遇到的困惑与问题。	①	②	③	④	⑤
8	我有写教学心得的习惯。	①	②	③	④	⑤
9	我在课堂中能够运用恰当的教学方法，实现预定的教学目标。	①	②	③	④	⑤
10	我能有效地运用多种教学评量方法评价学生的学习。	①	②	③	④	⑤
11	我能够根据课堂实际情境及时调整教学计划与教学活动。	①	②	③	④	⑤
12	我能收集、运用多种课程资源（如网络等），提升教学成效。	①	②	③	④	⑤
13	我能恰当地运用多媒体辅助教学。	①	②	③	④	⑤
14	我能够及时发现教育教学中遇到的问题。	①	②	③	④	⑤
15	我不断地探寻解决问题的方法。	①	②	③	④	⑤
16	我在人文与自然科学方面知识面很广。	①	②	③	④	⑤
17	我对所教学科的教材有比较通透的掌握。	①	②	③	④	⑤
18	我了解所教学科的发展历史与相关知识。	①	②	③	④	⑤
19	我了解所教学科对社会及生活实践的价值与意义。	①	②	③	④	⑤

第四部分

序号	根据您的实际感受来确定以下表述对于您而言的重要性，在表格右侧相应的序号上打"√"。	非常重要	比较重要	说不清楚	不太重要	完全不重要
1	对我来说，有较高的工资收入。	①	②	③	④	⑤
2	对我来说，教师有较高的社会地位。	①	②	③	④	⑤

续表

序号	根据您的实际感受来确定以下表述对于您而言的重要性,在表格右侧相应的序号上打"√"。	非常重要	比较重要	说不清楚	不太重要	完全不重要
3	对我来说,工作中有较大的自主权。	①	②	③	④	⑤
4	对我来说,教师工作岗位相对稳定。	①	②	③	④	⑤
5	对我来说,学校决策机制的民主性。	①	②	③	④	⑤
6	对我来说,与同事融洽相处。	①	②	③	④	⑤
7	对我来说,教师职业的稳定性。	①	②	③	④	⑤
8	对我来说,领导公正评价教师的工作。	①	②	③	④	⑤
9	对我来说,同事之间能互相照顾、彼此关怀。	①	②	③	④	⑤
10	对我来说,教师职业有一定的社会影响力。	①	②	③	④	⑤
11	对我来说,教师工作能让我为教育贡献一点力量。	①	②	③	④	⑤
12	对我来说,教师工作能让我有机会影响别人。	①	②	③	④	⑤

第五部分

序号	请根据您自己的真实情况,在表格右侧相应的序号上打"√"。	非常不同意	不同意	一般	同意	非常同意
1	我一旦进入工作状态,其他的一切烦恼全部烟消云散。	①	②	③	④	⑤
2	学生们都很喜欢上我的课。	①	②	③	④	⑤
3	我在工作中经常会达到一种忘我的状态。	①	②	③	④	⑤
4	对我来说,教学是一种享受。	①	②	③	④	⑤
5	我的同事都能接受我。	①	②	③	④	⑤
6	我认为我的工作很有价值。	①	②	③	④	⑤
7	作为一名教师,我有一种使命感。	①	②	③	④	⑤
8	即便是有时很疲惫,我依然会尽力去教好学生。	①	②	③	④	⑤

续表

序号	请根据您自己的真实情况，在表格右侧相应的序号上打"√"。	非常不同意	不同意	一般	同意	非常同意
9	我认同我们的学校文化。	①	②	③	④	⑤
10	我和同事的关系都很不错。	①	②	③	④	⑤
11	我知道自己的优缺点，并愿意接受它们。	①	②	③	④	⑤
12	我的工作带给了我心灵上的宁静。	①	②	③	④	⑤
13	我为自己在工作上的不断进步而感到骄傲。	①	②	③	④	⑤
14	我很愿意去了解一些新的教学方法。	①	②	③	④	⑤
15	我能感受到学生对我的尊敬。	①	②	③	④	⑤
16	我对自己的工作表现感到满意。	①	②	③	④	⑤
17	我很乐于尝试新的教学方法。	①	②	③	④	⑤
18	我每天都感到非常愉悦。	①	②	③	④	⑤
19	我觉得学生都很喜欢我。	①	②	③	④	⑤
20	我对自己的工作设定了明确的目标。	①	②	③	④	⑤
21	作为教师，我在不断学习与成长。	①	②	③	④	⑤
22	我喜欢上课。	①	②	③	④	⑤
23	我有自己长远的专业发展规划。	①	②	③	④	⑤
24	因为我有努力要实现的个人目标，我才会更有动力工作。	①	②	③	④	⑤

第六部分

序号	请根据您自己的真实情况，在表格右侧相应的序号上打"√"。	非常不符合	比较不符合	一般	比较符合	非常符合
1	教学改革给我带来压力。	①	②	③	④	⑤
2	我感到自己难以较快地实施教育改革的新理念。	①	②	③	④	⑤
3	特殊儿童给我带来的工作压力。	①	②	③	④	⑤
4	生源质量差给我带来压力。	①	②	③	④	⑤
5	参加学校与教育部门的各种检查、评比给我带来压力。	①	②	③	④	⑤

续表

序号	请根据您自己的真实情况,在表格右侧相应的序号上打"√"。	非常不符合	比较不符合	一般	比较符合	非常符合
6	在工作晋升和发展方面我感到压力。	①	②	③	④	⑤
7	学生之间的差异大,学习水平参差不齐让我感到压力。	①	②	③	④	⑤
8	自己对知识更新的要求让我感到有压力。	①	②	③	④	⑤
9	聘任制度让我感到有压力。	①	②	③	④	⑤
10	学生心理问题会给我造成压力。	①	②	③	④	⑤
11	教学研究与科研任务的要求带来的压力。	①	②	③	④	⑤
12	学生在校的人身安全问题让我感到有压力。	①	②	③	④	⑤
13	我总担心学生的考试成绩不理想。	①	②	③	④	⑤
14	经常加班或把工作带回家,感到工作负担重。	①	②	③	④	⑤
15	对某些学生我常感到"束手无策"。	①	②	③	④	⑤
16	我感到教学任务繁重。	①	②	③	④	⑤
17	我能在课堂上引发学生的学习热情。	①	②	③	④	⑤
18	我能够在课堂中创造一个积极的学习环境。	①	②	③	④	⑤
19	我对工作充满兴趣。	①	②	③	④	⑤
20	我能够保持对学校教学工作的满意度。	①	②	③	④	⑤
21	我工作时心情愉悦。	①	②	③	④	⑤
22	我对新事物充满兴趣	①	②	③	④	⑤
23	我考虑问题思路清晰。	①	②	③	④	⑤

第七部分

序号	请根据您所在学校的教师情况,在表格右侧相应的序号上打"√"。	非常不符合	比较不符合	一般	比较符合	非常符合
1	老师们会为了学校发展共同努力。	①	②	③	④	⑤
2	校本培训的安排会听取老师们的意见。	①	②	③	④	⑤
3	学校要进行教学方面的改革,都需要通过老师们的认可。	①	②	③	④	⑤

续表

序号	请根据您所在学校的教师情况，在表格右侧相应的序号上打"√"。	非常不符合	比较不符合	一般	比较符合	非常符合
4	集体备课时，老师们也会各抒己见，甚至会争论起来。	①	②	③	④	⑤
5	学校教师评价标准制订和修改都要通过老师们的认可。	①	②	③	④	⑤
6	评课时，老师们都会开诚布公地谈自己的意见。	①	②	③	④	⑤
7	学校很支持我们做科研。	①	②	③	④	⑤
8	即便不是自己班上的学生，如果他们有学习方面的困难，我们也都愿意去帮助他们。	①	②	③	④	⑤
9	同教研组的老师经常一起分析学生的课堂表现来检验教学效果。	①	②	③	④	⑤
10	同事之间对彼此教学提意见和建议，大家不觉得是伤面子，反而觉得是对自己教学有帮助。	①	②	③	④	⑤
11	同年级组的老师经常讨论学生的学习问题，寻找解决方法。	①	②	③	④	⑤
12	学校开设校本课程会征求老师们的意见。	①	②	③	④	⑤
13	老师们一坐在一起，常常都是讨论教学问题。	①	②	③	④	⑤
14	老师们都愿意为学校发展出一份力。	①	②	③	④	⑤
15	老师们会经常互相听课。	①	②	③	④	⑤
16	老师们都很愿意开放课堂让其他老师听课。	①	②	③	④	⑤
17	老师们对学校的发展方向有着共识。	①	②	③	④	⑤
18	学校重大教育教学决策都会征求老师们的意见。	①	②	③	④	⑤
19	学校很支持老师们的专业发展。	①	②	③	④	⑤
20	学校会给新教师安排一系列的入职培训。	①	②	③	④	⑤

问卷到此结束，感谢各位老师的意见和合作。

3. 在校师范生调查问卷

说明：高师高职的在校生的调研对象最好是三年级，因大部分省份对于高师高职学生是否需要参加国考还是自动认定，规定不一，请视各省份的具体情况而定。中师中职都以本年即将毕业年级为调查对象。

个别调研学校如果这个时间段里大三大四学生因为种种原因没有办法发问卷或者访谈的话，请尽可能做一部分问卷，不追求数量了，也可做出适当的调整，二年级学生也可以（数据上可以作为分析的参考）。

亲爱的同学：

您好！本问卷旨在了解您对在师范院校的学习及全国教师资格考试的看法，请选择每题中最符合您的实际情况及学校的选项，在其代号上画√。问卷不记名，答案无对错之分，数据仅用于学术研究，请不必有顾虑和不要有遗漏。

教育部普通高校人文社会科学重点研究基地北京师范大学教师教育研究中心

第一部分

1. 性别：(1)男　(2)女
2. 年龄：
3. 生源所在地(省份)：
4. 就读学校类型：(1)师范大学　(2)师范学院　(3)中师　(4)综合性大学　(5)综合性学院　(6)高职高专　(7)中职
5. 年级：(1)一　(2)二　(3)三　(4)四
6. 所学专业：
7. 你是否知道师范生也要参加教师资格考试？(1)是　(2)否
8. 你是如何得知师范生也要参加教师资格考试的？
A. 报志愿时了解到的　B. 进入大学后听老师或同学说的　C. 自己从网上或报纸上看到的　D. 从这份问卷得知的　E. 其他(请填写)

第二部分

题号	请根据您自己的情况，在右边选择"是"或"否"（请√上最合适者）		
1	我愿意当老师。	□是	□否
2	我会报考国家教师资格考试。	□是	□否
3	我认为我能一次通过国家教师资格考试。	□是	□否
4	如果首战失利，我会再次报考国家教师资格考试。	□是	□否
5	我知道我该考哪几门课。	□是	□否
6	教师是我的第一职业目标。	□是	□否

第三部分

题号	以下是对教师资格考试的了解程度，请您根据自己的实际状况，在表格右侧相应的序号上打"√"。	一点也不了解	有点了解	比较了解	非常了解
1	我对所考科目的考试大纲。	①	②	③	④
2	我对国家教师资格考试流程。	①	②	③	④
3	我对面试环节的方法和流程。	①	②	③	④

第四部分

题号	请根据您自己的情况，在表格右侧相应的序号上打"√"。	非常不同意	比较不同意	不确定	比较同意	非常同意
1	师范教育让我对教育事业充满热爱。	①	②	③	④	⑤
2	师范教育使我非常注重自身的专业发展。	①	②	③	④	⑤
3	师范教育使我注重与伙伴的合作。	①	②	③	④	⑤
4	在师范院校的学习让我认识到应该重视学生的身心健康。	①	②	③	④	⑤
5	师范教育让我注重学生的主体性。	①	②	③	④	⑤
6	师范教育让我注重学生的全面发展。					
7	在师范院校学习让我广泛涉猎各类知识。	①	②	③	④	⑤
8	信息技术类课程让我知道了各种多媒体设备、软件等在教学中该如何应用。	①	②	③	④	⑤

续表

题号	请根据您自己的情况，在表格右侧相应的序号上打"√"。	非常不同意	比较不同意	不确定	比较同意	非常同意
9	学科专业课的学习为我今后的教学工作打下扎实的学科知识功底。	①	②	③	④	⑤
10	心理学课程使我知道不同年龄段学生学习的特征。	①	②	③	④	⑤
11	我未来的教育教学活动更多依靠自己的经验，而不是在师范院校内教学理论课程的学习。	①	②	③	④	⑤
12	心理学课程让我知道不同年龄段的学生容易出现的心理问题及其原因。	①	②	③	④	⑤
13	学科教学法课程让我知道如何教好一门课。	①	②	③	④	⑤
14	在师范院校的学习让我知道如何开展教育科研。	①	②	③	④	⑤
15	教学论课程使我能够设计科学合理的教学计划。	①	②	③	④	⑤
16	教学论课程让我能够根据学生的差异设计教学。	①	②	③	④	⑤
17	教学法课程使我能恰当地使用启发式、探究、讨论等多种教学方式。	①	②	③	④	⑤
18	信息技术类课程让我能够有效地把信息技术整合进未来的课堂教学。	①	②	③	④	⑤
19	在师范院校的学习让我能够用恰当的方式评价学生。	①	②	③	④	⑤
20	在师范院校的学习让我能够和学生良好沟通。	①	②	③	④	⑤
21	在师范学校的学习让我能够有效地管理学生。	①	②	③	④	⑤
22	在师范院校的学习培养了我发现教育教学中的问题并对此展开研究的能力。	①	②	③	④	⑤

第五部分

题号	请根据您自己的情况，在表格右侧相应的序号上打"√"。	非常不同意	比较不同意	不确定	比较同意	非常同意
1	师范院校设置的课程之间衔接紧密。	①	②	③	④	⑤
2	师范生所学的教育类课程相较于学科专业（如数学、汉语言文学等）课程比例过低。	①	②	③	④	⑤
3	师范生培养中理论性课程比重太大而实践性课程比重太小。	①	②	③	④	⑤
4	我认为整个师范教育课时总量太多，让我学业压力比较大。	①	②	③	④	⑤
5	我认为师范院校为师范生开设的教育类课程门类太少，不足以满足我的需求。	①	②	③	④	⑤
6	教育类课程中，老师经常让我们进行讨论与展示。	①	②	③	④	⑤
7	教育类课程中，老师经常组织我们进行小组学习。	①	②	③	④	⑤
8	教育类课程中，老师大都照本宣科。	①	②	③	④	⑤
9	教育类课程中，老师侧重对教学理论的灌输而缺乏案例分析等切合实际的内容。	①	②	③	④	⑤
10	教育类课程中，老师的讲授内容常常很陈旧，很少涉及新的教育相关的新闻、事件或政策。	①	②	③	④	⑤
11	在教育实践（见习、实习等）中，师范院校的指导老师给予的指导很少。	①	②	③	④	⑤
12	我在师范院校学习教育类课程时作业方式过于单一。	①	②	③	④	⑤
13	我很少和师范院校里的师范生同学交流学习感悟。	①	②	③	④	⑤
14	在师范院校学习教育类课程时，记知识点是我认为最有效的学习方式。	①	②	③	④	⑤
15	在师范院校学习教育类课程时，我不仅仅只完成课程作业，而且会主动寻找教育类书籍、期刊等资料学习。	①	②	③	④	⑤

续表

题号	请根据您自己的情况，在表格右侧相应的序号上打"√"。	非常不同意	比较不同意	不确定	比较同意	非常同意
16	在教学实践（见习、实习等）中，我很少与师范院校指导老师讨论交流。	①	②	③	④	⑤
17	在教学实践（见习、实习等）中，与师范指导老师的讨论交流对我的课堂教学很有帮助。	①	②	③	④	⑤
18	在师范院校学习时，我常常会反思所学到的东西。	①	②	③	④	⑤
19	我在师范院校学习教育心理学时没有主动用实例来巩固新知。	①	②	③	④	⑤
20	我在师范院校参与的科研活动对我现在的教育科研有很大帮助。	①	②	③	④	⑤
21	我常常应付教育类课程的作业。	①	②	③	④	⑤
22	我在师范院校中学过的教育类课程考试形式太单一。	①	②	③	④	⑤
23	我认为在教育类课程中获得高分表示我更有能力成为一名好老师。	①	②	③	④	⑤
24	我在师范院校中学习时，课程考试内容大都侧重知识点的记忆。	①	②	③	④	⑤
25	我在师范院校中学习时，如果仅靠考前突击，考试成绩一定很低。	①	②	③	④	⑤
26	我的所有教育类课程中，采用过程性评价的课程太少了。	①	②	③	④	⑤
27	学校的教育实习标准过于宽松，不利于师范生教学技能的锻炼。	①	②	③	④	⑤
28	我在师范院校中学习时，严格的考核方式对我提高教育教学能力非常必要。	①	②	③	④	⑤

第六部分

题号	以下是有关教师资格考试的看法,请您根据自己的实际状况,在表格右侧相应的序号上打"√"。	非常不同意	比较不同意	一般	比较同意	非常同意
1	我认为教师资格考试科目分为科目一、科目二、科目三和面试是合理的。	①	②	③	④	⑤
2	我认为教师资格考试科目涵盖了教师素养的各个方面。	①	②	③	④	⑤
3	我认为教师资格考试科目设置和教师专业标准相吻合。	①	②	③	④	⑤
4	我认为非师范生应该考更多的科目。	①	②	③	④	⑤
5	我认为我在校学习的教育类课程内容与教师资格考试内容吻合度高。	①	②	③	④	⑤
6	我认为教师资格考试试题能够准确反映教学能力。	①	②	③	④	⑤
7	我认为综合素质科目考查内容对成为教师很有用。	①	②	③	④	⑤
8	我认为综合素质科目重在考点的记忆。	①	②	③	④	⑤
9	我认为综合素质科目的考试内容太多了。	①	②	③	④	⑤
10	我认为综合素质科目的考查中,笔试形式无法评定报考者的师德。	①	②	③	④	⑤
11	我认为科目二的考试内容中有很多在真实的教育教学情境中难以实践。	①	②	③	④	⑤
12	我认为科目二重在考点的记忆。	①	②	③	④	⑤
13	我认为科目二考试内容对教师各项工作很有帮助。	①	②	③	④	⑤
14	我认为参加过面试培训的非师范报考者面试表可以和经历过教育实践的师范生差不多。	①	②	③	④	⑤
15	我认为实践类课程(实习、见习等)能有助于我通过面试。	①	②	③	④	⑤
16	我认为我在师范院校的学习能帮助我通过教师资格考试。	①	②	③	④	⑤

续表

题号	以下是有关教师资格考试的看法,请您根据自己的实际状况,在表格右侧相应的序号上打"√"。	非常不同意	比较不同意	一般	比较同意	非常同意
17	总体来看,教师资格考试题型设置科学合理。	①	②	③	④	⑤
18	教师资格考试实行先笔试后面试的考试形式设计合理。	①	②	③	④	⑤
19	我认为笔试考试内容中有些能力并不能用笔试答案判定。	①	②	③	④	⑤
20	我认为教师资格考试笔试各题型分值分配合理。	①	②	③	④	⑤
21	我认为面试创设的情境和真实的教学情境差不多。	①	②	③	④	⑤
22	我认为面试中的备课、试讲、答辩等考查方式很合理。	①	②	③	④	⑤
23	我认为笔试能有效判定报考者的教师基本素养。	①	②	③	④	⑤
24	通过笔试后的一次性面试或讲解就能很好地判断报考者是否具有胜任课堂教学的能力。	①	②	③	④	⑤
25	教师资格考试面试的评分标准符合教师的专业标准。	①	②	③	④	⑤
26	教师资格考试的评分标准不合理。	①	②	③	④	⑤
27	教师资格考试的评分标准不清晰。	①	②	③	④	⑤
28	我认为教师资格考试能有效判定报考者是否可以胜任教师工作。	①	②	③	④	⑤

第七部分

题号	以下是有关教师资格考试的看法,请您根据自己的实际状况,在表格右侧相应的序号上打"√"。	非常不同意	比较不同意	一般	比较同意	非常同意
1	我认为报考者非师范报考者的考试内容应该多于师范生。	①	②	③	④	⑤
2	我认为报考者应当接受教师教育课程训练。	①	②	③	④	⑤

续表

题号	以下是有关教师资格考试的看法,请您根据自己的实际状况,在表格右侧相应的序号上打"√"。	非常不同意	比较不同意	一般	比较同意	非常同意
3	我认为报考者必须具备教学实践经验。	①	②	③	④	⑤
4	我认为教师资格考试是一种师范生和非师范生的公平竞争机制。	①	②	③	④	⑤
5	我认为教师资格考试能促进师范生在教育教学课程上的学习。	①	②	③	④	⑤
6	我认为教师资格考试会使学校为提高考试通过率而施行应试教育。	①	②	③	④	⑤
7	我认为教师资格考试可以提高师范院校毕业生的"含金量"。	①	②	③	④	⑤
8	我认为教师资格考试让师范生担心自己的出路。	①	②	③	④	⑤
9	我认为通过教师资格考试能坚定我的从教信念。	①	②	③	④	⑤
10	因为师范生也要参加教师资格考试,我后悔当初报考师范专业。	①	②	③	④	⑤
11	我认为学习教育学、心理学、学科教学法这些课程对教师资格考试没用。	①	②	③	④	⑤
12	我认为教师资格考试对师范生的专业特色地位造成不利影响。	①	②	③	④	⑤
13	我会因为担心自己考不过教师资格考试而焦虑。	①	②	③	④	⑤
14	我认为准备教师资格考试浪费时间。	①	②	③	④	⑤
15	因为教师资格考试,我会更勤奋学习。	①	②	③	④	⑤
16	我只专注学习教师资格考试涉及的考试科目。	①	②	③	④	⑤
17	我会注重面试的准备。	①	②	③	④	⑤
18	我会花更多时间应试。	①	②	③	④	⑤
19	我会在学习相关科目时,更关注考试相关的内容。	①	②	③	④	⑤

第八部分

1. 您打算什么时候开始教师资格考试备考?

a. 考前一年及以上   b. 考前半年到一年   c. 考前三个月到半年

d. 考前一个月到三个月   e. 考前一个月以内

2. 教师资格考试准备过程中,您会选择哪些备考方式?(多选)

a. 报名参加社会上的教师资格考试培训班   b. 自学教师资格考试教辅书籍

c. 做教师资格考试习题   d. 观看教师资格考试辅导视频

e. 去学校等机构实习   f. 去课外辅导机构试讲

g. 与其他备考者或曾参加过考试的人交流   h. 其他

3. 若您选择参加辅导课程,您在课程上更喜欢听什么内容?(多选)

a. 考试预测   b. 重要考点分析   c. 考点深入讲解   d. 考纲分析

e. 答题技巧分析   f. 考题分析   g. 记忆方法   h. 面试经验   i. 其他

4. 若您在备考过程中会与他人交流,您与其交流会包括哪些内容?(多选)

a. 考试经验介绍   b. 考题、模拟题分析   c. 备考心得交流

d. 考点焦点互测   e. 备考材料推荐   f. 模拟面试   g. 其他

5. 若您在备考中会选择教辅书籍,您选择的依据是什么?(多选)

a. 其他备考者或曾参与考试者推荐   b. 网络评价   c. 培训班老师推荐

d. 根据书籍内容和自身需求自己决定   e. 相关培训课程配套   f. 其他

*问卷到此结束,感谢您的配合!

主要参考文献

1. 滕明兰.对我国教师教育课程体系改革的构想[J].教育理论与实践(学科版),2004,24(5):48-50.
2. 杜静.我国教师教育课程存在的问题与改革路向[J].教育研究,2007(9):77-80,85.
3. 田学红.我国"教师教育课程"的改革实践及其思考[J].教育研究与实验,2009(3):21-25.
4. 周钧,唐义燕,龚爱芊.我国本科层次教师教育课程设置研究[J].教师教育研究,2011,23(4):44-50.
5. 江家发.新课程背景下的高师院校教师教育改革[J].高等教育研究,2006,27(6):68-72.
6. 魏海政,宋全政.小学教师培养,"回"到初中起点?[N].中国教育报,2012-11-01.
7. 马丁良.在中师教育中寻求现代小学教师培养的动力[J].中国校外教育,2009(12):225,232.
8. 王建平,胡重光.中师转型中的价值传承与实践创新[J].中国教育学刊,2011(6):70-72.
9. 朱旭东,胡艳.中国教育改革30年(教师教育卷)[M].北京师范大学出版社,2009:95,213.
10. 张亚南.中职院校学前教育专业学生音乐学习倦怠现状调查与对策研究——以佳木斯地区为例[D].哈尔滨:哈尔滨师范大学,2014.
11. 王迎兰.当前学前教育专业培养目标设置中存在的问题及解决对策[J].学前教育研究,2011(11):55-58.
12. 中国学前教育研究会.百年中国幼教[M].北京:教育科学出版社,2003:100.
13. 陈懿,王春燕.60年来我国幼儿园教师教育的发展历程及展望[J].幼儿教育(教育科学),2010(6):6-11.

14. 林成策．高校新上专业论证与制定人才培养方案若干问题探讨[J]．当代教育科学,2012(5):48-50.
15. 杨玉浩,林楠．基于培养方案的本科人才培养模式改革与实践[J]．山西财经大学学报．2011,33(2):201-202.
16. 李志平．中国本科大学发展模式与发展方略研究[M]．北京:科学出版社,2009.
17. 王伟廉．高等学校课程研究导论[M]．广东:广东高等教育出版社,2008.
18. [美]拉尔夫·泰勒．课程与教学的基本原理[M]．罗康,张阅,译．北京:中国轻工业出版社,2014.
19. 王新利,杨树果．基于层次分析法的研究生教育质量影响因素研究[J]．价值工程,2010(34):225-226.
20. 张寿松．大学通识教育课程论稿[M]．北京:北京大学出版社．2005.
21. 袁芳．师范大学通识教育课程设置研究——以东北师范大学为例[D]．长春:东北师范大学,2013.
22. 朱旭东．构建我国现代教师教育体系研究报告[J]．北京师范大学学报,2007(7):41-52.
23. 向宇循．昔日中师教育留给我们的其实[N]．中国教育报,2010-03-03.
24.《教师教育课程标准》专家组．教师教育课程标准的国际比较研究[J]．全球教育展望,2008(9).

后 记

　　本书稿是在教育部教师工作司委托课题"教师教育体系的现状、问题与政策建议调查报告（2016）"和教育部普通高校人文社会科学重点研究基地北京师范大学教师教育研究中心基地课题"'国培计划'实施的项目模式构建经验、问题及其解决对策实证研究（课题编号 15JJD880005）"以及教育部普通高校人文社会科学重点研究基地重大课题"中国教师教育质量的基本理论研究（课题编号 19JJD880002）"的基础上，经过补充、修订完成的。其中，委托课题由教育部普通高校人文社会科学重点研究基地、北京师范大学教师教育研究中心主持，联合 17 个省份的相关教师教育机构协同完成数据采集，在调研与数据分析的基础上由课题小组核心成员集中撰写完成。基地课题由朱旭东教授主持，课题组成员参与调研与课题报告的撰写工作。因此，这一书稿是集体工作的成果。

　　这一书稿完成的不同阶段中参与人员的基本信息如下（排名不分先后）。

　　第一阶段：课题筹备与研讨阶段，参与人员如下。课题顾问：许涛（教育部教师工作司）、葛振江（教育部教师工作司）、黄伟（教育部教师工作司）、董萍（教育部教师工作司）、王薇（教育部教师工作司）、刘璇璇（教育部教师工作司）。课题组组长：朱旭东（北京师范大学）。课题组副组长：宋萑（北京师范大学）、袁丽（北京师范大学）。课题组成员：李源田（重庆市教委师范处）、崔春霞（江苏省教育厅师资处）、郑文（广东省教育厅高教处）、赵刚（新疆师范大学）、朱自锋（河南省教育厅师范处)、许文强(广西壮族自治区教育厅师范处)、智学(河北省教育厅师范处)、余仁胜(教育部专项考试管理处)、牟凌刚(浙江省教育厅师范处)、李琼(北京师范大学)、周钧(北京师范大学)、桑国元(北京师范大学)、郭芳(唐山师范学院)、李育球(浙江师范大学)、赵英(山西师范大学)、薄艳玲(广东肇庆学院)、程巍(山东滨州学院)、陈光春(湖北第二师范学院)、杨瑾(教育部教师资格认定指导中心)、徐今雅(浙江师范大学杭州幼儿师范学院)、毛菊(新疆师范大学)、马永全(伊犁师范学院)、刘翠航(人民教育出版社)、陈思颖(杭州师范大学)、陈振宁(青海民族大学)、王晓莉(西南大学)、王夫艳(山东师范大学)。

第二阶段：课题调研与数据初步分析阶段，参与人员包括：王丽佳、黄小瑞、王晓莉、薄艳玲、王夫艳、程巍、徐今雅、陈思颖、周深几、杨跃、朱沛雨、郭芳、陈光春、戴伟芬、李娜、马晓春、宋萑、孙志富、严超、康晓伟、郝少毅、赵英、张倩、袁丽、李睿、李梅、毛菊、马永全、陈振宁、胡艳、徐莉、沈晓燕、王莹莹、黄红、马文静。

第三阶段：课题数据分析与报告撰写阶段，参与人员包括：朱旭东、宋萑、袁丽、王恒、马文静、闫予沨、康晓伟、周钧、赵萍、沈晓燕、裴淼、马永全、曹夕多、陈思颖、李琼、李敏谊。

第四阶段：书稿补充修订阶段，由朱旭东统筹，袁丽、宋萑做了全书的统稿工作，胡艺曦协助部分网络资料的核查。

仅此向所有参与人员致谢！由于成稿时间仓促，文中定有一些不足，望批评指正！

图书在版编目（CIP）数据

中国教师教育体系研究/朱旭东等著. —北京：北京师范大学出版社，2020.6
（京师教师教育论丛）
ISBN 978-7-303-25553-5

Ⅰ.①中… Ⅱ.①朱… Ⅲ.①教师教育－教育体系－研究－中国 Ⅳ.①659.2

中国版本图书馆 CIP 数据核字（2020）第 016792 号

营 销 中 心 电 话　010-58802135　010-58802786
北师大出版社教师教育分社微信公众号　京师教师教育

ZHONGGUO JIAOSHI JIAOYU TIXI YANJIU

出版发行：北京师范大学出版社　www.bnup.com
　　　　　北京市西城区新街口外大街 12-3 号
　　　　　邮政编码：100088

印　　刷：天津旭非印刷有限公司
经　　销：全国新华书店
开　　本：730 mm×980 mm　1/16
印　　张：16.75
字　　数：285 千字
版　　次：2020 年 6 月第 1 版
印　　次：2020 年 6 月第 1 次印刷
定　　价：78.00 元

策划编辑：鲍红玉　　　　责任编辑：马力敏　梁民华
美术编辑：李向昕　　　　装帧设计：李向昕
责任校对：康　悦　　　　责任印制：马　洁

版权所有　侵权必究
反盗版、侵权举报电话：010-58800697
北京读者服务部电话：010-58808104
外埠邮购电话：010-58808083
本书如有印装质量问题，请与印制管理部联系调换。
印制管理部电话：010-58805079